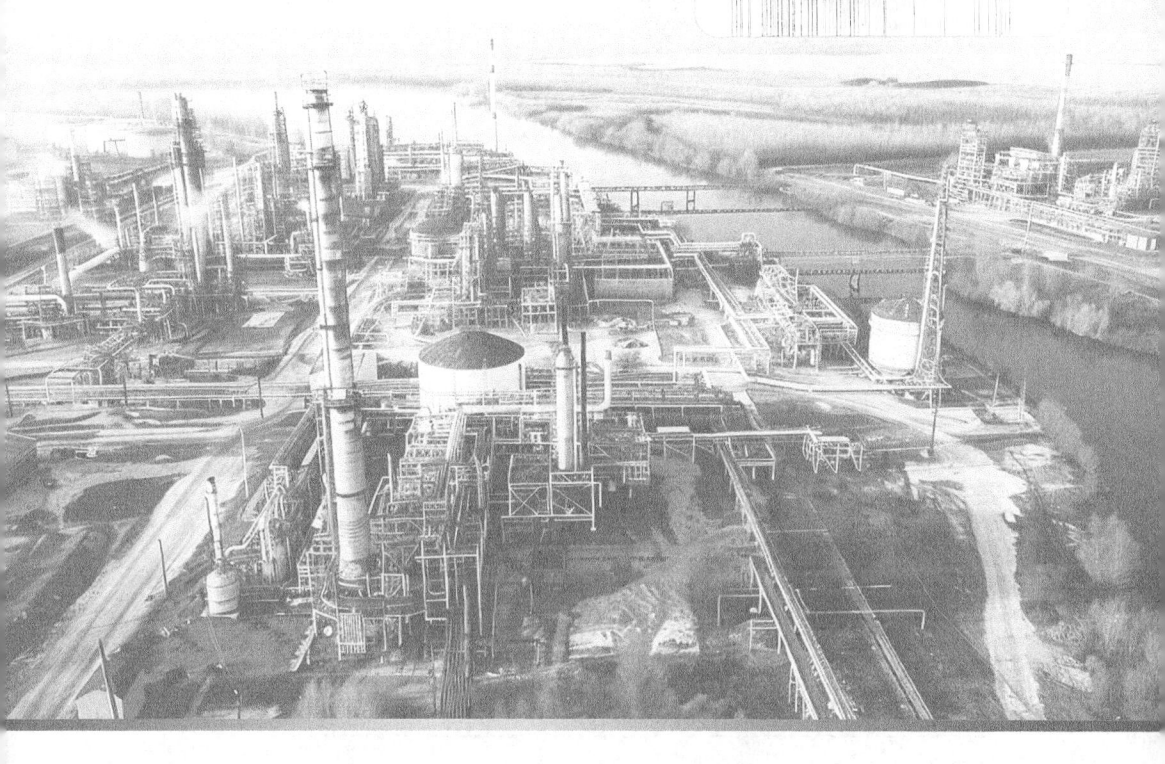

炼化企业突发事件风险分析及应急对策研究

余志红　张博思 ◎ 著

首都经济贸易大学出版社
Capital University of Economics and Business Press
·北京·

图书在版编目（CIP）数据
　　炼化企业突发事件风险分析及应急对策研究 / 余志红，张博思著. -- 北京：首都经济贸易大学出版社，2024. 10. -- ISBN 978-7-5638-3785-4
　　Ⅰ. F426.22
　　中国国家版本馆CIP数据核字第20244ZK015号

炼化企业突发事件风险分析及应急对策研究
LIANHUA QIYE TUFA SHIJIAN FENGXIAN FENXI JI YINGJI DUICE YANJIU
余志红　张博思　著

责任编辑	杨丹璇
封面设计	砚祥志远·激光照排　TEL：010-65976003
出版发行	首都经济贸易大学出版社
地　　址	北京市朝阳区红庙（邮编100026）
电　　话	(010) 65976483　65065761　65071505（传真）
网　　址	http：//www.sjmcb.cueb.edu.cn
经　　销	全国新华书店
照　　排	北京砚祥志远激光照排技术有限公司
印　　刷	北京九州迅驰传媒文化有限公司
成品尺寸	170毫米×240毫米　1/16
字　　数	218千字
印　　张	13.75
版　　次	2024年10月第1版
印　　次	2024年10月第1次印刷
书　　号	ISBN 978-7-5638-3785-4
定　　价	68.00元

图书印装若有质量问题，本社负责调换
版权所有　侵权必究

前　言

随着经济全球化的发展，国际分工更趋深化，在这样的大势下，越来越多地出现制造生产区域化的现象，在区域空间集中配置生产要素，实现工业的集约、可持续发展。相比而言，化学工业工艺更复杂，危险源更多，企业管理的任务更加艰巨，需要许多人力、技术和组织因素的配合。从环境的要求、经济的发展、社会的需求和安全法律法规的角度看，化工企业的区域化是我国发展化工产业的总体思路和模式。但是，伴随着化工企业的高度集中，安全事故时有发生，据不完全统计，2014—2023年，我国炼化企业发生火灾爆炸事故约187起，死亡人数约为728人。火灾爆炸往往伴随着危化品的泄漏，对企业周边水源、土壤等造成环境破坏。有学者对2012年全球由运输造成的非油类危化品泄漏事故进行了统计，结果发现2012年共发生了397起事故，其中水路运输过程中共发生34起事故。尤其当危化品泄漏事故发生在水体中时，由于危化品的性质不同，其在水体中所呈现的形态会有较大差异，使得危化品事故的应急过程更加复杂和困难。

炼化企业的集中布局增加了事故连锁反应的概率，使得事故的放大效应越来越显著，发生人因灾害事故的频率也大幅提高，新的灾种和致灾因子不断产生。事故发展过程具有很强的不确定性，信息的缺失和不完全使得应急对策和管理更具复杂性。一方面，要研究灾害事故风险分析的方法，监测事故发生的根原因，根据灾害的孕育机理和演变过程建立科学有效的灾害预防预警体系。另一方面，需要强化企业的应急能力，一旦灾害事故发生，可针对具体的情景做出实时对策。认识和理解炼化企业突发事件演变规律，把握应急救援时机，预测应急物资的需求，得出有效的应对策略，是当前炼化企业灾害事故应急过程中决策者面临的核心问题。

本书通过认识和理解炼化企业突发事件的演化规律，更好地为企业突发事件应急对策提供依据。本书第1章为炼化企业风险分析及应急研究概述，其余章节具体内容如下：

第2章：化工园区突发事故演化机理研究。

化工园区突发事件的发生受到多种因素的影响，更受到所处情景的影响。突发事件看似是孤立的，实则各事件之间存在着千丝万缕的联系，如何发掘各类突发事件的共性特征和演化规律，已成为突发事件应急管理中的关键问题。因此，要开展科学及时有效的应急工作，阻断事故的连锁反应，降低事故后果的严重程度，必须深刻认识突发事件形成机理、耦合关系和发展演化规律。本章以化工园区的重大灾害事故为研究对象，关注灾害事故系统的复杂性及其内在作用机理，剖析灾害事故系统的构成，研究系统的共性结构，引入系统熵的概念，对化工园区灾害系统的演化规律进行定量分析，为化工园区事故应急提供科学合理的建议，解决了当前事故演化侧重定性分析和讨论而没有科学具体的数据分析的问题。

第3章：基于非时序模型的炼化企业事故风险研究。

针对事故影响因素间相互依存的非线性和非时序性特点，本章研究了基于贝叶斯网络的非时序因果事故模型，并通过案例对比了时序性事故模型（故障树和事件树分析）与贝叶斯网络结合逻辑门的非时序因果模型的预测结果，揭示了研究事故影响因素间的相互依存关系、非线性事件的时序性以及选择合适逻辑门的重要性。将此应用到模型中来预测事故发生的概率，将有助于采取早期补救措施，以防止过程事故发生，同时为过程安全管理提供有价值的信息。

第4章：炼化企业水体溢油泄漏模拟与扩散规律研究。

针对企业油品泄漏到水体后的影响及如何采取应急措施，通过调研和实地勘测，本章获取了J市某炼化企业S河高风险河段的地理信息和水文数据，利用MIKE 21 FM模型中的水动力模块建立了河段的水动力模型，利用实时数据对模型进行率定和验证，验证了模型的稳定性和准确性。考虑河流水期、风期、泄漏位置等因素，本章设计了12种泄漏事故情景，利用Oil Spill模块对不同水期、不同风期、不同泄漏位置的原油泄漏扩散范围、物质浓度及漂移路径等进行了分析，揭示了不同泄漏情景下的漂移扩散规律。本章通过软件模拟研究了重点河流高风险段典型危险化学品水中泄漏漂移扩散规律，得到了不同泄漏情景模式下的水体溢油油膜面积预测公式、前缘预测公式。

第5章：炼化企业水体溢油突发事件应急物资预测技术研究。

针对案例推理技术（CBR）与BP神经网络技术在突发事件应急物资预测方面使用的存在的问题，本章设计了"案例推理与BP神经网络溢油应急物资需求预测模型"，分析了溢油突发事件案例基本属性和应急物资需求属性，分析了BP神经网络的输入层、输出层、中间层节点数，构建了BP神经网络应急物资预测模型，在某临河炼化企业突发事件应急演练中，应用了本章设计的"案例推理与BP神经网络溢油应急物资需求预测模型"，对围油栏、收油机、吸油材料等应急物资使用量进行了计算，达到了预期的效果。

第6章：炼化企业应急能力评估技术研究。

目前国内外研究学者设计的应急能力评估指标体系大多只考虑了应急组织机构、预案体系等评估应急准备工作情况，缺少对发生突发事件情况下的现场应急处置能力的评判。本章以炼化企业应急能力为研究对象，结合应急管理部制定并颁布实施的应急预案管理办法中提出的"每年至少组织一次综合应急预案演练"要求，考虑将"应急演练中现场应急处置情况"纳入突发事件应急能力评估指标体系。提出考虑日常应急准备工作、应急演练中现场应急处置情况两方面因素的炼化企业突发事件应急能力评估方法，构建完整应急能力评估指标体系，并通过案例对比研究，一方面验证体系的科学性，另一方面通过体系的评估应用发现企业应急能力的薄弱环节，为企业应急管理的改进提供科学依据。

第7章：化工园区事故应急管理信息系统。

本章主要针对化工园区应急管理信息化建设目标，结合安全工程和软件工程知识，构建化工园区应急管理信息系统。以某化工园区为例，搭建信息系统平台，实现园区监管企业、危险源、应急资源的可视化查询，模拟危害气体扩散、蒸气云爆炸和池火灾事故的影响范围及后果，分析应急资源配置的路径选择。系统展示了应急模块对园区应急管理信息的维护作用以及对事故救援的辅助决策支撑作用。系统应用时投入计算机设备与网络信号即可，且能满足化工园区安全管理信息化建设初期的生产管理需求，体现了其应用价值。

本书的研究成果得到了中国劳动关系学院一般项目的支持：化工园区突发事件风险分析及演化机理研究（编号：16YYJS017）；动态经验反馈在事故安全预防中的应用研究（编号：18YYJS002）；临河炼化企业水体溢油泄漏扩散规律研究及应急物资需求预测（编号：21YYJS016）；城市燃气管网泄漏致灾机理及韧性供保能力研究（编号：22YYJS012）。

目录
CONTENTS

1 炼化企业风险分析及应急研究概述 ··················· 1
  1.1 引言 ·· 1
  1.2 炼化企业灾害事故风险分析方法 ····················· 4
  1.3 炼化企业应急能力研究 ································· 6
  1.4 危化品泄漏漂移扩散研究现状 ························ 9
  1.5 危化品泄漏突发事件应急物资需求预测技术 ······ 13
  参考文献 ·· 14

2 化工园区突发事故演化机理研究 ····················· 26
  2.1 引言 ··· 26
  2.2 化工园区灾害事故演化阶段及路径分析 ············ 26
  2.3 基于熵的化工园区灾害事故系统演化机理 ········ 31
  2.4 化工园区重大灾害事故演化系统动力学仿真研究 ··· 41
  2.5 本章小结 ··· 58
  参考文献 ·· 59

3 基于非时序模型的炼化企业事故风险研究 ········· 61
  3.1 引言 ··· 61
  3.2 炼化企业灾害事故风险分析的程序 ·················· 62
  3.3 基于非线性和非时序事故模型的过程系统动态安全分析 ······ 66
  3.4 案例分析 ··· 76
  3.5 本章小结 ··· 88
  参考文献 ·· 89

4 炼化企业水体溢油泄漏模拟与扩散规律研究 ··· 93
   4.1 引言 ··· 93
   4.2 水体泄漏溢油模拟技术原理 ··· 94
   4.3 某临河炼化企业溢油泄漏情景模拟 ··· 96
   4.4 某临河炼化企业高风险河段溢油泄漏模拟 ··· 101
   4.5 水体溢油模拟扩散规律研究 ··· 125
   4.6 本章小结 ··· 136
   参考文献 ··· 137

5 炼化企业水体溢油突发事件应急物资预测技术研究 ··· 140
   5.1 引言 ··· 140
   5.2 应急物资预测技术理论 ··· 141
   5.3 案例推理与BP神经网络溢油应急物资需求预测 ··· 146
   5.4 某炼化企业溢油应急物资需求预测应用 ··· 150
   5.5 本章小结 ··· 154
   参考文献 ··· 155

6 炼化企业应急能力评估技术研究 ··· 157
   6.1 引言 ··· 157
   6.2 炼化企业突发事件应急能力综合因素分析 ··· 158
   6.3 炼化企业应急能力评估指标体系与评估方法 ··· 161
   6.4 炼化企业应急能力评估技术应用与分析 ··· 166
   6.5 本章小结 ··· 169
   参考文献 ··· 170

7 化工园区事故应急管理信息系统 ··· 171
   7.1 设计原则 ··· 173
   7.2 系统开发环境 ··· 174
   7.3 系统平台搭建 ··· 174
   7.4 数据库设计 ··· 181
   7.5 某园区应急信息系统开发设计 ··· 185

7.6 本章小结 ·· 194

参考文献 ··· 195

附录 A　BP 神经网络应急物资预测程序 ······················· 198

附录 B　临河炼化企业应急能力评估指标体系评分表 ········ 199

附录 C　炼化企业应急能力指标体系调查问卷 ················ 206

1 炼化企业风险分析及应急研究概述

1.1 引言

随着经济全球化的发展，国际分工更趋深化，在这样的大势下，越来越多地出现制造生产区域化的现象，在区域空间集中配置生产要素，实现工业的集约、可持续发展。化学工业工艺更复杂，危险源更多，企业管理的任务更加艰巨，需要许多人力、技术和组织因素的配合。从环境的要求、经济的发展、社会的需求和安全法律法规的角度看，化工企业的区域化是我国发展化工产业的总体思路和模式。但是，伴随着化工企业的高度集中，安全事故时有发生，据不完全统计，2014—2023 年，我国炼化企业发生火灾爆炸事故约 187 起，死亡人数约为 728 人。其中规模较大、后果严重的事故统计见表 1.1。火灾爆炸往往伴随着危化品的泄漏，对企业周边水源、土壤等造成破坏。有学者对 2012 年全球由运输造成的非油类危化品泄漏事故进行了统计，结果发现 2012 年共发生了 397 起事故，其中水路运输过程中共发生 34 起事故。尤其当危化品泄漏事故发生在水体中时，由于危化品的性质不同，其在水体中所呈现的形态会有较大差异，使得危化品事故的应急过程更加复杂和困难。

表 1.1　2014—2023 年化工事故

时间	地点	事故	危害程度
2023 年 3 月 10 日	安徽马鞍山金星钛白（集团）有限公司	维修 1 号泥浆桶内蒸汽盘管时，发生一起中毒和窒息事故	5 人死亡，1 人受伤，直接经济损失为 1 018 万元
2021 年 5 月 21 日	沧州市渤海新区南大港产业园区东兴工业区	石化有限公司发生火灾事故	直接经济损失为 3 872.1 万元，未造成人员伤亡

续表

时间	地点	事故	危害程度
2019年3月21日	江苏省盐城市响水县陈家港镇化工园区	园区内江苏天嘉宜化工有限公司发生爆炸事故,并波及周边16家企业	78人死亡,76人重伤,直接经济损失为19.86亿元
2016年6月15日	中国石油化工股份有限公司石家庄炼化分公司	催化裂化装置塔内壁补修引发火灾	4人死亡,直接经济损失为1041万元
2015年11月28日	邯郸市龙港化工有限公司	中毒窒息事故	3人死亡,8人受伤
2015年8月12日	天津市塘沽滨海开发新区	危化品仓库火灾爆炸	165人死亡,8人失踪,798人受伤
2015年7月26日	中国石油庆阳石化公司	常压装置渣油换热器发生泄漏着火事故	3人死亡,4人受伤
2014年4月26日	江苏如皋双马化工公司	造粒塔内发生粉尘爆炸,引发大火,导致塔架倒塌	8人死亡,9人受伤

炼化企业的集中布局增加了事故连锁反应的概率,事故的放大效应越来越显著,人因灾害事故的频率也大幅提高,新的灾种和致灾因子不断产生,使得事故发展过程具有很强的不确定性,信息的缺失和信息的不完全使得应急对策和管理更具复杂性。一方面,要研究灾害事故风险分析的方法,监测事故的根原因,根据灾害的孕育机理和演变过程建立科学有效的灾害预防预警体系。另一方面,需要强化企业的应急能力,一旦灾害事故发生,可针对具体的情景做出实时对策。认识和理解炼化企业突发事件演变规律,把握应急救援时机,预测应急物资的需求,得出有效的应对策略,是当前炼化企业灾害事件应急对策过程中决策者面临的核心问题。

随着我国对化工产品需求量的增加,生产工艺越来越复杂,炼化企业发生事故的风险越来越大,尤其是临河炼化企业,如果发生事故,不仅会对周围环境和人民的生活产生重大影响,还会对河流水体水质、水体生物造成危害。临河炼化企业一旦发生事故,必须在应急救援有效的时间窗内开展科学有效的应急活动,防止事故发展演化以致产生多米诺骨牌效应,同时尽量减少事故的损失。本书的研究内容和研究意义如下:

第一，开展临河炼化企业水体溢油泄漏扩散漂移规律研究，为水体溢油泄漏应急技术方案提供技术支持。

炼化企业大多临水而建，一旦发生事故，危化品泄漏到水域的概率很高。对事故救援而言，研究危化品的漂移扩散规律有十分重要的意义。本书将研究炼化企业临近水域重点河流高风险段水体溢油泄漏漂移扩散规律，根据漂移扩散规律研究结果，为集成开发重点河流高风险河段水体溢油应急技术方案提供技术支持。

第二，开展水体溢油泄漏突发事件应急物资需求预测技术研究，为现场应急对策提供依据。

水体溢油泄漏突发事件发生后，企业必须迅速成立应急指挥中心，依据事件的具体情况开展救援工作，确定应急物质的类别和数量。但是大多数突发事件会与周围环境形成独一无二的场景，没有太多可借鉴的经验，现场也缺乏应急物资需求预测技术，现场对策以救援专家及相关管理人员的经验为主，主观性和随意性较强。本书将开展临河炼化企业水体溢油泄漏突发事件应急物资需求预测技术研究，为现场应急物资对策提供科学依据。

第三，开展炼化企业灾害事故风险分析，为企业复杂系统火灾爆炸事故的风险评估提供一种新的途径。

本书将对炼化企业易发生灾害事故的重点区域、典型装置和风险管理措施进行风险辨识，对复杂的石油化工生产装置进行风险分析模型优化，比较全面地研究事故全过程，加强控制风险措施的针对性。

第四，开展炼化企业突发事件风险与应急能力评估技术研究，为企业提高事故应急能力提供科学依据。

企业一旦发生事故，必须在应急救援有效的时间窗内开展科学有效的应急活动，减少事故损失，防止事故扩大。提高企业应对事故的能力是有效开展事故风险预警、控制事故态势、减少事故损失的关键。本书将开展炼化企业突发事件风险与应急能力评估技术研究，为发现企业应急能力的薄弱环节并积极改进提供科学依据。

1.2 炼化企业灾害事故风险分析方法

对炼化企业发生频率高的爆炸着火事故、泄漏中毒事故的分析模型已经应用广泛。国外还建立了事故发生概率相关的数据库和个人风险及社会风险标准值。

国内在石油化工事故定量风险分析方面也取得了一定成果，如：中国科技大学的专家学者提出安全等级层次叠加原理，以城市重大危险源为研究对象提出一套科学有效的风险评价方法；华东理工大学的专家综合了事故应急救援在区域风险分析中的补偿效应，提出区域固有风险和区域实际风险概念；杨林娟等介绍了 MATLAB 绘制区域风险等值线图和表面图，开展的区域风险分析对石油化工企业重大危险源的辨识和控制、布局改造及新建园区的规划都具有重要的理论价值和实际意义。

1.2.1 危险与可操作性分析

针对石油炼制安全问题，常用的安全分析与评价方法有安全检查表法、事故树与事件树法、危险与可操作性（HAZOP）分析法、失效模式与后果分析（FMEA）法、保护层分析法（LOPA）等，部分方法可扩展应用于事故预警领域中作探索性研究。其中，HAZOP 分析是以引导词为核心的系统危险分析方法，有利于全面识别过程风险，推理可能的危险原因与后果，易于推广应用。

但由于现代炼制生产装置规模扩大、工艺过程日益复杂，HAZOP 分析在实际应用中存在一定局限性：一方面，依靠知识和经验，利用参与人员的"头脑风暴"寻找可能的事故隐患时易漏评，而且只是定性分析，无法判断事故隐患危险程度；另一方面，小规模流程的 HAZOP 分析一般要几个星期，大型流程则需数月，费时费力而且分析过程不断重复，会增加额外的工作量，使信息资料冗余。针对上述难题，国内外开发了计算机辅助 HAZOP 分析软件，在一定程度上提高了 HAZOP 分析的效率以及对安全分析相关数据、知识的组织与管理水平，其中具有代表性并应用良好的有：美国普渡大学的 HAZOPExpert 软件、PHASuite 软件，英国拉夫堡大学的 HAZID 软件，加拿大纪念大学的 ExpHAZOP⁺软件，ISOGraph 公司的 HAZOP⁺软件；国内有代表性的是北京化工大学的 HAZOP 专家系统以及清华大学正在研制的 HAZOPSuite 软件等。在 HAZOP 分析方法与建模理论研究方面，国内外近几年来提出了基于符号有向图、分层有向图的 HAZOP 建模方法，实现了半定量的 HAZOP 分析，提高了定性知识表达能力；基于模糊信息融合的 HAZOP 分析方法，实现了定量的 HAZOP 因果推理与分析结果的甄别优化。

1.2.2 故障树与事件树分析

故障树是一种图形演绎方法，用于确定一个复杂系统的故障概率。故障树的顶事件代表引发危害的重大事故。顶事件放置在故障树的顶部，由上向下通过图形建模，以可视化的方式展示引发顶事件的各种故障或错误行为的所有可能组合。故障树通常由事件和逻辑门构成。导致事故的潜在技术故障通常由基本事件来表示。故障树中的逻辑门代表众多方式，在不同方式下机器和人类错误相互作用而引发事故。"与门"和"或门"是故障树中最常用的两种逻辑门。故障树分析可以进行定性和定量分析。Baksh 等人在事故预测建模中引入了安全屏障的随机故障分析。

事件树分析是研究复杂系统中事故场景的一种系统方法。它是一个归纳/前瞻性分析，用于分析引发事件后的事件序列，通常始于引发事件，终于可能的结果。事件树中的安全屏障或函数通常按时间顺序排列，意味着在一个事件序列中，事件被认为按照预期同样的顺序发生。它是一个积极的风险分析方法，用于识别和说明一个潜在的事件序列，以获得定性和定量的表达和评估。

1.2.3 贝叶斯网络

贝叶斯网络是一种图形化的技术，它提供了一项在不确定条件下强大的概率推理技术。贝叶斯技术已被广泛应用于基于概率和不确定性知识的风险和安全性分析。贝叶斯网络也被称为概率依赖图，是一个有向无环图，通过众多的节点来代表变量和弧代表，以表示连接节点之间的直接因果关系。

目前国外学者和研究机构对贝叶斯网络进行了深入研究，取得了丰硕的成果并将其转化为实际应用。Khakzad 等、Bobbio 等研究了如何用一个条件概率表（CTP）被分配给各个节点表示连接节点之间的条件依赖关系；Diez 等研究了如何依靠逻辑门最大限度地减少引发式数值概率的复杂性，并通过很少的一部分参数提供模拟概率分布的。

在国内，各大学和研究机构也开展了贝叶斯网络的研究。清华大学研究了贝叶斯网络在数据挖掘方面的应用，重庆大学研究了贝叶斯网络的学习与推理，还有机构开展了贝叶斯网络的不确定知识处理方法的研究。傅军等、张宏辉等研究了贝叶斯网络在设备故障诊断中的应用，尝试分析挖掘贝叶斯网络的多源信息表达与融合能力和复杂的不确定性问题处理能力。贝叶斯网络已被成功地应用于多个领域，在故障诊断方面，贝叶斯网络应用于故障诊断系统，它可根据症状快速推断故障位置。其在灾害风险管理方面的主要应用是构建灾害风险预测的贝叶斯模型。

事故模型是一种显示事故因果关系并生动地解释事故发生的原因和过程的模型框架，主要用于系统开发阶段的风险评估以及事后调查分析事故根源。现有的事故模型如 HAZOP 分析、FTA 分析、ETA 分析都基于时序法预测起因-后果关系，提供事故演变的顺序解释机制。然而，现实生活中的情况并非如此。采用安全屏障解决了非线性复杂子系统多风险因素的建模，却忽略了安全屏障内事故影响因素的非线性相互作用。贝叶斯网络结构建模灵活，如果有大量完整的数据集，网络参数就能从数据集中直接得到，但其难点在于获取与之相对应的贝叶斯网络结构及参数。因此，本书将研究利用贝叶斯网络并结合逻辑门来进行非时序因果关系的事故分析。

1.3 炼化企业应急能力研究

1.3.1 炼化企业安全管理研究现状

石油化工企业在国外已经形成了较完善的安全管理模式，强调企业在自身安全管理过程中的责任和意识，政府部门参与协调管理化工企业安全生产，并形成了一系列管理方法和技术。相关的研究方法有比利时的多米诺骨牌效应概论、多米诺风险识别和评估等。欧盟建立了一个 REACH 制度，根据化工企业的产量做出相应规定，以保证化工企业的数据信息注册到一个中央数据库中，建立档案，提供产品测试数据和危险评估报告等。

国内的研究主要集中于对企业重大危险源的管理、重大事故多米诺骨牌效应的预防和控制、企业的安全规划等。东北大学课题组分析了我国化工园区发展存在的问题，提出了确保园区生产的关键要素和要协调及处理的关键问题。中国安全生产科学研究院对化工园区安全规划方法和规划内容做了深入研究。有学者分析了重大事故多米诺骨牌效应对园区的影响，分析了各场景下的发生概率并计算了多米诺事故效应的事故影响范围。

1.3.2 应急能力研究

化工园区最早兴起于美国，在应急管理模式方面美国等西方国家相对来说也较为完善。为了实现资源共享，有效地加快应急救援的速度，美国政府设置了美国化学委员会，这个机构将所有的应急资源通过网络和多个平台紧密联系在一起。在突发事件处置过程中分布式协同决策方面，Kuwata 等对应急管理决策系统中方法用过程模拟的方法进行设计和评价，再通过仿真对其有效性进行衡量。Chen 等构建了一个应急协同决策系统，引入了一种全新的团队决策方式，并用实证证明其可行性。

国外学者针对应急能力影响因素的研究得出的结论也不尽相同。Quarantelli 提出，应急目标和事件状态对应急协同效率都具有一定的影响力。Drabek 认为，应急预案的有效性、多主体的应急决策方式、应急决策的高效性等均影响多主体应急效率，主体之间的合作、资源的共享等都会相应提高应急能力。Comfort 认为，信息共享是影响应急能力最重要的因素。Mc Entire 率先对美国得克萨斯州沃思堡市龙卷风应急事件进行了分析，认为应急信息的数量、应急装备的缺乏、新进应急人员之间缺乏交流等都会影响应急的效率。McGuire 提出，对突发事件应急处置能力的强弱、执行能力的强弱、事件状态的发展等都会直接影响应急组织协同能力的效率。Chen 认为应急能力的高低取决于资源和人员，即资源的数量、丰富性和人员的数量影响着应急能力。

国内对应急管理及应急能力建设的研究从2003年"非典"以后迅速发展。国内专家学者在城市灾害和突发事件、公共卫生事件及地铁突发事件等方面都开展了应急能力评估技术的研究。研究最为广泛的一个领域是城市灾害应急能力评价。随着"加强城市灾害应急管理能力建设"作为提案提交至政协第十届全国委员会，各方学者陆续开展相关研究，如：铁永波等研究了城市灾害应急能力评价指标体系的构建并确定了一级指标权重；中国工程院提出构建城市防震减灾能力指标体系的六大要素以及具体测量评价指标。在城市突发事件研究领域，邓云峰等系统研究了城市突发事件应急能力评估体系框架，综合反映了我国当前城市应急能力建设的各个方面。在评估方法上，主要采用专家评分法，借鉴美国应急能力评估的赋值规则，此后有学者研究基于信息融合的专家打分，验证指标设置的合理性。田依林研究了基于系统集成和过程管理的城市突发事件综合应急能力评价，从时空的角度探讨了过程应急管理，构建出城市突发公共事件综合应急能力指标评价体系，并为指标体系模型设计提供了新思路。公共卫生领域专家则主要对公共突发事件的应急处置工作进行了规范研究，建立指标，设置绩效标准，对乡镇防保工作进行评价。李建国等建立包含社会经济、人口状况、卫生资源状况、疾控机构业务水平等几个类别的县级公共卫生应急能力评价指标体系。地铁应急能力方面，黄典剑等构建了包含监测预警、社会控制、公众反应、应急救援和资源保障等子系统的城市地铁应急能力评价指标体系。王艳辉等构建了完整全面的铁路应急能力评价指标体系并提出选用改进SP法对评价指标体系进行评价。张铭等采用模糊层次分析法对应急过程的功能要素做了定性和定量分析。

化工领域开展应急能力评估的研究相对较少，主要集中在应急救援、应急预案和应急管理过程方面。姜福东研究了基于地理信息系统（GIS）的化工园区应急救援信息系统。曾明荣等从化工园区应急管理过程中的不同需求出发，提出化工园区事故应急救援体系框架，建立以"风险防控、应急队伍、应急平台、应急组织、应急预案、运行机制"为主要内容的化工园区应急管理模式。由于缺乏突发事件应急处置的案例，目前国内外研究学者设计的应急能力评估指标体系大多只考虑了应急组织机构、预案体系等评估应急准备工作情况，缺少对发生突发事件情况下的现场应急处置能力的评判。从评估对象上看，针对炼化企业开展的应急能力评估技术研究较少。

1.4 危化品泄漏漂移扩散研究现状

危化品泄漏事故具有危险性大、突发性强、危害性大、处置难度高等特点。尤其当危化品泄漏事故发生在水体中时，由于危化品的性质不同，其在水体中所呈现的形态会有较大差异，因此危化品事故的应急过程会更加复杂和困难。水域环境中危化品往往通过管道和船舶运输，运输过程中一旦发生泄漏事故，危化品会立即进入水体，对环境造成损害。据统计，在运输过程中发生泄漏最多的非油类危化品主要有苯、二甲苯、甲苯、苛性钠、硫酸、苯乙烯、丙烯腈、磷酸等，而原油、柴油、汽油等多种油品也都是目前国内外发生泄漏频率较高的危化品。危化品在进入水体中后漂移扩散运动情况十分复杂，不考虑蒸发至空气中的危化品形态，主要分为以下三种情况：①密度比水小且不溶或微溶于水的危化品漂浮于水体表面进行漂移、扩散等运动，在水流速度大、风速大、海浪高的情况下，应急处置过程会十分复杂，难度系数非常高；②密度大于水且不溶或微溶于水的危化品进入水体后会随水流而运动扩散并缓慢沉入水体底部，在复杂且多变的水体环境中，要准确追踪这类危化品的踪迹十分困难，因此这类危化品的回收难度相当大；③溶解于水的危化品，其本身漂移扩散规律主要受水体本身情况影响，与其自身性质相关性不大，这类危化品事故的应急难度取决于周围的环境，针对流速较小、水流较平静的水体来说，可根据危化品的不同性质采取相关的应急处置措施，但针对流速较大、流向多变的水体而言，危化品会随着水流快速分散，很难采取准确有效的应急处置措施对危化品进行处置和回收。

1.4.1 河流水动力数值模拟研究现状

针对河流水动力数值模拟的研究要追溯到18世纪。18世纪，Navier、Stokes和Poisson等关于流体运动的相关研究奠定了流体运动的理论基础。Sain-Venant通过建立圣维南数值方程，开展了非恒定流体运动的相关研究。20世纪初期,Sterneck 和 Defant 对一维潮流方程进行了研究,提出了该方程的数值解法,并对一些狭长海域进行了研究计算。当河流的水平尺度远大于垂直尺度时,通常使用二维水动力数值模拟方法。多种数值解法可应用于二维数值模拟系统中,通常将这些方法按照模拟格式进行分类,可分为有限差分法、有限体积法、有限元法、交替隐式差分方法、标准分析法等。三维数值模型计算方法与二维模型计算方法相近,有学者以计算方法为基础建立了适用于海洋、河流的数学模型。近年来该模式在我国海湾潮流的三维数值模拟中得到了广泛应用。林斌良等、Shao 等应用非线性的 k-ε 紊流模型和 N-R 代数应力模型,模拟了复式断面明渠的三维紊流。窦希萍等建立了具有复杂边界和地形的长江口的基于边界拟合网格的三维潮流数学模型,对三维潮流变化进行了模拟分析。刘桦等对具有密度分层效应的河口进行研究,建立了该区域的三维潮流和盐度模拟模型,很好地表征了长江河口三维流场的变化,同时初步模拟了河流盐度场。杨陇慧利用三维河口和海洋模型,对以杭州湾、长江口及其邻近海域为整体的各潮期进行了模拟分析,该模型的优点是具有高分辨率和非正交曲线网格,模拟效果良好。Wang、Wilson 等分别建立了三维河口及河道数学模型。Lumberg 等人对 POM 模型展开了进一步研究,创建了三维浅海模型,该模型是可模拟海洋和淡水中的水流、水位、波浪、盐度和温度等时空分布的水动力学模型。槐文信等将 N-R 代数应力模型和非均匀交错网格下的混合有限分析法有机结合起来,对漫滩水流的三维水动力进行了模拟计算。美国威廉玛丽学院弗吉尼亚海洋科学研究所的 John Hamrick 教授开发了环境流体动力学模型(Environmental Fluid Dynamics Code,EFDC),该模型是基于多参数有限差分法的三维地表水模型,可对海洋、河流、河口、湿地和湖泊等水体的水动力和水质情况进行模拟。有文献以 POM 模型的相关研究为基础,对感潮河段的水动力进行了研究,创建了三维水动力数学模拟模型,并将该研究结果应用到了长江下游太仓段的模拟计算过程当中。

1.4.2 水域危化品泄漏事故模拟数学模型研究现状

液体危化品泄漏进入水体环境中后的分布形式主要有蒸发至大气中、

漂浮于水面、溶解于水体中、沉于水底等四种。通常液体危化品在泄漏后的某一阶段内以某一运动形式为主、多种形式为辅，在水体中进行漂移和扩散。根据危化品的短期行为，可以对危化品泄漏之后的主要危害进行预测与估算。针对危化品不同的分布形式，其数学模型也是多样的。其中针对蒸发态的液体危化品，需要对其蒸气挥发扩散的时空分布情况进行计算。针对油类物质或类油物质的漂浮态液体危化品，主要参考油类扩散计算的方法进行研究。溶解态液体危化品表现出较强的污染性，其时空分布与自身性质相关性不大，主要由水体本身决定。沉降型液体危化品主要会污染水体底部生物和物质，其运动行为极其复杂，很难预测。

1.4.3 水域危化品泄漏事故预测模型系统

数学模型在进行模拟计算的过程中存在计算量大、计算复杂、影响因素考虑不周等各方面问题，而模型系统是以数学模型为基础，结合多个权威数据库建立的。模型系统在进行模拟操作时，可以快速获取所需信息，同时可以全面考虑河流、海洋等多个因素，操作过程中一旦有某个因素遗漏或者错误，模型系统常常会停止运行，这大大提高了模拟效率与精确度。由此看来，模型系统已经成为进行河流海洋模拟的发展趋势。目前应用范围较广的水上危化品泄漏事故预测模拟软件主要有 MIKE、Chemmap、Oilmap、Delft3D、General NOAA OilModeling Environment（GNOME）、EFDC 等。

MIKE 是由丹华水利环境技术有限公司开发的适用于一维、二维及三维水环境问题研究的数值模拟的工程软件包。该软件包适用于海洋、海岸、河口及内陆地表水等相关领域的研究，现在越来越多的 MIKE 用户将其应用于内河水环境污染问题的研究中。MIKE 中有多个模块可以对水域中危化品泄漏扩散进行预测，其中：PT 粒子追踪模块及 PA 粒子分析模块，可模拟水中悬浮物和溶解物质的传输路径和归宿；SA 溢油分析模块与 OS 溢油模块，可以预测海洋河流溢出的油的归宿；AD 对流扩散模块，可模拟溶解态化学物质的运输扩散。齐庆辉等人利用 MIKE21/3 SA 模块建立了京杭运河苏北段的溢油模型，通过过程模拟对溢油事故的油膜漂移轨迹和扩散范围等进行了预测。

Chemmap 主要用于预测各种化学物质在水体中泄漏后的三维运移轨迹、归宿及其对生物的影响。该软件由迁移轨迹模块、归宿模块以及生物暴露模块组成。

Oilmap 的主要作用是快速预测溢油的动向，分析溢油对敏感区域的影响，同时对溢油的可能来源进行预测。Oilmap 在国外有着广泛的应用，但在国内的应用相对较少。我国交通运输部水运科学研究院的研究团队利用 Oilmap 模型对洋浦港溢油风险进行了研究。

Delft3D 是荷兰 Delft Hydraulics 开发的三维水动力-水质模型系统。其中 Delft3D-PART 颗粒跟踪模块可用于模拟污染物传输过程、简单化学反应以及预测污染物浓度分布。在 Delft3D-PART 的模拟过程中，Delft3D 的水动力模块作为该模块的基础，具有较高的精确度。Delft3D-PART 主要由跟踪模块与溢油模块组成。来自浙江大学的学者以钱塘江典型洪水过程为例，利用 Delft3D 软件的二维数值模型，研究分析了钱塘江洪水中的污染物质在杭州湾内的传输过程及规律。

从国内外文献资料看，目前危化品泄漏扩散预测模型的一大发展趋势是：运用先进的计算机技术，更新试验结果数据，改进数学模型，降低水域环境的复杂性、多变性、随机性以及不确定性对模拟过程的影响，建立能够准确预测多种环境因素影响下的危化品泄漏漂移扩散数学模型，分析、预测危化品泄漏事故的后果和影响，有效控制事故发生时所造成的环境影响。目前针对海上与陆地危化品泄漏漂移扩散规律的研究已经取得了较好的成果，针对河流水体中危化品泄漏后漂移扩散规律的研究则相对较少。我国炼化企业多数毗邻江河湖海，危化品泄漏事故多发、炼化水域危化品泄漏风险高、水域环境复杂多变，临河炼化企业的河流危化品泄漏应急技术相对匮乏，当复杂多变的水体环境中发生危化品泄漏事故时，很难准确掌握危化品在特定地点的泄漏状况与特点，因此很难进行充分的应急准备工作，无法及时制定合适的应急预案，无法及时落实应急救援装备、物资和经费等，从而往往错过最佳的应急时间。

1.5 危化品泄漏突发事件应急物资需求预测技术

1.5.1 应急物资需求预测研究

随着各类突发事件的频发，突发事件应急物资管理的研究已成为国内外研究的热点，但大多数研究集中于应急物资的运输与分配、输送路径的优化问题等，并且都假定应急物质需求量是已知的。当前研究需求预测的方法有定性和定量两种。定性预测主要依靠专家的知识和经验，做出主观判断，简便易实现但是结果精度无法保证。定量预测主要通过数学模型和具体的历史数据实现对目标值的模拟预测，为决策提供依据。定量预测又分为基于案例推理技术的预测和智能预测技术的预测。基于案例推理技术的预测主要是匹配已有案例，对当前事故所需应急物质做出决策。基于智能预测技术的预测主要运用现代智能算法对事物的发展进行模拟预测。Sheu 通过考虑灾难初始阶段资源需求的动态特征，构建了一个在短期内受时间影响的需求判断模型，提出了一种模糊优化模型并将其应用于大规模突发自然灾害领域中。Fiedrich 等在时间有限、资源数量和质量都缺少的情形下，提出一种动态组合优化方法研究地震救援阶段应急救援设备如何分配的问题，分析了震后向多个物资需求地点调配物资的决策模型。Long 等提出救灾资源的分配计划需要在每一个阶段根据灾区现场的具体变化实时进行调整，从而真正满足灾区需求。王晓等将神经网络 Hebb 与案例推理等相关理论相结合，运用 Hebb 学习规则确定属性权重，用贴近度来描述案例之间的相似度，提出了一种可快速有效预测应急物资需求的方法。傅志妍等运用欧氏算法查询与目标案例相似的源案例，建立了案例推理相关模型，最后通过汶川地震的实例验证了模型的科学性。杨健等通过改进的最近邻算法并联系以往的案例类似性计算方法，提出了一种基于时间因素对案例有明显影响情况下案例属性权重的多阶段调整算法。郭瑞鹏建立了基于案例推理的模糊推理模型，该模型可以经过事例模糊处理和贴近度计算实现对所需资源的数量预测，提出了应急物资需求预测研究中的一种创新方法。

1.5.2 BP 神经网络算法

BP 神经网络是一种多层前馈神经网络，采用负梯度算法，在负梯度下降方向迭代调整网络权值、阈值，可达到训练误差目标函数的最小化。BP 神经网络的缺点是容易陷入局部极小值和泛化能力不强。国内外专家学者对 BP 神经网络的研究主要包括两个方面。一是研究网络的缺陷，对网络性能改进，Simon 提出在激励函数中引入陡度因子，杨安华等提出一个分段函数作为激励函数来改进激励函数。在数值优化方面，主要采用的是遗传算法、粒子群算法等。郝陪峰等通过对 BP 神经网络的隐节点个数的讨论以及对 BP 神经网络训练样本空间的研究，得出网络结构可以随训练样本空间进行变换，从而使网络结构得到简化的结论。二是研究 BP 神经网络的应用，包括模式识别、图像处理、信息处理和智能控制方面。粒子群算法在神经网络的训练方面主要是通过迭代来优化连接权重、网络结构等参数以及优化学习算法，用粒子群算法训练神经网络时主要是使用一些不可微的传递函数代替梯度信息，以使训练速度加快，其训练结果优于 BP 算法。

参考文献

[1] 顾宗勤. 我国化工园区的建设与发展 [J]. 国际石油经济，2004，22 (6)：52-55.

[2] 姜孔桥. 基于循环经济的石化园区发展模式研究 [D]. 北京：北京交通大学，2009.

[3] 卢均臣. 2012 年全球危险化学品运输事故统计分析 [J]. 事故分析报道，2013，13：7-10.

[4] 王艳华，戴雪松. 化学工业重大事故的多米诺效应分析 [J]. 中国安全科学学报，2008，18 (5)：129-136.

[5] 翁韬，朱霁平. 城市重大危险源区域风险评价研究 [J]. 中国工程科学，2006，8 (9)：80-84.

[6] 陈国华，张静，张晖，等. 区域风险评价方法研究 [J]. 中国安

全科学学报，2006，16（6）：112-117.

[7] 杨林娟，沈士明. 基于 Matlab 的区域风险图自动生成系统 [J]. 石油机械，2007，35（12）：66-69.

[8] 中国石油化工股份有限公司青岛安全工程研究院：HAZOP 分析指南 [M]. 北京：中国石化出版社，2008.

[9] DUNJO J, FTHENAKIS V, VILCHEZ A, et al. Hazard and operability (HAZOP) analysis: a literature review [J]. Journal of hazardous materials, 2010, 173: 19-32.

[10] VAIDHYANATHAN R, VENKATASUBRAMANIAN V. HAZOP Expert: an expert system for automating HAZOP analysis [J]. Process safety progress, 1996, 15 (2): 80-88.

[11] ZHAO C, BHUSHAN M, VENKATASUBRAMNIAN V. Phasuite: an automated hazop analysis tool for chemical processes part I: knowledge engineering framework [J]. Process safety and environmental protection, 2005, 83 (B6): 509-532.

[12] ZHAO C, BHUSHAN M, VENKATASUBRAMANIAN V. Phasuite: an automated hazop analysis tool for chemical processes part II: implementation and case study [J]. Institution of chemical engineers, process safety and environmental protection, 2005, 83 (B6): 533-548.

[13] MCCOY S A, WAKEMAN S J, LARKIN F D, et al. Hazid, a computer aid for hazard identification 1. The stophaz package and the hazid code: an overview, the issues and the structure [J]. Institution of chemical engineers, 1999, 77: 317-327.

[14] MCCOY S A, WAKEMAN S J, LARKIN F D, et al. Hazid, a computer aid for hazard identification 2. Unit model system [J]. Institution of chemical engineers, 1999, 77: 328-334.

[15] MCCOY S A, WAKEMAN S J, LARKIN F D, et al. Hazid, a computer aid for hazard identification 3. The fluid model and consequence evaluation systems [J]. Institution of chemical engineers, 1999, 77: 336-353.

［16］MCCOY S A, WAKEMAN S J, LARKIN F D, et al. Hazid, a computer aid for hazard identification 4. Learning set, main study system, output quality and validation trials［J］. Institution of chemical engineers, 2000, 78：91-119.

［17］MCCOY S A, WAKEMAN S J, LARKIN F D, et al. Hazid, a computer aid for hazard identification 5. Future development topics and conclusions［J］. Institution of chemical engineers, 2000, 78：120-142.

［18］RAHMAN S, KHAN F, VEITCH B, et al. ExpHAZOP +：Knowledge-based expert system to conduct automated HAZOP analysis［J］. Journal of loss prevention in the process industries, 2009, 22：373-380.

［19］崔林. 石油化工过程HAZOP专家系统与集成研究［D］. 北京：北京化工大学, 2009.

［20］付罡, 张贝克, 吴重光. 基于风险的半定量SDG-HAZOP的研究［J］. 系统仿真学报, 2008, 20（5）：1126-1129.

［21］LIN C, ZHAO J, QIU T, et al. Layered digraph model for HAZOP analysis of chemical processes［J］. Process safety progress, 2008, 27（4）：293-305.

［22］ZHANG L, HU J, LIANG W et al. Quantitative HAZOP analysis of compressor units based on fuzzy information fusion［C］. 2nd World Conference on Safety of Oil and Gas Industry, College Station, Texas, USA, 2008：757-765.

［23］胡瑾秋, 张来斌, 梁伟, 等. 基于模糊信息融合的燃压机组定量HAZOP分析［J］. 系统工程理论与实践, 2009, 29（8）：153-159.

［24］KHAKZAD N, KHAN F, AMYOTTE P. Safety analysis inprocess facilities：compari-son of fault tree and Bayesiannetwork approaches［J］. Reliability engineer and system safty, 2011, 96（8）：925-932.

［25］NIVOLIANITOU S, LEOPOULOS N, KONSTANTINIDOU M. Comparison of techniques for accident scenario analysis inhazardous systems［J］. Journal of loss prevention in the process industries, 2004, 17：467-475.

［26］SKLET S. Comparison of some selected methods for accident investigation [J]. Journal of hazardous materials, 2004, 111: 29-37.

[27] KHAKZAD N, KHAN F, AMYOTTE P. Dynamic safety analysis of process systems by mapping bowtie into Bayesian network [J]. Process safety and environmental protection, 2013, 91 (1-2): 46-53.

[28] BOBBIO A. Improving the analysis of dependable systems by mapping fault trees into Bayesian networks [J]. Reliability engineer and system safty, 2001, 71: 249-260.

[29] DIEZ F, DRUZDZEL M. Canonical probabilistic models for knowledge Engineering [J]. Technical report CISIAD, 2007, 6: 148-157.

[30] FRIEDMAM N, GEIGER D, GOLDSZMIDT M. Bayesian network classifiers [J] . Machine learning, 1997, 29 (2-3): 131-163.

[31] 傅军, 贺炜, 阎建国, 等. 贝叶斯网络在柴油机动力装置故障诊断中的应用 [J]. 上海海运学院学报, 2001, 22 (3): 68-72.

[32] 张宏辉, 唐锡宽. 贝叶斯推理网络在大型旋转机械故障诊断中的应用 [J]. 机械科学与技术, 1996, 25 (2): 43-46.

[33] 高建明, 魏利军, 吴宗之. 日本安全生产管理及其对我国的启示 [J]. 中国安全科学学报, 2007 (3): 105-111.

[34] 钱伯章. 世界化工园区发展现状 [J]. 现代化工, 2005 (2): 63-66

[35] JAIME R, ALAN N, BEARD N. A systemic approach to fire safety management [J]. Fire safety journal, 2002, 27 (2): 213-221.

[36] DELVOSALLE C. A methodology for the identification and evaluation of domino effects [J]. Belgian ministry of employment and labour brussels, 1998, 12: 134-141.

[37] INERIS S. Methode pour identification a caraterisation deffects dominos, rapport final [J] . Direction des risqu6 accidentals, 2002, 12: 189-196.

[38] 欧洲危险化学品管理工作现状和动态 [J]. 化工标准, 2004 (5): 65-66.

[39] 王艳华, 陈宝智, 林彬. 科学构建化工园区安全生产长效机制

的关键要素［J］．中国安全科学学报，2008（2）：50-55.

［40］魏利军，多英全，于立见，等．化工园区安全规划方法与程序研究［J］．中国安全科学学报，2007（9）：45-51.

［41］魏利军，多英全，于立见，等．化工园区安全规划主要内容探讨［J］．中国安全生产科学技术，2007（5）：16-19.

［42］戴雪松．重大事故多米诺效应研究［D］．沈阳：东北大学：2006.

［43］范磊．化工园区协作型区域安全管理模式的研究［D］．南京：江苏大学，2009.

［44］魏静．美国危险化学品的监管体系［J］．化工标准，2004（5）．

［45］KUWATA Y, NODA I, OHTA M, et al. Evaluation of decision support systems for emergency management［J］. Proceedings of the 41st SICE annual conference, 2002, 2（5）：860-864.

［46］CHEN M, LIOU C, WANG W. Team spirit：design, implementation, and evaluation of a webbased group decision support system［J］. Decision support system, 2007, 43（4）：1186-1202.

［47］QUARANTELLI L. Social and organizational problems in a major emergency［J］. Emergency planning digest, 1982, 9（21）：7-10.

［48］THOMAS E. Managing the emergency response［J］. Public administration review, 1985（45）：85-113.

［49］COMFORT K. Turning conflict into cooperation：organizational designs for community response in disasters［J］. International journal of mental health, 1990, 19（1）：167-198.

［50］MC ENTIRE A. Coordinating multi organizational responses to disaster：lessons from the March 28, 2000, Fort Worth tornado［J］. Disaster prevention and management, 2002, 11（5）．

［51］KUWATA Y, NODA I, OHTA M, et al. Evaluation of decision support systems for emer-gency management［J］. Proceedings of the 41st SICE annual conference, 2002, 2（5）：860-864.

［52］CHEN R, SHARMAN R, RAO H R et al. Coordination in the

emergency response management [J]. Communications of the ACM, 2008, 51: 66-73.

[53] 铁永波, 唐川, 等. 城市灾害应急能力评价研究 [J]. 灾害学, 2006 (1): 8-12.

[54] 张风华, 谢礼立, 等. 城市防震减灾能力评估研究 [J]. 地震学报, 2004, 24 (3): 318-329.

[55] 邓云峰, 等. 城市应急能力评估体系研究 [J]. 中国安全生产科学技术, 2005, 1 (6): 33-36.

[56] 邓云峰, 等. 突发灾害应急能力评估及应急特点 [J]. 中国安全生产科学技术, 2005, 1 (5): 56-58.

[57] 田依林. 城市突发公共事件综合应急能力评价研究 [D]. 武汉: 武汉理工大学, 2008.

[58] 李建国, 唐士晟. 铁路军事运输保障能力评价模型研究 [J]. 铁道学报, 2007, 29 (5): 22-25.

[59] 黄典剑, 李传贵. 突发事件应急能力评价 [M]. 北京: 冶金工业出版社, 2006.

[60] 王艳辉, 罗文婷. 基于改进SP法的铁路应急能力综合评价研究 [J]. 铁道学报, 2009, 31 (2): 17-22.

[61] 张铭, 徐瑞华. 城市轨道交通应急救援能力的评价 [J]. 都市快轨交通, 2007, 20 (1): 30-33.

[62] 姜福东. 基于GIS的化工园区应急救援信息系统的研究 [D]. 大连: 大连交通大学, 2008.

[63] 曾明荣, 魏利军. 化学工业园区事故应急救援体系构建 [J]. 中国安全生产科学技术, 2008, 4 (5): 58-61.

[64] 曾明荣, 吴宗之. 化工园区应急管理模式研究 [J]. 中国安全科学学报, 2009, 19 (5): 172-176.

[65] DECKELNICK K. Decay estimates for the compressible navier-stokes equations in unbounded domains [J]. Mathematische zeitschrift, 1992, 209: 115-130.

[66] SAINT V. Theory of unsteady water flow with appliation to river

floods and to propagation of tides in river channels [J]. Comptes rendusmathematique, 1871, 73: 148-154.

[67] LEENDERTSE J. A water quality simulation model for well-mixed estuaries and coastal seas [J]. Principle of computation, the rand corporation. RM-6230, 1970, 1: 15-27.

[68] CASULLI V, NOTAMIEOLA F. An Eulerian-Lagrangian method for tidal current computation [J]. Computer modelling in ocean engineering, 1988, 3: 237-244.

[69] CASULLI V. Semi-implicit finite difference methods for the two dimensional shallow water equations [J]. Computer physics communications, 1990, 86: 56-74.

[70] 王长海, 李蓓. 二维不规则三角形网格的潮流数学模型 [J]. 水道港口, 1988, 2: 35-40.

[71] 窦希萍, 李提来. 二维潮流数学模型的四边形等参单元法 [J]. 海岸工程, 1995, 13 (1): 47-53.

[72] LEENDERTSE J. A three-dimensional model for estuaries and eoastal seas [J]. The rand corporation, 1973.

[73] 王长海, 李蓓. 二维不规则三角形网格的潮流数学模型 [J]. 水道港口, 1988, 2: 10-15.

[74] 汪德灌, 杨艳艳. 边界拟合坐标法的应用 [J]. 河海大学学报, 1989, 17 (1): 50-57.

[75] 李世森, 时钟, 等. 河口潮流垂向二维有限元数学模型 [J]. 海洋科学, 2001, 25 (9): 39-44.

[76] 张廷芳, 段小宁. 二维潮流数值计算的一种显式模式 [J]. 大连理工大学学报, 1992, 32 (6): 702-706.

[77] 潘海, 方国洪. 海洋流体动力学的一种交替方向隐式二维数值模式 [J]. 海洋学报, 1995, 17 (5): 21-31.

[78] 徐婷. Mike21FD 计算原理及应用实例 [J]. 港工技术, 2010, 17 (1): 50-57.

[79] GROTKOP G. Finite element analysis of long period water waves

[J]. computer methods in applied mechanics engineering, 1973, 2: 147-160.

[80] CHUNG J. Finite element analysis in fluid dynamies [M]. New York: McGraw-Hill Inter. Book Company, 1978.

[81] 李浩麟, 易家豪. 河口浅水方程的隐式和显式有限元解法 [J]. 水利水运科学研究, 1983, (10): 15-26.

[82] 张存智, 杨连武. 具有潮滩移动边界的浅海环流有限元模型 [J]. 海洋学报, 1990, 12 (1): 1-9.

[83] 江春波, 梁东方, 李玉梁. 求解浅水流动的分步有限元方法 [J]. 水动力学研究与进展, 2004, 19 (4): 475-483.

[84] PARTANKAR V. Numerical heat transfer and fluid flow [M]. New York: McGraw-Hill, 1984.

[85] WANG H. Numerical Simulation of 2D tidal flow and water quality under the curvelinear coordinates [J]. Journal of hydrodynamics, 1994, B (3): 78-84.

[86] 林翩然. 厦门海域潮流场及网格嵌套边界条件分析 [D]. 厦门: 厦门国家海洋局第三海洋研究所, 2007: 3-9.

[87] WEI W, JIN Z. Numerical solution for unsteady 2D flow using to the transformed shallow water equations [J]. Journal of hydrodynamics, 1995, 7 (3): 65-71.

[88] 朱良生. 近岸二维海流数值计算方法若干问题的研究和应用 [J]. 热带海洋, 1995, 14 (1): 30-37.

[89] 郭庆超, 何明民, 等. 控制体积法在二维潮流计算中的应用 [J]. 水动力学研究与进展, 1995, 10 (6): 602-609.

[90] CHEN C. The finite analytic method for steady and unsteady heat transfer problem [J]. ASME, 1980: 80-86.

[91] 杨屹松. 混合有限分析法及其在流体力学中的应用 [D]. 武汉: 武汉水利电力学院, 1988.

[92] LI M, HOU Y, WEI Z. Three dimensional numerical simulation of tides and currents in Fushan Bay, Qingdao [J]. Journal of hydrodynamics, 2004, 16 (5): 646-650.

[93] CHEN M, LIU K. A forecast model of Bohai Bay for water level and current [J]. Marine science bulletin, 2006, 25 (4): 16-22.

[94] 林斌良, SHIONO K. 复式断面明渠二维紊流的数值模拟 [J]. 水利学报, 1995, 3: 52-61.

[95] SHAO J, WANG H, CHEN Z. Numerical modeling of turbulent flow in curved channels of compound crosssection [J]. Advances in water resouees, 2003, 26: 525-539.

[96] 窦希萍, 李褆来, 窦国仁. 长江口全沙数学模型研究 [J]. 水利水运科学研究, 1999 (2): 134-145.

[97] 刘桦, 吴卫, 何友声, 等. 长江口水环境数值模拟研究: 水动力数值模拟 [J]. 水动力学研究与进展, 2000 (1): 17-30.

[98] 杨陇慧. 长江口杭州湾及邻近海区潮汐潮流场三维数值模拟 [J]. 华东师范大学学报, 2001 (3): 74-83.

[99] JIA Y, SAM S. Numerical model verification and simulation of free surface flow in Mississippi River [C]. Orlando: World Water and Environmental Resources Congress, 2001.

[100] WILSON C, BOXALL J. Validation of a three-dimensional numerieal code in the simulation of pseudo-natural meandering flows [J]. Journal of hydraulic engineering, 2003, 129 (10): 758-768.

[101] Aprimer for ECOMSED [M]. New Jersey, USA: HydroQual, Inc, 2002.

[102] 槐文信, 陈文学, 童汉毅, 等. 漫滩恒定明渠水流的三维数值模拟 [J]. 水科学进展, 2004, 14 (1): 15-19.

[103] TIM A, STEVEN R, HUGO N R. Development of three-dimensional hydrodynamic and water quality models to support total maximum daily load de-cision process for the neuse river estuary, north carolina [J]. Journal of water resources planning and management, 2003, 129 (4): 295-306.

[104] 刘晓波, 彭文启, 等. 基于POM模式的感潮河段的三维水动力模拟 [J]. 水力发电学报, 2009, 28 (1): 89-94.

[105] 潘旭海，蒋军成. 化学危险性气体泄漏扩散模拟及其影响因素[J]. 南京化工大学学报，2001，23（1）：19-22.

[106] 梁栋，张海英. 建筑环境中有害气体扩散及分布的分析[J]. 中山大学研究生学刊（自然科学），2004，3（4）：1-6.

[107] BLOKKER C. Spreading and evaporation of products on water[C]. Proc of 4th Inte－rnal Harbou r Congress. Antwerp, the Netherlands：1964，2：911-919.

[108] MAEKAY W, ZAGORSKI V. Sutdies of wate－in－oil emulsions[C]. Report EE034, Eviorment Canada, Ottwaa Ontario, 1982.

[109] FAY A. Physical processes in the spread of oil on a water surface[C]. Proc Conf Prevention and Control of Oil Spills. Washington DC：American petroleum institute, 1971.

[110] SCORY S. Oil spill modeling, lecture given at the University of Liege[J]. Intensive course on modeling and management of marine system, 1984, 3-22.

[111] 龙邵桥，楼安刚. 海上溢油粒子追踪预测模型中的两种数值方法比较[J]. 中国海洋大学，2006，36：157-162.

[112] 朱诗韵，林春绵. 环境影响评价[M]. 北京：化学工业出版社，2007：71-82.

[113] Chemmap technical manual[M]. Applied Science Associates Inc, 2002.

[114] Technical manual oilmap for windows[M]. Applied Science Associates Inc, 2004.

[115] WL delft hydraulics. User Manual Delft3D-FLOW, Delft3D-WAQ and Delft3D-PART.

[116] Hazmat modeling products for spill response and lanning[EB/OL]. [2024-08-10]. http：//response. restoration. noaa. gov.

[117] CHAO X, JIA Y, SHIELDS J, et al. Numerical simulation of sediment assoc－iated water quality processes for a Mississippi Delta Late[J]. Ecohydrology, 2009, 2（3）：350-359.

[118] DHI. MIKE21/3 PA/SA, Particle Analysis and Oil Spill Analysis Module, User Guide [R] . Denmark: DHI Water and Environment Pty Ltd, 2009.

[119] DENMARK . DHI MIKE 21 PT, Particle Tracking Module, User Guide [M]. Dhi Water and Environment Pty Ltd, 2009.

[120] DENMARK. DHI MIKE 21 OS, Oil Spill Module, User Guide [M]. DHi Water and Environment Pty Ltd, 2009.

[121] 齐庆辉, 东培华. 京杭运河苏北段溢油扩散数值模拟研究 [J]. 水道港口, 2015, 36 (3): 253-257.

[122] 王志霞. 苯酚水上泄漏应急处理技术 [J]. 环境科学与管理, 2012, 37: 88-92.

[123] 李涛, 李筠. 基于OILMAP模型的洋浦港溢油风险研究 [J]. 传播节能, 2012, 3: 61-67.

[124] 陈琴. 基于Delft3D的洪水污染物输移过程研究 [J]. 人民长江, 2013, 44 (3): 67-74.

[125] 陈协明. 沉降型化学品海上泄漏事故应急决策支持系统的研究 [D]. 大连: 大连海事大学, 2004.

[126] 高惠瑛, 李清霞. 地震人员伤亡快速评估模型研究 [J]. 灾害学, 2010 (25): 275-277.

[127] SHEU J. An emergency logistics distribution approach for quick response to urgent reliefdemand in disasters [J]. Transportation research part E: logistics and transportation review, 2007, 43 (6): 687-709.

[128] SHEU J. Dynamic relief-demand management for emergency logistics operations under large-scale disasters [J]. Transportation research part E: logistics and transportation review, 2010, 46 (1): 1-17.

[129] FIEDRICH F, GEHBAUER F, RICKERS U. Optimized resource allocation for emergency response after earthquake disasters [J]. Safety science, 2000, 35 (1): 41-57.

[130] LONG C, WOOD F. The logistics of famine relief [J]. Journal of business logistics, 1995, 16 (1): 213-229.

[131] 王晓，庄亚明. 基于案例推理的非常规突发事件资源需求预测 [J]. 西安电子科技大学学报（社会科学版），2010（7）：22-26.

[132] 傅志妍，陈坚. 灾害应急物资需求预测模型研究 [J]. 物流科技，2009（10）：11-13.

[133] 杨健，杨晓光. 一种基于 K-NN 的案例相似度权重调整算法 [J]. 计算机工程与应用，2007（23）：12-15.

[134] 郭瑞鹏. 应急物资动员决策的方法与模型研究 [D]. 北京：北京理工大学，2006.

[135] SIMON H. 神经网络原理 [M]. 北京：机械工业出版社，2004：109-173.

[136] 杨安华，彭清娥，刘光中. BP 算法固定学习率不收敛原因分析及对策 [J]. 系统工程理论与实践，2002，12：22-25.

[137] LI C, MEI W. Application of hybrid genetic algorithm. bp neural networks to diagnosis of lung cancer [C]. 2008 International conference 011 computer science and software engineering, 2008：36-39.

[138] COELLO A, PULIDO T, LECHUGA S. Handling multiple objective particle swarm optimization [J]. IEEE transaction on evolutionary computation, 2004, 8（3）：256-279.

[139] 郝陪锋，肖文栋，祝钢，等. 关于 BP 网络变结构问题的研究 [J]. 控制与决策，2001，16（3）：287-290.

[140] EBERHART R C, SHI Y. Evolving artificial neural networks [C]// Proceeding of international conference on neural networks and brain. NJ：IEEE Press, 1998：5-13.

[141] 岑翼刚，秦元庆，孙德宝，等. 粒子群算法在小波神经网络中的应用 [J]. 系统仿真学报，2004，16（12）：2783-2785.

[142] VAN DEN B, ENGELBRECHT A P. Cooperative learning in neural networks using particle swarm optimizers [J]. South African computer journal, 2000, 26：84-90.

[143] LAWRENCE A. Selecting artificial neural network inputs using particle swarm optimization [D]. New York：Pace University, 2003.

2 化工园区突发事故演化机理研究

2.1 引言

化工园区是一个致灾因子众多的复杂系统。灾害一旦发生，将呈现出高频、群发、突发性的特点。而且，化工园区危险源众多，灾害发展速度快，如不能及时控制，小灾会发展成大灾，甚至会引发更严重的次生灾害，波及整个化工园区，产生连锁反应。例如，火灾、爆炸、交通事故、毒气泄漏中毒等灾害的发生频率都很高。

化工园区突发事故的发生受到多种因素的影响，尤其受到所处情景的影响。各突发事故看似是孤立的，实则各事件之间存在着千丝万缕的联系，如何发掘各类突发事故系统的共性特征和演化规律已成为突发事件应急管理中的关键问题。

当前的事故演化研究多侧重于事故演化的定性分析和讨论，即根据一般性的结论提出应对措施，而没有科学具体的数据分析，也没有建模仿真验证结论的正确性和措施的有效程度。

因此，要开展科学及时有效的应急，阻断事故的连锁反应，降低事故的后果，必须深刻认识突发事件形成机理、耦合关系和发展演化规律。本章将以化工园区的重大灾害事故为研究对象，关注灾害事故系统的复杂性和内在作用机理，剖析灾害事故系统的构成，研究系统的共性结构，引入系统熵的概念，对化工园区灾害系统的演化规律进行分析，为化工园区事故应急提供科学合理的建议。

2.2 化工园区灾害事故演化阶段及路径分析

化工园区的重大突发灾害事故往往从泄漏事故开始，物质泄漏可能引起重大火灾、爆炸或临河水域污染事故。设备损坏或控制失灵、人员的误操作是造成泄漏的主要原因。能触发重大灾害事故的事故类型有火灾和爆炸等。

2.2.1 化工园区灾害事故演化阶段

所谓机理，是指事物发生、发展所遵循的内在逻辑和规律。化工园区突发灾害事故从孕育到爆发到演化次生事件到最后消失，内部存在着复杂规律，影响着次生事件的演化趋势和发展态势。研究化工园区重大灾害事故的动态演化机理，对于及时发现灾害事故的源事件、事故演化的路径模式，对于应急单位科学有效组织应急救援等都具有非常重要的意义。

按照 Turner、Burkholder 等提出的灾害与危机阶段论，事件在不同的发展阶段具有独特的演化规律，化工园区重大灾害事故系统的演化过程也可以划分为发生—扩散—演变—消亡四个阶段。事故的诱因反映了事故源事件爆发前各种因素相互作用的连锁反应的过程。事故的发展扩散是指源事件没有得到有效的控制，在外部环境和内部因素的共同作用下引发了次生事件，造成了更大的破坏或损失。图 2.1 是化工园区重大灾害事故演化机理图。在内因和外因的共同作用下，事故在空间、时间、规模上发生了进一步演变的规律，主要包括蔓延、转化、衍生和耦合四种形式。事件 A 导致了事件 A1、A2 的发生，即事故的蔓延；事件 A 导致了事件 B 的发生，即转换；事件 A 处置不当导致了事件 B 的发生，即衍生；事件 A 和事件 B 相互影响，相互反馈，两个事件不断发展扩大，即耦合。事故应急即

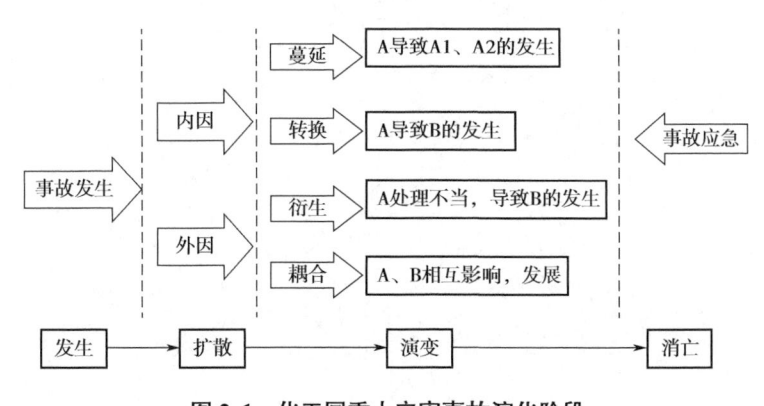

图 2.1 化工园区重大灾害事故演化阶段

应急人员在掌握事故演化机理的基础上，开展应急救援活动，在外部环境和事故应急的作用下，事故逐渐平息、消亡。

2.2.2 化工园区灾害事故演化路径

根据化工园区重大突发事件相关案例分析，考虑不同的初始事件、规模等，突发事件发展演化过程可总结为以下几种：

（1）化工园区自然灾害事故演化路径

首先，化工园区大多沿海而建，因此避免不了台风、地震、海啸的影响。其次，化工园区内的高塔众多，容易成为雷击的对象。此外，夏日高温天气使化工园区的储罐长时间受高温影响，容易发生自燃现象。

如图2.2所示，化工园区自然灾害链可以细分为台风灾害链、地震灾害链、海啸灾害链、雷击灾害链。台风灾害链是指在台风产生后由海靠近大陆，最终在大陆上形成飓风。飓风对沿海化工园区的影响极其严重：当飓风靠近化工园区时会将园区内的储罐和设备席卷到高空，破坏化工园区的设备，重力较大的设备掉落又会砸到其他设备或者现场人员；此外，飓风会使得附近区域断电断水，道路交通等基础设施会损坏，即使飓风结束，这些损坏的设施也会对经济的恢复造成不利影响。

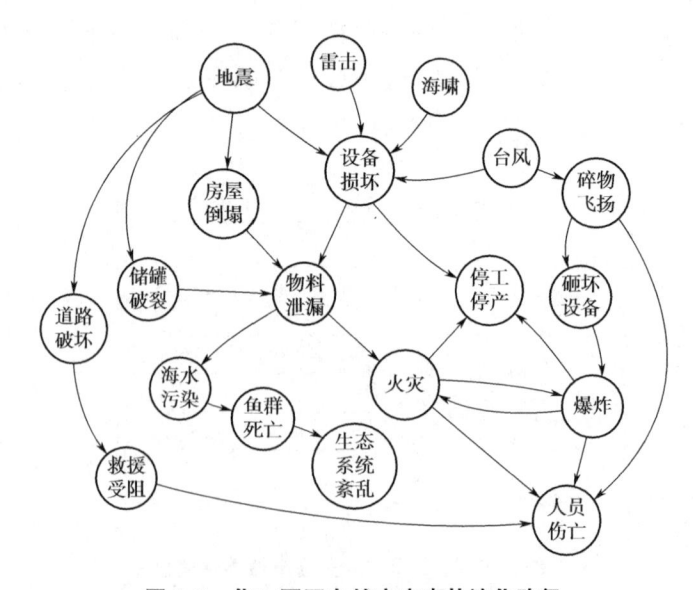

图 2.2　化工园区自然灾害事故演化路径

地震灾害链的形成主要是由于化工园区位于沿海等地震带上，其发生地震的频率较高，以至于由地震造成的化工事故也较常见。地震产生后，地面发生毁坏，由此园区内的化工储罐也可能破裂以致危化品泄漏，并可能引起燃烧爆炸。此外，地震将导致制备装置、生活设施等倒塌，倒塌的建筑可能致人员伤亡。

海啸灾害链是指海啸冲击化工园区，造成园区内断电断水，在园区内形成洪水，洪水继而导致人员伤亡；此外，海啸的巨大冲击力导致园区内的储罐倾倒，化工品泄漏，泄漏物质随海水返回海里，海洋受污染将造成海洋生物的死亡。

雷击灾害链是指雷雨天气时，雷击到化工园区的高塔或储罐导致高塔破损，高塔的碎片砸伤人员或设备，储罐起火燃烧发生火灾，着火的物质沿地势四向流动，将火焰带到远处，引起多处着火并可能伴随爆炸的发生。

（2）化工园区火灾灾害事故演化路径

化工园区内较为普遍存在的事故就是火灾，火灾是指失去控制或违背人的意识进行燃烧的现象，在化工园区中尤为常见，产生燃烧的方式也较多，如因生产设备泄漏，易燃易爆气体或液体遇到明火、静电或高温物体而燃烧。如图2.3所示，火灾灾害演化路径主要指的是在化工园区内部，火灾的发生导致周围易燃易爆物质发生爆炸，爆炸时产生的强烈冲击破坏周围的建筑厂房，厂房的倒塌会造成房内工作人员的伤亡；火灾的产生导致运转设备内的物质在高温的作用下发生新的化学反应而爆炸，破坏生产进程，导致停工停产；火灾的发生产生大量有毒烟雾，飘散到附近的生活区，造成人民群众的中毒或被迫撤离等。

（3）化工园区爆炸灾害事故演化路径

按照爆炸能源的来源不同，爆炸可以划分为物理爆炸、化学爆炸、核爆炸。化工园区的爆炸一般只有化学爆炸和物理爆炸。化学爆炸是指化工产品之间发生化学反应，或者某些化学产品在特殊的环境条件下达到了化学反应的条件而产生剧烈的化学反应，进而产生巨大的爆炸效果并释放出巨大的热量；物理爆炸是指在密闭空间或者相对狭小的空间内，化工物质气化或发生其他形式的体积变化，对周围空间产生了巨大的压力，这些压

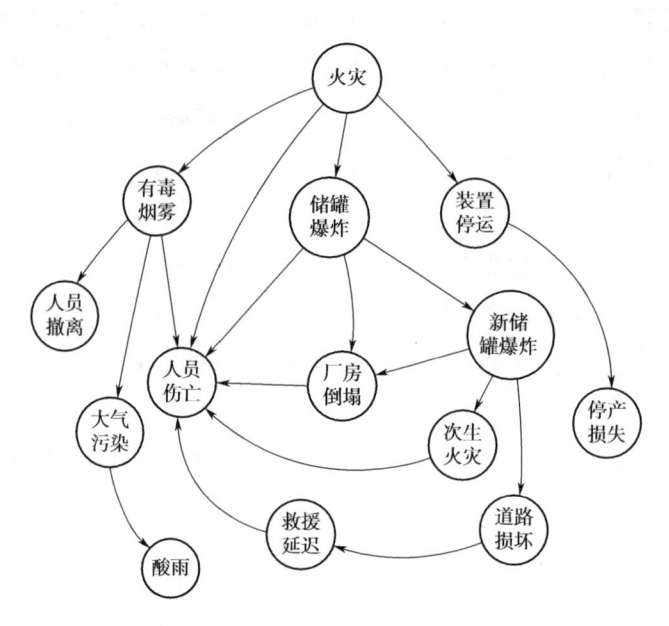

图 2.3 化工园区火灾灾害事故演化路径

力得不到及时的释放就会使得该空间产生物理性质的爆炸,此类爆炸较化学爆炸容易防范。

如图 2.4 所示,当储罐区的储罐发生爆炸时就会向四周的储罐辐射热量和抛射高速的碎片,就有可能导致周围储罐的破裂,相应泄漏出易燃物质,进而引起火灾。火灾发生后会产生大量的有毒烟雾,致使工作人员窒息,窒息而亡的人员遗体如得不到及时处置,有可能滋生各种病菌,进而随着空气或动物等途径传播到人群集聚地,造成瘟疫等传播性疾病,致使大量的人员患病,影响社会的稳定性。较大的爆炸会使得化工园区的基础设施受到损坏,比如水管、运输公路,由此导致人员无法及时消防救援,造成巨大损失。

(4) 化工园区临河水污染事故演化路径

通过对吉林石化和沱江水污染事故等案例分析可知,泄漏物随着排污口进入河流引起水污染,导致水环境受到破坏,水生物异常,引发公共卫生事件,农业灌溉水源和工业用水源受到污染,生活用水停水,导致社会舆论爆发,引发群体性事件,如图 2.5 所示。

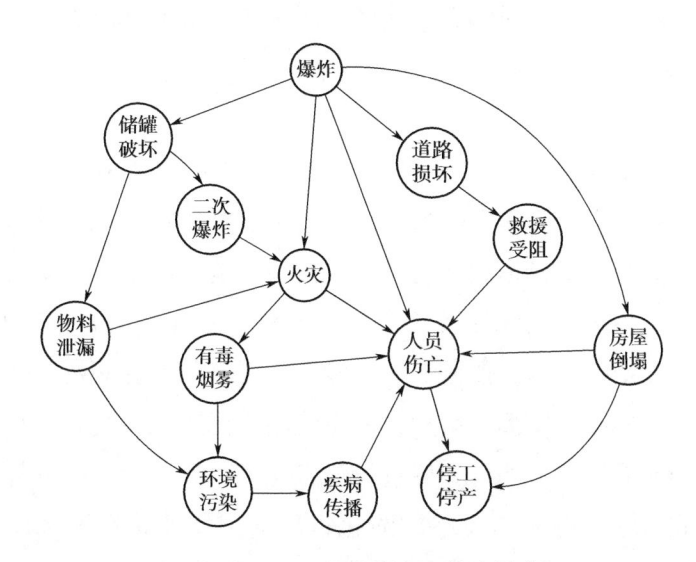

图2.4 化工园区爆炸灾害事故演化路径

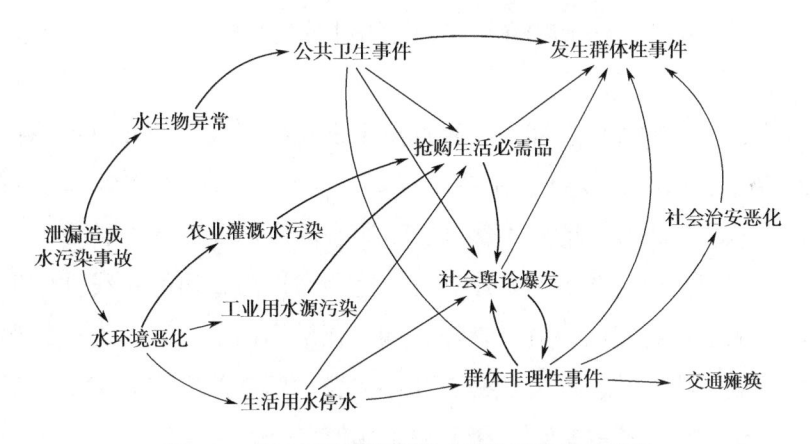

图2.5 化工园区泄漏造成水污染事故演化路径

2.3 基于熵的化工园区灾害事故系统演化机理

化工园区各类突发灾害事故的成因、性质、演化过程以及后果各不相同。即使同是火灾事故，也与特定的具体环境有关，存在着巨大差异。但通过大量的案例分析可知，它们之间仍有共性的规律。对共性规律深入分析，挖掘化工园区突发灾害事故的致灾机理和突变规律，可以指导人们的应急管理活动，为建立科学有效的防灾减灾体系提供科学依据。

2.3.1 相关理论

（1）熵理论

熵原本是一个热力学中的概念，含义丰富。1865年德国物理学家克劳修斯用熵的概念来定量描述热力学第二定律。熵值用来表征系统规则或混乱程度的状态，有序向无序发展，熵值增加，系统处于无序时熵值最大。由热力学第二定律可知，任何一个自然系统在不与外界交换物质和能量的情况下，系统的结构熵都会增加，使系统趋于无序。系统要维持自身的持续发展，必须使系统与外界环境进行信息交换，形成反馈控制补偿系统的增熵。开放系统从有序到无序的演化过程的实质就是系统熵值的变化过程。化工园区灾害系统事故从孕育到爆发到演化到平息，其实也是一个从有序到无序再到有序的过程。本节将结合熵理论，研究化工园区重大灾害事故系统的熵变过程，进一步解释化工园区重大灾害事故系统状态的演化规律。

（2）耗散结构理论

所谓耗散结构理论，即指一个远离平衡态的非线性的开放系统会不断地与外界交换物质和能量，在系统内部某个参量的变化达到一定的阈值时，通过涨落，系统可能发生突变，由原来的混沌无序状态转变为一种在时间上、空间上或功能上的有序状态。这种在远离平衡的非线性区形成的新的稳定的宏观有序结构就是耗散结构。耗散结构是一种动态的结构，必须满足开放、非线性、远离平衡态和存在涨落四个条件才能实现从混沌到有序。对于一个开放的复杂系统，系统熵值可分为两部分：

$$dS = d_e S + d_i S \qquad (2.1)$$

其中，dS 是系统的总熵变；$d_e S$ 是输入到系统的外部熵；$d_i S$ 是系统不可逆过程产生的内部熵。dS 的值与系统状态如表2.1所示。

表2.1 系统熵值与系统状态

系统熵值	系统状态
$d_e S > 0$ 且 $dS = d_e S + d_i S > 0$	系统从外界吸收的熵为正，总熵增加，系统处于退化状态，系统的不稳定度增加，任其发展将导致系统崩溃瓦解

续表

系统熵值	系统状态
$d_eS < 0$ 且 $dS = d_eS + d_iS < 0$	系统从外界吸收一定的负熵，但较少，无法抵消自身的熵增，系统将逐步走向衰落
$d_eS < 0$ 且 $dS = d_eS + d_iS = 0$	系统吸收了一定的负熵且完全抵消了内部的熵增，总熵没有变化，系统处于平衡状态
$d_eS < 0$ 且 $dS = d_eS + d_iS < 0$	系统从外界吸收到了足够的负熵，总熵减小，系统进入进化状态

（3）系统动力学理论

系统动力学起源于控制论，是美国麻省理工学院的福瑞斯特教授于1956年创立的。系统动力学方法通过分析实际系统的结构确定系统各变量间的因果关系，通过正反馈、负反馈回路来描述系统结构，并根据实际系统获取的数据、信息，在计算机上进行动态模拟仿真，获取系统未来行为的趋势描述。它能够处理复杂系统的非线性问题以及信息反馈、时间延迟、动态性等问题。

系统动力学认为，系统的行为完全取决于系统中的反馈。反馈分正反馈和负反馈两种，其中正反馈具有自我增强的作用，使系统原来的趋势增强；负反馈具有自我调节作用，使系统趋于稳定。动力学系统的构成要素是系统的主要实体，在系统内部相互联系，相互作用，构成一个有机整体，并且形成反馈机制。

2.3.2 化工园区重大灾害事故系统的耗散结构模型

化工园区重大灾害事故系统受到外部环境和应急输入的作用，与外界进行着物质、能量和信息的交换，是一个开放的系统。灾害系统向外界输出灾害，对园区环境、装置和人员造成损失和破坏；人员以灾害爆发后的应急处置形式，采取科学决策、救援预案和处置措施等应急输入和外部的环境输入作用到系统。系统里的承载体对外界的输入具有不同的吸收能力，使系统各要素的输入表现出差异性，从而使系统具有自组织特性。

化工园区灾害系统外部环境中不利因素的变化总是破坏这种平衡的态势，一旦系统获得外界的物质、信息和能量，便开始孕育事件的爆发。初始事件爆发后，系统各对象受到多种因素的共同作用，并且呈现出非线性的依存关系。各子系统将逐渐进入运动状态之中，推动系统偏离原来的平衡态，进入非平衡态。这种运动贯穿事件演化过程的潜伏期、爆发期、蔓延期、衰退期和恢复期。应急管理的决策者接收信息后，及时启动应急预案，采取积极有效的救助措施，使得系统从外界获取的信息熵流大于系统自身的信息熵，以控制事态的进一步发展。以某一事件为终点，没有新的次生事件产生，从而彻底阻断突发事件之间的连锁反应。如果没有随机涨落的存在，灾害系统不会自动脱离初始状态，也就无法认知新的有序结构，系统也就不可能自组织进化。非线性作用通过协调各子系统的功能，使系统对象之间产生正向协同效应，形成正反馈。系统各子系统之间的抑制增长的饱和效应也抑制了其他子系统的发展，形成负反馈，使得系统在复杂、多样和不确定的演化过程中从远离平衡态演化为新的有序结构。从上面的分析中我们看到化工园区灾害系统也是一个耗散结构。

2.3.3 化工园区灾害系统的熵现象

熵是对混乱状态的一种度量，系统内的熵值可以叠加，使系统熵值发生改变的量成为熵增因子或熵减因子。熵值越大，系统有序度越低，反之越高。化工园区的增熵因素就是园区的致灾因子，减熵因素就是应急管理因子。从某种程度上来说，这些熵因素与状态值呈现一定的比例关系。

化工园区突发灾害事件发生后形成突发事件系统，在没有外界干预的情况下，依靠系统内部的事物、事件和应急管理者之间的相互作用关系，从无序到有序、从一种形式的有序到另一种形式的有序自行发展演化。因此，作为开放复杂系统的灾害链系统，其自身的耗散结构特征是化工园区灾害链系统演化的客观基础，系统内部客体混乱无序状态是突发事件系统演化的客观表现，系统与外界之间的物质、能量和信息的交换是突发事件系统演化的客观动力。突发事件系统正是通过耗散作用实现客观事物子系统、一般事件子系统和应急处置子系统之间的协同有序。

突发事件系统的演化与开放系统的熵变有很多相似之处，都是从有序到无序，再从无序到有序，最终进入另一平衡稳态的。演变过程均具有突发性、动态性和复杂性等特征，属于耗散结构。而熵又是耗散结构理论中的一个重要概念，突发事件系统从有序状态到无序状态再到另一有序状态的演化过程，实际上就是系统熵在不同平衡态之间的转化过程。

在园区灾害事件发生前，系统在各种增熵因子和减熵因子的综合作用下，各个单元井然有序，处于一种有序稳定的平衡态。但随着系统中各种致灾因子的不断增加（例如人员不安全行为的增加，安全投入的不足，管理的漏洞，化工设施、装置的老化或故障，环境的恶化），破坏力越来越快地聚合、膨胀。而保持园区系统安全生产有效运行、抑制增熵能量的减熵因子（例如良好的个人综合素质、管理制度、执行措施、信息沟通、化工工艺水平、组织协同等）受到了限制，且致灾因子的逐渐增加本身也会压制减熵因子的增长。系统的自组织功能逐渐弱化，系统的原有平衡状态被打破，逐渐向不稳定状态发展。由于增熵因子的逐渐增强也会形成对负熵因子的限制，因而社会的自组织功能逐渐被弱化，系统的原有平衡态被破坏，逐渐走向不稳定状态。此状态不断积累，一旦负熵流受迫到最低点，系统熵增达到临界点，破坏力超过系统的承载能力，那么此时一个小小的随机扰动因素（即导火索事件）就能够引发灾害的全面爆发。

因此，根据熵原理和耗散结构理论可以看出，化工园区灾害事件的发生实质是一个熵增的过程。尽管其处于一个开放系统中，但由于系统与周围环境进行交换的熵流 d_eS 和系统内部自行变化产生的熵流 d_iS 两部分之和大于零，即系统的熵增大于熵减，系统的总熵依然在增加。当引发灾害事件的矛盾积聚到一定程度，系统总熵和直接决定事件发生的事件势一旦越过临界点，则系统的平衡状态将被打破，从而导致灾害事件产生，系统从有序状态进入不稳定状态，再进入一种混乱无序的状态。

在灾害事件发生的阶段，系统的总熵值达到最大状态，系统处于最混乱无序的状态，此时事件最难以控制。此时外界的干预，即各种促进减熵因子增加的应急管理因子在灾害事件的激发下出现信息、资源、技术的重组，形成减熵因子的强势组合，增强化解增熵能量的能力，逐渐消减增熵能量及其带来的影响，使系统的总熵减少，系统从极度混乱无序的状态重新进入社会有序运行的范围之内，形成新的平衡状态和耗散结构。因此，根据熵原理和耗散结构理论可以看出，化工园区突发灾害事件的应急管理实质是一个熵减的过程。在管理过程中调动社会系统中的各种资源，使得系统与周围环境进行交换的熵流 d_eS 和系统内部自行变化产生的熵 d_iS 两部分之和小于零，即系统的熵增小于熵减，从而使系统的总熵值逐渐减少，直至达到一个新的平衡态，系统从一种混乱无序的状态逐渐进入有序状态。

如图 2.6 所示，结合化工园区突发灾害事件系统状态的熵解释来看，要维持系统处于稳定有序的运行状态，就应该使系统形成一个良好的耗散结构，尽量减少、剔除增熵，创造、引入负熵。灾害发生前不安全行为水平的增量、设备故障水平的增量、环境的恶化都使得系统增熵因子不断增加，一旦超出系统的承载能力，灾害事故就会爆发。这时人为应急管理因子的加入使减熵因子增加，抑制增熵因子，系统总熵减小，事故消亡，系统达到新的平衡。因此，化工园区突发灾害事件的预防与应急管理过程必须强化负熵因子、控制增熵因子，尽力引入减熵流，以减少总熵，达到维持系统的有序结构，增加原系统与外界环境的物质和能量的交换，以最大限度地实现物质和能量的耗散，做到空间有序、时间有序和功能有序，从而获取最大的安全效益。

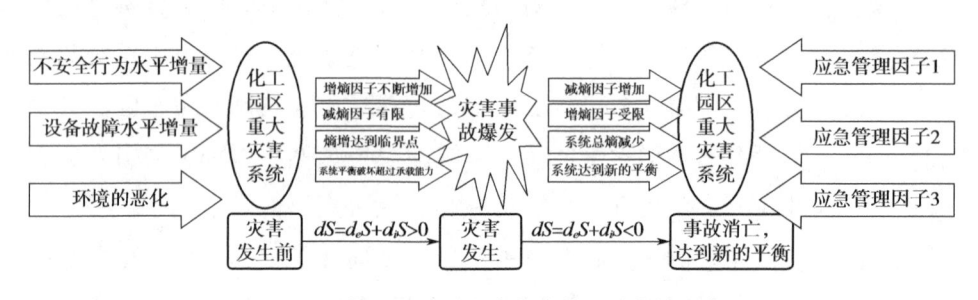

图 2.6 化工园区重大灾害事故系统的熵现象

2.3.4 基于熵的化工园区灾害链系统动力学分析

(1) 基于熵的化工园区灾害链系统动力学模型

从上述熵原理与耗散结构理论对化工园区灾害链的解释可知，致灾因子和应急管理因子的流入速率直接影响系统的熵值。致灾因子越强，灾害演化速率越大，系统的熵值增加越大，形成正反馈环；应急管理因子越强，抑制灾害演化速率越大，系统的熵值越小，形成负反馈环。系统的承

载体，即化工园区灾害链系统所处的环境因子，会受到致灾因子的弱化影响，同时，它对应急管理因子有强化作用，与系统熵值形成负反馈环。设化工园区灾害链系统熵值为 S，是一个状态变量，影响系统熵值增加的致灾因子为 Z_s，系统熵值增加速率为 V_1，影响系统熵值减小的应急管理因子为 J_s，系统熵值减小速率为 V_2，系统承载能力为 C。其中，致灾因子（Z_s）主要来自系统内部，对系统的承载能力具有削弱的作用，如环境破坏、设备故障、管理混乱、人员的不安全行为、信息传递不畅通等，其构成致灾因子集 $Z_s = \{Z_{si} | 1 \leq i \leq n\}$。影响系统熵值减小的因子有来自系统内部的承载能力，如信息的畅通、管理到位，环境良好等，也有来自系统外部的应急管理因子，$J_s = \{J_{si} | 1 \leq i \leq m\}$。系统承载能力（$C$）对应急管理因子具有增强功能，同时会受到致灾因子的削弱影响。依据系统动力学理论可构建如图 2.7 所示的化工园区重大灾害系统的动力学模型。

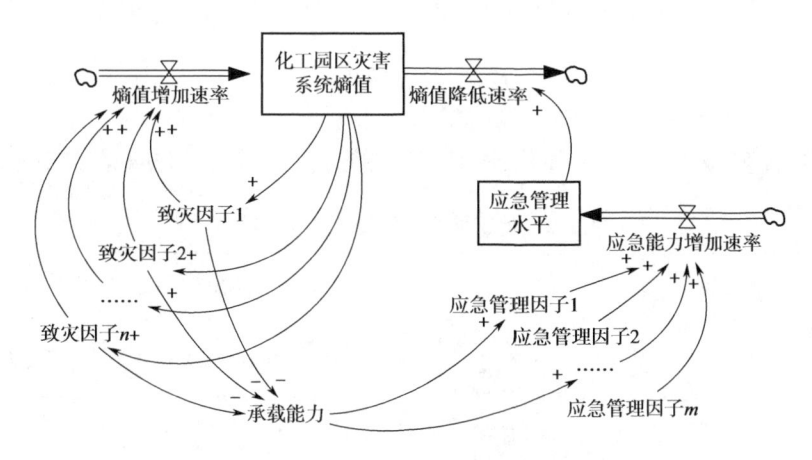

图 2.7 化工园区重大灾害系统的动力学模型

（2）化工园区灾害链系统动力学分析

我们将化工园区灾害系统熵值表示为在时间 t 内系统熵值变化率的函数：

$$S_t = S_{t_0} + \int_{t_0}^{t} (V_1 - V_2) \mathrm{d}t \qquad (2.2)$$

式中，S_{t_0} 为 t_0 时刻化工园区灾害链系统的熵值；S_t 为 t 时刻系统的熵值；

37

V_1 为系统熵值增加速率；V_2 为系统熵值减小速率。

系统熵值增加速率受到增熵因素的影响，是系统熵值和致灾因子的函数。系统熵值减小速率受到系统减熵因素的影响，是系统熵值、承载能力和应急管理因子的函数：

$$V_1 = f(S_t, Z_s) \qquad (2.3)$$

$$V_2 = g(S_t, J_s, C) \qquad (2.4)$$

式中，V_1 为系统熵值增加速率；V_2 为系统熵值减小速率；Z_s 为致灾因子；C 为承载能力；J_s 为应急管理因子。

将公式（2.3）和公式（2.4）代入公式（2.2）得：

$$S_t = S_{t_0} + \int_{t_0}^{t} (f(S_t, Z_s) - g(S_t, J_s, C)) \mathrm{d}t \qquad (2.5)$$

为研究系统熵值关于时间的变化关系，求公式（2.5）关于时间 t 的一阶偏导数和二阶偏导数，即

$$\frac{\partial S_t}{\partial t} = f(S_t, Z_s) - g(S_t, J_s, C) \qquad (2.6)$$

$$\frac{\partial^2 S_t}{\partial t^2} = \frac{\partial f(S_t, Z_s)}{\partial t} - \frac{\partial g(S_t, J_s, C)}{\partial t} \qquad (2.7)$$

通过对公式（2.6）和公式（2.7）的分析，可得结论如表2.2所示。

表2.2 化工园区系统熵值与系统状态

系统熵值	系统状态
1. $\frac{\partial S_t}{\partial t} > 0$，且 $\frac{\partial S_t}{\partial t}$ 很小	系统熵值基本不变，保持在一定合理稳定的水平上，系统的承载能力也处于一个平稳的合理可控水平。此阶段对应于灾害事件发生前的潜伏阶段
2. $\frac{\partial S_t}{\partial t} > 0$，且 $\frac{\partial^2 S_t}{\partial t^2} > 0$	系统熵值增加速率大于系统熵值减小速率，系统熵值 S 在增加，且增加的加速度大于零。对应化工园区灾害事件的引发期
3. $\frac{\partial S_t}{\partial t} > 0$，且 $\frac{\partial^2 S_t}{\partial t^2} = 0$	系统熵值增加速率大于系统熵值减小速率，系统熵值在增加，但是熵值增加的加速度等于零
4. $\frac{\partial S_t}{\partial t} > 0$，且 $\frac{\partial^2 S_t}{\partial t^2} < 0$	系统熵值增加速率仍然大于系统熵值减小速率，系统熵值在增加，但是熵值增加的加速度小于零

续表

系统熵值	系统状态
5. $\frac{\partial S_t}{\partial t} = 0$，且 $\frac{\partial^2 S_t}{\partial t} < 0$	系统熵值的增加速度为零，系统熵值增加速率等于系统熵值减小速率，并且系统熵值增加的加速度小于0，系统熵值函数的曲线处于极大值点
6. $\frac{\partial S_t}{\partial t} < 0$，且 $\frac{\partial^2 S_t}{\partial t} < 0$	系统熵值增加速率小于系统熵值减小速率，系统熵值开始下降，并且下降的加速度小于0，曲线是凸形的
7. $\frac{\partial S_t}{\partial t} = 0$，且 $\frac{\partial^2 S_t}{\partial t} = 0$	系统熵值增加速率小于系统熵值减小速率，且系统熵值下降的加速度等于0，系统熵值函数曲线处于一个拐点
8. $\frac{\partial S_t}{\partial t} = 0$，且 $\frac{\partial^2 S_t}{\partial t} > 0$	系统熵值增加速率小于系统熵值减小速率，且系统熵值下降的加速度大于0，系统熵值函数曲线是下降的且是凹形的
9. $\frac{\partial S_t}{\partial t} = 0$，且 $\frac{\partial^2 S_t}{\partial t}$ 非常大	系统熵值增加速率与系统熵值减小速率逐渐进入相等阶段，重新形成相对稳定的格局，系统承载能力又恢复到稳定可控水平。此阶段对应化工园区灾害事件的消失期

根据表2.2，我们可以近似绘制出化工园区灾害系统熵值随时间变化的曲线图，见图2.8。

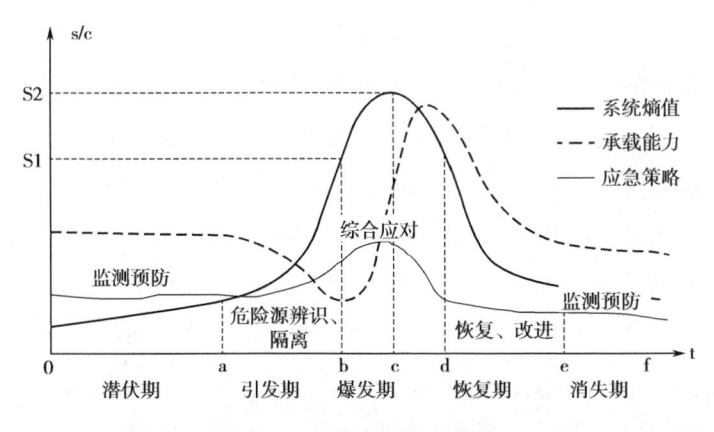

图 2.8 系统熵值变化趋势

由图2.8可得出以下结论：

①系统熵的积累期

系统熵的积累期包含潜伏期和引发期。在事故潜伏期（曲线0—a段），系统熵值变化平缓，系统的承载能力处于可控水平。此阶段应急决策工作主要是采用监测监控、建立预案等方式进行预警防范，避免事故的发生。到了引发期（曲线a—b段），系统熵值在增加，且增加的加速度大于零，原因是致灾因子的耦合叠加，使得系统熵值迅速增长，并限制了承载能力和应急管理因子，使之处于一个下滑的趋势，熵值减小速率不断弱化。该阶段是有效控制化工园区突发事件爆发或最大限度减少事件危害的最好时机，应急决策工作应把握处置时机，第一时间对各种危险源进行识别和判断，并采取相应的隔离措施，将危险控制在可控的范围内。

②系统熵的突变期

b点是曲线的拐点，系统承载能力和应急能力处于最低水平，系统处于事故爆发的临界点。曲线b—c段是凸形的，系统熵值增加速率虽然大于系统熵值减小速率，但随着能量的释放和系统承载能力的增强，系统熵值减小速率增加，形成对致灾因子的抑制作用，系统熵值增加的加速度变为零，增长速度降低，随着应急措施的输入，承载能力开始增加，系统熵值继续增加，到达c点处化工园区灾害系统熵值到达极值。曲线b—c段对应突发事件的爆发期，随着事故的爆发、能量的释放、外界应急能力的增加，系统承载能力快速增强。但是承载能力存在一定的滞后性，它对系统的减熵作用还没发挥到最大，系统熵值减小的速率很慢。此阶段应急决策工作进入全面的综合应对时期，必须建立起统一指挥、反应灵敏、功能齐全、协调有序和运转高效的协同应急机制，实施应急响应预案，紧急动员各方力量投入应急救援，即尽量增加原系统与外界环境的物质和能量的交换，引入负熵流，以限制系统增熵因素，减少系统总熵。

③系统熵的衰退期

衰退期包括恢复期（曲线d—e段）和消失期（曲线e—f段）。此阶段园区灾害事件进入快速恢复期，随着系统应急管理因子作用的充分发挥，系统熵值迅速下降。当系统熵值增加速率与系统熵值减小速率逐渐进入相等阶段，重新形成相对稳定的格局时，系统承载能力又恢复到稳定可控水平。恢复期的应急决策主要是对事故造成的破坏进行恢复与重建、调查原因、评估损失、技术和管理改进。到消失期，应急工作又进入新一轮稳定时期的监测预防。

综上可见，随着化工园区突发灾害事件系统演变状态的不断推进，应急决策工作的形式和内容也在不断变化。在应急决策过程中，一旦决策不当，就会使事件不断扩大，甚至超越本系统边界，引发其他系统新的危机事件爆发。

2.4 化工园区重大灾害事故演化系统动力学仿真研究

本节将结合系统动力学建模的步骤，对化工园区重大灾害事故演化系统进行动力学模型的构建，分析、归纳导致事故爆发及其演化的关键因素，构建出化工园区重大灾害事故演化影响体系，并将系统划分为人、机、环、应急管理几个子系统，对各个子系统内部进行结构分析，构建化工园区重大灾害事故系统动力学模型，还将对吉林石化"11.13"爆炸案例进行仿真。

2.4.1 化工园区重大灾害事故的演化系统分析

在化工园区内，由于大部分物质是易燃易爆、有毒有害的，所以，一旦某一处发生了事故，就会牵一发而动全身，整个化工园区将成为灾害的事故区域。化工园区灾害系统具有不确定性。化工园区内的生产装置、基础设施等，都是存在潜在风险的，如设备设施的老化现象、基础设施的沉降现象；人为因素也是一个较为常见的潜在危险源，如人员的违章操作、违章指挥、违章行为等。化工园区灾害系统存在正负反馈环节。在化工园区内，由于分区的规划法则，即不同的区域承担不同的生产工作，在某一化工品生产区域内，当灾害事故发生时，事故能量会波及附近区域内的承载体，承载体变异发生事故，产生灾害链的传递。园内人员在事故的影响下积累起对灾害事故的应对经验，于是在对化工园区内的检验及检查中开始对灾害事故进行预防以及控制。这就是化工园区灾害系统的反馈性。

由以上分析可以看出，化工园区灾害系统是一个人—机—物—法—环相互依存、相互制约的复杂的具有反馈性质的系统，并且发生的灾害为非线性的，不确定的特征又能反映出灾害系统的动态性，由此可以判断出化工园区灾害系统的相应特征符合系统动力学的理论要求，因此，本书引入系统动力学的研究方法，通过系统动力学进行建模、模拟、改善等。

为了更好地确定化工园区重大突发事故演化系统的系统边界，本书不考虑自然灾害等导致的园区重大突发事故，事件爆发的直接原因不考虑自然灾害等不可抗力的因素，主要围绕人—机—环相关因素，例如人为因素、环境因素和设备因素等。

本书将收集的近十年发生的化工园区重大突发事故制作成相应的表格，构建科学、系统和完整的影响因素体系。围绕着人—机—环—管，分析、归纳、总结导致事故爆发及演化的影响因素。具体过程如图2.9所示。

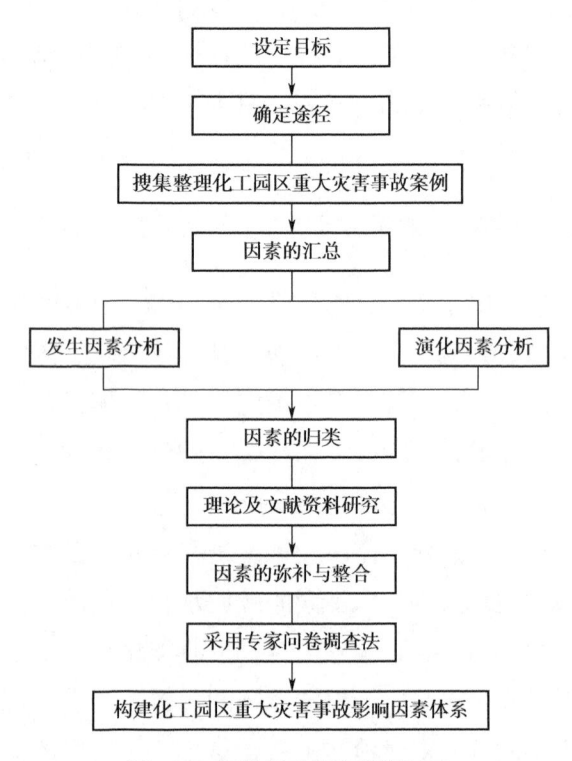

图 2.9 事故影响因素获取过程

化工园区重大突发事件演化中的关键因素如表2.3所示。

表 2.3 化工园区突发事件影响因素体系

子系统		构成因素
化工园区重大突发事件演化系统	人因子系统	安全思想意识
		安全操作技术
		人员心理素质
		人员生理素质
		信息传递速度
	应急管理子系统	管理机制
		安全文化建设
		安全投入
		安全监督
		应急规划
		安全教育培训
	设备子系统	设备设计
		安全防护装备
		设备故障
		故障预警系统
		安全科技水平
	环境子系统	项目一体化建设
		区域生态安全
		公用工程
		基础设施规划

2.4.2 化工园区重大灾害事故演化系统结构分析

运用系统论的观点，可以将灾害链和灾害链所处的情景视为一个复杂的系统，称为化工园区灾害系统。化工园区各种灾害事故之间的关联和情景共同决定着灾害系统的演化行为和演化路径。化工园区突发灾害事故的发生是由多种因素综合作用的结果。从前面对化工园区重大灾害事故风险分析可以发现，化工园区重大灾害事故的发生、演化都受到人、机、环、管等各方面的影响。借鉴众多学者对突发事件发生演化理论的研究，本书将化工园区灾害链的演化因素划分为以下几个子系统,各子系统之间的关系见图2.10。化工园区某一处发生事故就会牵一发而动全身,整个化工园区就成为灾害的事故区域。在这个系统里,人员的安全思想意识不足、操作技能欠缺、生理心理素质异常,化工装置、储罐、管道的老化,基础设施的沉降现象等都是潜在的风险,容易导致园区重大灾害事故的发生。园内人员在事故的影响下积累起对灾害事故的应对经验,于是在对化工园区内的检验及检查中开始对灾害事故进行预防以及控制,形成一个反馈系统。

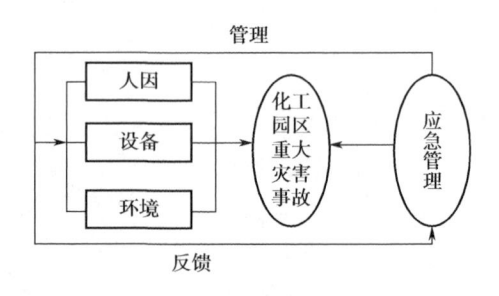

图2.10　化工园区重大灾害事故各子系统关系示意

(1) 人因子系统

人因子系统是化工园重大突发灾害系统演化过程中一个很重要的子系统。如图2.11所示,人员问题很多时候是事故的根源,如不安全行为、安全思想意识不强、安全操作技术不专业、突发事故时的信息传递速度和能力不足、个人心理和生理素质不高等。现场人员处理不当,初始事故没能及时排除,会使小问题酿成大事故,甚至导致园区事故多米诺骨牌效应的发生。人员生理因素的异常和安全操作水平的不足导致遇事应急能力受限,引起心理因素的异常,导致人员不安全行为的概率增加。人员的不安全行为又将引起化工装置、设备故障和监督管理上的漏洞,引发事故,造成周边环境的异常,加剧人员生理和心理因素的异常。人员安全操作技术的水平影响着信息传递速度,导致人员不安全行为的产生,从而引发化工装置、设备的故障。

(2) 应急管理子系统

应急管理子系统是指园区应急管理机构组合园区各机构的力量在日常

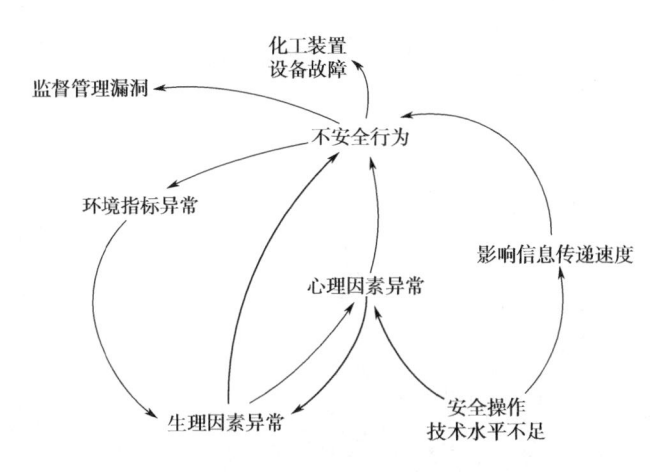

图 2.11　人因子系统

安全管理、事前预防、事中应急处置及事后恢复过程中采取措施，保障公众生命财产安全、促进园区和谐健康发展的一系列活动。

应急管理水平的高低直接影响着化工园区事故演化的水平。园区的管理机制是主要以日常安全制度为基础的一种机制，它影响着管理决策的科学性和效率。安全文化建设是化工园区企业文化建设的重要内容，它指导和影响着员工的价值观、作业标准。安全教育培训是应急管理的重要组成部分，安全培训的质量直接影响应急管理水平。安全监督是对园区的危险源进行监管，为事故预防打基础，是应急管理活动中一项重要的活动。安全投入包括人员、技术、设备设施的投入，也包括安全教育培训、对劳动防护以及事故救援等的投入。应急规划即预先考虑可能发生的事故，提出相应的应急预案，以便在事故发生时及时高效地做出决策，是应急管理的一项核心内容。安全监督的水平、管理机制的水平、应急规划水平越高，应急管理水平越高。安全投入的增加促使人员不安全行为的减少，也促使应急管理水平的提高。应急管理子系统的因果关系如图 2.12 所示，安全管理机制的完善直接影响应急规划的水平，促进安全监管水平和安全投入的增加，也必然使得人员安全教育培训的投入增加，从而提高园区企业安全文化建设水平。安全文化水平的提高、安全投入的加大、安全监管的加强等都直接提升应急管理子系统水平，形成正因果关系。

45

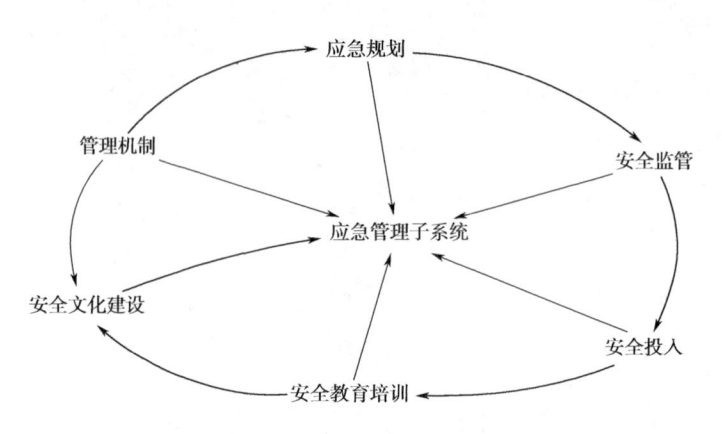

图 2.12 应急管理子系统

（3）设备子系统

化工园区里各种化工装置、反应塔、泵、压缩机、各类储罐以及各种输送物料的管道的安全水平是影响园区突发事件发生和演化的一项基本条件，外在环境破坏能否被监测设备预检测到，装置、设备是否存在缺陷，也影响着事件的演化。目前我国化工园区很多装置、管道已经运行多年，设施存在陈旧、落后等情况，安全隐患严重。造成化工园区重大灾害事故的设备子系统主要由设备设计失误、防护装备失效、故障预警系统故障、安全科技水平低等因素构成。设备子系统因果关系如图 2.13 所示，安全防护水平、安全设计水平、危险预警系统水平、安全技术水平的提高及设备质量的提高都会引起设备子系统水平的提高，形成正因果关系。

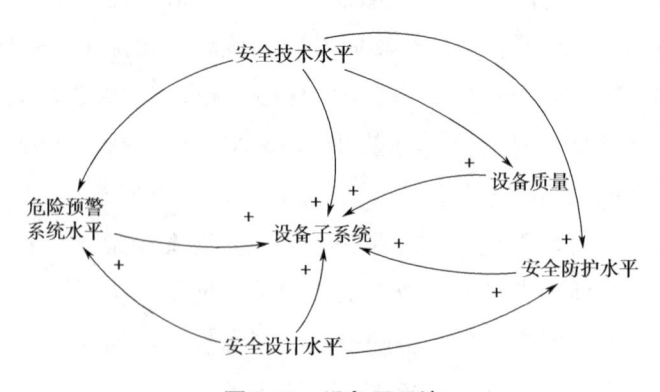

图 2.13 设备子系统

(4) 环境子系统

园区的环境因素主要体现在项目一体化建设、区域生态安全水平、公用工程建设水平和基础设施规划水平方面。项目一体化建设主要包括产品一体化和空间布局合理化等。区域生态安全水平主要体现在是否将生态、防灾、避难功能有机结合，园区在建设施是否根据生态现状及未来规划发展要求统筹考虑区域内和周边的生态空间体系。公用工程建设包括供水、供电、供气和供热设施的建设。基础设施规划包括消防、物流传输、交通网络、排水系统、固体废弃物处置、应急疏散通道、公共事故应急池、危险化学品车辆专用停车场等的规划。项目一体化建设水平影响着基础设施规划水平、公用工程建设水平和区域生态安全水平（见图2.14）。基础设施规划水平的提高、区域生态安全水平的提高、公用工程建设水平的提高使得园区环境水平提高，事故发生引起多米诺骨牌效应的概率就会降低。

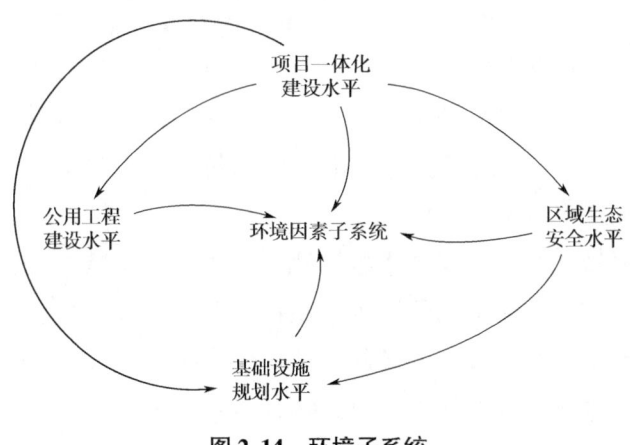

图 2.14 环境子系统

2.4.3 化工园区重大灾害事故演化系统的因果关系

根据前面对化工园区重大灾害系统各子系统的因果关系分析，可得到事故演化系统因果关系总图，见图2.15。

从图2.15可以看到三个反馈回路：

(1) 以致灾因子为中心的反馈回路

致灾因子主要来源于化工园区灾害系统中的人因子系统、环境子系

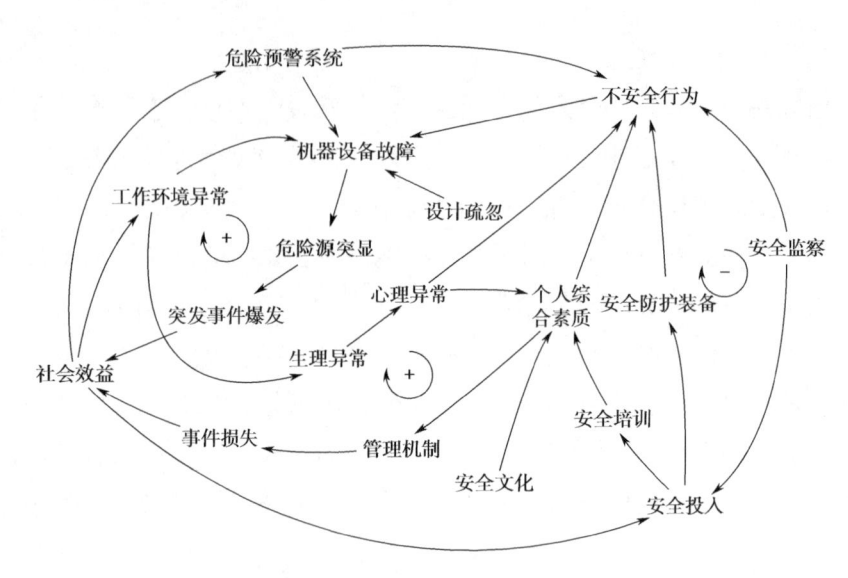

图 2.15　化工园区重大灾害事故演化系统因果关系总图

统、设备子系统。

人因子系统是化工园重大突发灾害系统演化过程中一个很重要的子系统。人员很多时候是事故的根源，如不安全行为、安全思想意识不强、安全操作技术不专业、发生突发事故时的信息传递速度和能力不足、个人心理和生理素质不高等。

设备子系统是指化工园区里各种化工装置、反应塔、泵、压缩机、各类储罐以及各种输送物料的管道等。设备子系统的安全水平是影响园区突发事件发生和演化的一项基本条件，外在环境破坏能否被监测设备预检测到，装置、设备是否存在缺陷，也影响着事件的演化。

园区的环境因素主要体现在项目一体化建设、区域生态安全水平、公用工程建设水平和基础设施规划水平方面。项目一体化建设主要包括产品一体化和空间布局合理化等。区域生态安全主要体现在是否将生态、防灾、避难功能有机结合，园区在建设施是否根据生态现状及未来规划发展要求统筹考虑区域内和周边的生态空间体系。公用工程建设包括供水、供电、供气和供热设施的建设。基础设施规划包括消防、物流传输、交通网络、排水系统、固体废弃物处置、应急疏散通道、公共事故应急池、危险化学品车辆专用停车场等的规划。

致灾因子主要体现在人员的不安全行为、化工装置设施的危险水平以及园区的环境因素。预警系统水平下降，增加了不安全行为的发生频率；环境的变化引起人员生理、心理的异常，直接影响了人员在事故爆发后的操作水平，继而使得管理机制的效率和管理能力低下，造成事故损失的增加、周边生态环境的污染、基础设施的破坏，使得环境异常，这一回路也为正反馈。

（2）以承载能力为中心的反馈回路

人员的误操作、不安全行为导致设备故障，使隐患突显，引发化工园区灾害事故，使得园区承载能力降低。安全投入的增加，人员素质、技术水平的提高，园区环境因素的好转，使得应急管理水平增加，形成一个反馈回路。

（3）以应急管理为中心的反馈回路

事件爆发以后，对事件进行控制的主要因素即是应急管理系统。应急管理系统中良好的安全防护装备、充足的安全投入、必要的安全培训以及安全监管等都会降低不安全行为的发生频率，进一步控制化工园区灾害事件的发生和演化，形成负反馈回路。负反馈的引入和应急管理子系统水平的提高对灾害的发生和损失起着抑制作用，使系统达到一种平衡。

根据图2.11至图2.15中各个子系统因果关系图及因果关系总图的分析，本书构建了如图2.16所示的系统因果关系流图，并应用系统动力学

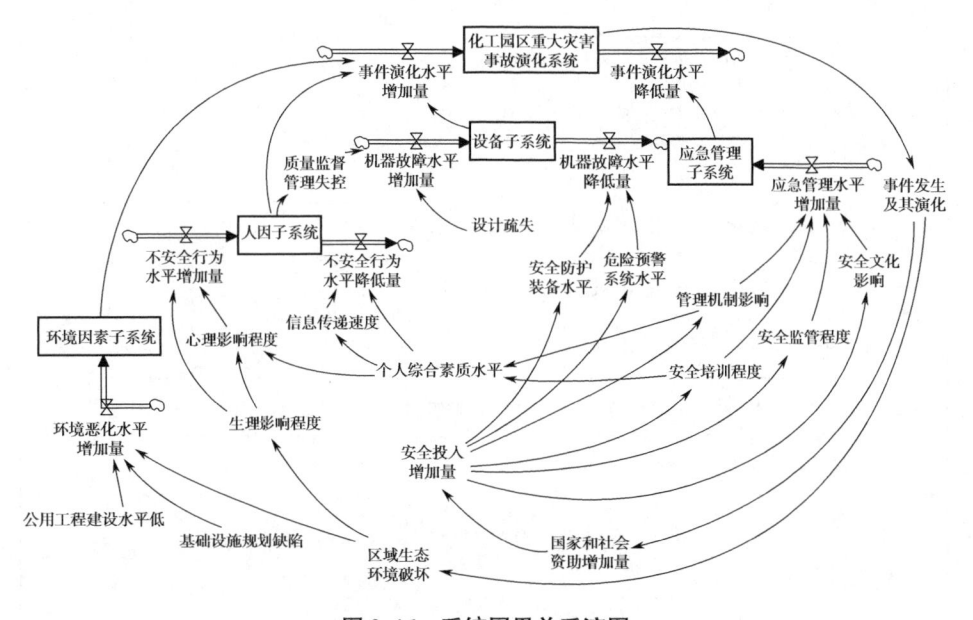

图2.16 系统因果关系流图

原理，分析各子系统影响因素在事故演化过程的影响关系，建立系统动力学方程（见表2.4），方程各变量含义见表2.5。应用系统动力学原理，汇总化工园区重大灾害事故演化过程中影响因素的系统变量集，通过现场数据的调研给定初始值，应用 Vensim 软件，就可模拟化工园区重大灾害事故的演化系统总的变化趋势。

表 2.4 系统动力学方程

$L_1 = R_1 - R_3$；$L_2 = INTEG(R_2, L_2\ 初始值)$；$L_3 = R_4 - R_5$
$L_4 = R_6 - R_7$；$L_5 = INTEG(R_8, L_5\ 初始值)$
$R_1 = L_2$ 对 L_1 影响系数 $\times L_2 + L_4$ 对 L_1 影响系数 $\times L_4 + L_3$ 对 L_1 影响系数 $\times L_3$
$R_2 = A_1$ 对 L_2 影响系数 $\times A_1 + C_3$ 对 L_2 影响系数 $\times C_3 + C_2$ 对 L_2 影响系数 $\times C_2$
$R_3 = L_5$ 对 L_1 影响系数 $\times L_5$
$R_4 = A_3$ 对 R_4 影响系数 $\times A_3 + C_1$ 对 R_4 影响系数 $\times C_1$
$R_5 = A_5$ 对 L_3 影响系数 $\times A_5 + A_4$ 对 L_3 影响系数 $\times A_4$
$R_6 = A_6$ 对 L_4 影响系数 $\times A_6 + A_7$ 对 L_4 影响系数 $\times A_7$
$R_7 = A_9$ 对 L_4 影响系数 $\times A_9 + A_8$ 对 L_4 影响系数 $\times A_8$
$R_8 = A_{13}$ 对 L_5 影响系数 $\times A_{13} + A_{10}$ 对 L_5 影响系数 $\times A_{10}$ $+ A_{12}$ 对 L_5 影响系数 $\times A_{12} + A_{14}$ 对 L_5 影响系数 $\times A_{14}$
$A_4 = A_{11}$ 对 A_4 影响系数 $\times A_{11}$；$A_5 = A_{11}$ 对 A_5 影响系数 $\times A_{11}$
$A_6 = A_1$ 对 A_6 影响系数 $\times L_2$；$A_9 = A_8$ 对 A_9 影响系数 $\times A_8$
$A_7 = A_6$ 对 $A_7 d$ 影响系数 $\times A_6 + A_8$ 对 R_7 影响系数 $\times A_8$
$A_{10} = A_{11}$ 对 A_{10} 影响系数 $\times A_{10}$；$A_{12} = A_{11}$ 对 A_{12} 影响系数 $\times A_{10}$
$A_{13} = A_{11}$ 对 A_{13} 影响系数 $\times A_{11}$；$A_{14} = A_{11}$ 对 A_{14} 影响系数 $\times A_{14}$
$A_{11} = ACTIVEINTIAL(0.8 \times A_{15}, A_{11}\ 初始值)$
$A_{15} = WITHLOOKUP(事件发生及演化，([(0, 0) - (a_{10}, b_{10})]，(a_1, b_1)，(a_2, b_2)，…，(a_{10}, b_{10})))$
$C_1 = 常量$；$C_2 = 常量$；$C_3 = 常量$

表 2.5　方程各变量含义

变量名称	符号	变量名称	符号
化工园区事故演化系统水平	L_1	环境恶化水平	L_2
化工装置设备水平	L_3	不安全行为水平	L_4
应急管理水平	L_5	事故演化水平增量	R_1
环境恶化水平增量	R_2	事故演化水平降低量	R_3
化工装置设备水平增加量	R_4	化工装置水平降低量	R_5
不安全行为水平增量	R_6	不安全行为水平降低量	R_7
应急管理水平增加量	R_8	区域生态环境破坏程度	A_1
事件发生及其演化	A_2	监督管理失控程度	A_3
危险源预警系统水平	A_4	安全防护装备水平	A_5
生理因素异常程度	A_6	心理因素异常程度	A_7
个人综合素质水平	A_8	信息传递速度	A_9
安全培训水平	A_{10}	安全投入水平	A_{11}
安全监管水平	A_{12}	管理机制	A_{13}
安全文化	A_{14}	国家和社会资助水平	A_{15}
设计疏失	C_1	基础设施规划缺陷	C_2
公用工程建设水平	C_3		

2.4.4　案例仿真分析

本书以吉林"11·13"硝基苯精馏塔爆炸引发火灾事故至泄漏污染松花江的演化为例进行仿真。经过调查认定，中石油吉林石化分公司双苯厂"11·13"爆炸事故及其引发的松花江水污染事件，是一起特大安全生产责任事故和特别重大水污染责任事件。结合 2.2 节化工园区重大灾害事故演化机理，如图 2.17 所示，本书将其演化过程划分为发生、扩散、演化和消亡四个阶段。

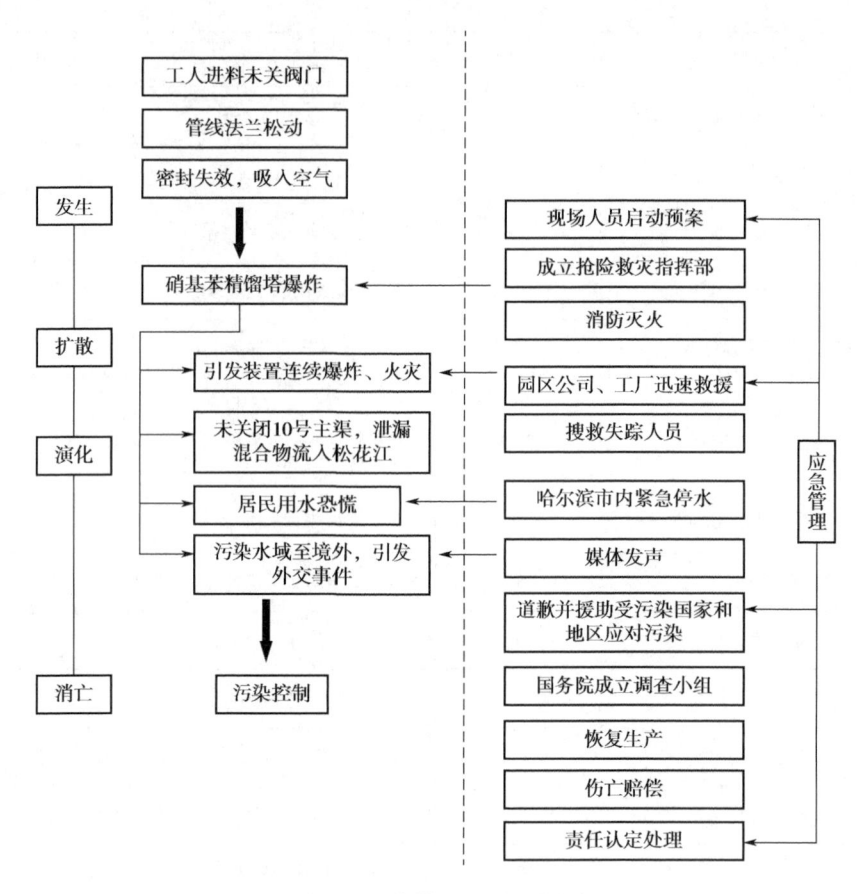

图 2.17 事故演化过程分析

（1）仿真相关的数据准备

吉林石化"11·13"事故系统影响因素众多，为消除单位、量级造成的影响，本书对影响因素进行无量纲化处理；结合事故影响因素特点，采用定性和定量相结合的原则，采用五段取值方法，得出各个因素取值。

①因素权重的确定

采用层次分析法，确定各个子系统及子系统影响因素权重（如表 2.6 所示）。

表 2.6 各级因素权重

子系统	权重	影响因素	因素对子系统权重	因素对总系统权重
人因子系统	0.30	安全思想意识	0.18	0.054 0
		安全操作技术	0.38	0.114 0
		人员心理素质	0.10	0.030 0
		人员生理素质	0.12	0.036 0
		信息传递速度	0.22	0.066 0
应急管理子系统	0.41	管理机制	0.05	0.020 5
		安全文化建设	0.12	0.049 0
		安全投入	0.30	0.123 0
		安全监督	0.21	0.084 0
		应急规划	0.32	0.131 2
设备子系统	0.18	设备设计疏失	0.12	0.021 6
		安全防护装备失效	0.13	0.023 4
		设备故障	0.21	0.037 8
		故障预警系统	0.36	0.064 8
		安全科技水平低	0.30	0.054 0
环境子系统	0.11	项目一体化建设	0.18	0.019 8
		区域生态安全	0.13	0.014 3
		公用工程	0.26	0.028 6
		基础设施规划	0.33	0.036 3

② 水平值的确定

根据上文对事故演化过程的定性分析,各水平值都取事故发生阶段的值。结合发生阶段的表现取值及权重,计算结果见表 2.7。

表 2.7 变量水平初始值

变量	具体数据来源	数据处理方法	水平值
不安全行为水平值	人员在事故发生过程中的心理、生理因素,信息的传递能力,安全操作水平、危险源的辨识能力等	各子因素按照五段取值法打分再加权求和	63.36

续表

变量	具体数据来源	数据处理方法	水平值
设备故障水平值	事故发生装置设计疏失程度、安全防护装备水平、设备故障程度、安全科技水平等	各子因素按照五段取值法打分再加权求和	52.70
应急管理水平值	事故应急安全投入量、事故中安全监督情况、安全文化建设水平等	各子因素按照五段取值法打分再加权求和	65.00
环境恶化水平值	基础设施的损坏情况、区域生态环境恶化程度等	各子因素按照五段取值法打分再加权求和	50.00

③影响系数的确定

借鉴众多学者采用的参数估计法，考虑两因素间是正因果关系还是负因果关系，影响系数可以大于1或小于1，将两个相关因素实际水平值作为系数的参考基数，再根据模型修正。各影响系数名称及符号取值见表2.8。

表2.8 影响系数取值

系数名称	取值	系数名称	取值
L_2 对 L_1 影响系数	1.05	L_4 对 L_1 影响系数	1.42
L_3 对 L_1 影响系数	1.20	L_5 对 L_1 影响系数	1.48
A_1 对 L_2 影响系数	1.36	C_2 对 L_2 影响系数	0.81
C_3 对 L_2 影响系数	0.90	A_5 对 L_3 影响系数	1.05
A_4 对 L_3 影响系数	1.38	A_7 对 L_4 影响系数	1.40
A_6 对 L_4 影响系数	1.38	A_9 对 L_4 影响系数	1.22
A_8 对 L_4 影响系数	1.19	A_{13} 对 L_5 影响系数	1.05
A_{10} 对 L_5 影响系数	1.35	A_{12} 对 L_5 影响系数	1.41
A_{14} 对 L_5 影响系数	0.85	A_3 对 R_4 影响系数	1.25
C_1 对 R_2 影响系数	0.85	A_{11} 对 A_4 影响系数	1.47
A_{11} 对 A_5 影响系数	1.47	A_1 对 A_6 影响系数	0.43

续表

系数名称	取值	系数名称	取值
A_8 对 A_9 影响系数	1.25	A_6 对 A_7 影响系数	1.40
A_{11} 对 A_{10} 影响系数	1.25	A_8 对 R_7 影响系数	1.25
A_{11} 对 A_{12} 影响系数	1.25	A_{11} 对 A_{13} 影响系数	1.05
A_{11} 对 A_{14} 影响系数	1.05		

(2) 仿真结果

将初始值水平值和影响系数带入系统动力学模型仿真变量，仿真结果如下：

①事故演化总系统和各子系统演化趋势

如图 2.18 所示，从各个子系统变化趋势可以发现，事故系统演化曲线近似为一条抛物线，在模拟开始 3 个小时后爆发，随后下降，经过 27 小时左右又达到一个峰值再下降。曲线的形状和 2.2 节定性模拟的事故发展阶段吻合，也符合实际事故发生的大致情况，验证了模型的有效性。不安全行为水平子系统一直处于上升的趋势，直到 27 小时后开始下降。事故爆发后，各方人员高度重视，到达现场救援，但是忽视了消防排水混合着泄漏物排入了松花江。随着救援力量的增加和救援方案的调整，不安全行为水平开始下降。装置设备设施水平在爆发以后也呈现下降趋势。随着事故的爆发和应急管

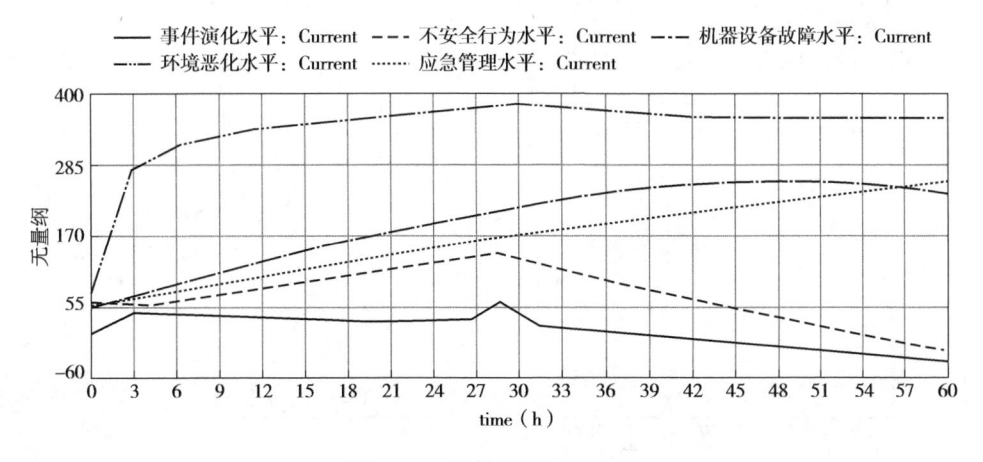

图 2.18 事故演化过程分析

理因子的加入，应急管理水平处于上升趋势。在事故发生后，快速高效地提高应急管理因子，是控制事故影响继续扩散和演化的最有效途径。

②各子系统的实际作用率

在吉林石化爆炸案例中，以权重最大的人因子系统和应急管理子系统为例，求出复杂系统中各子因素的实际作用率。

从图2.19可以看出，人的不安全行为在事件发生以后基本上呈一直下降的趋势，说明较快的信息传递速度可以尽早争取到救援时间，个人综合素质的提高更有力地降低了不安全行为的水平量。然而，个人综合素质的提高需要一个平时积累和应急演练的过程，因此必须在日常生活中注意培养自己的安全素质。

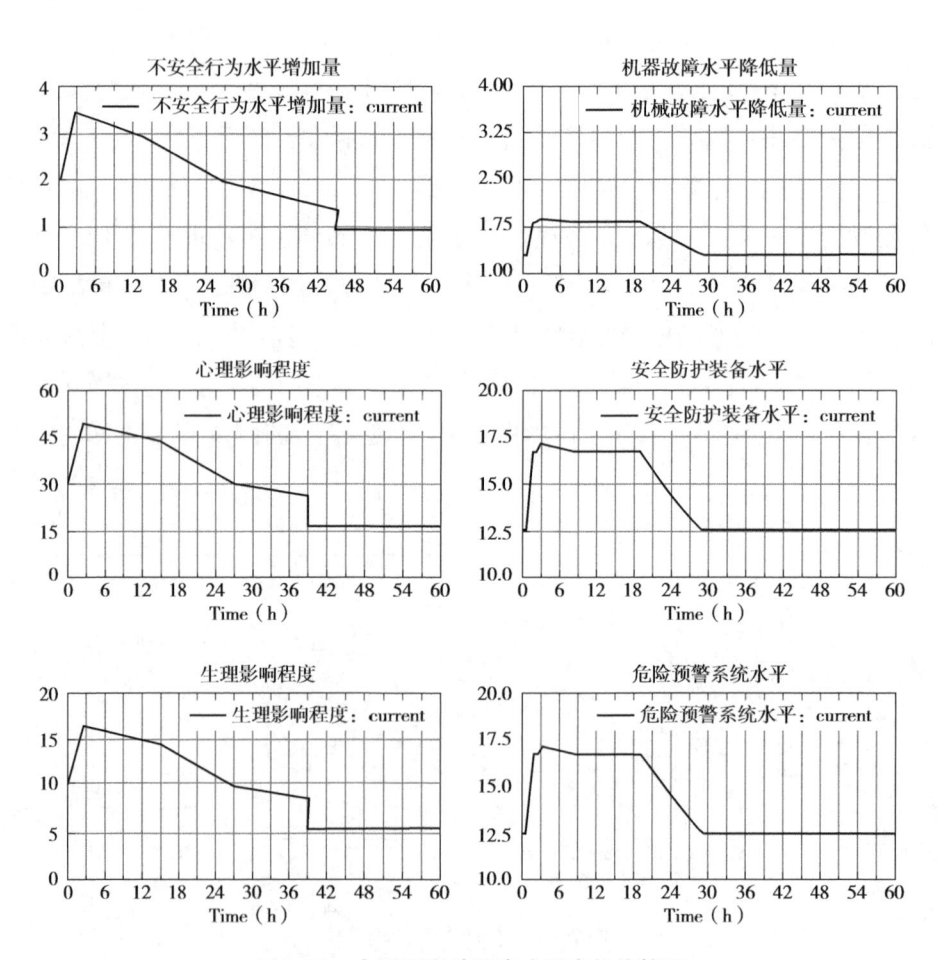

图2.19 人因子系统因素水平变化趋势图

应急管理因子作为系统外部输入的减熵因素，受到事故发生后安全投入的影响，表现为安全监管、安全文化、管理机制和安全培训因子的变化。在演化的整个过程中，应急管理水平的表现一直为上升趋势（见图 2.20），说明应急管理水平在事件发生后一直在提高，虽然中间会有一些停滞，但总体趋势是水平值在逐渐上升。而影响应急管理水平的因素也一直为正，说明其水平值也在增加，不过在演化的初始阶段增加的幅度比较大，后来增幅变小，这也符合实际的情况（见图 2.21）。

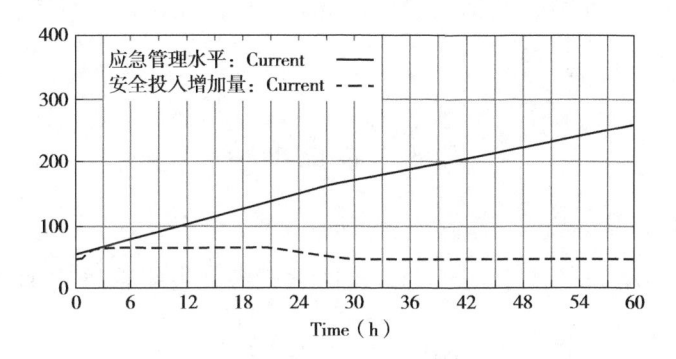

图 2.20 应急管理水平与安全投入关系趋势图

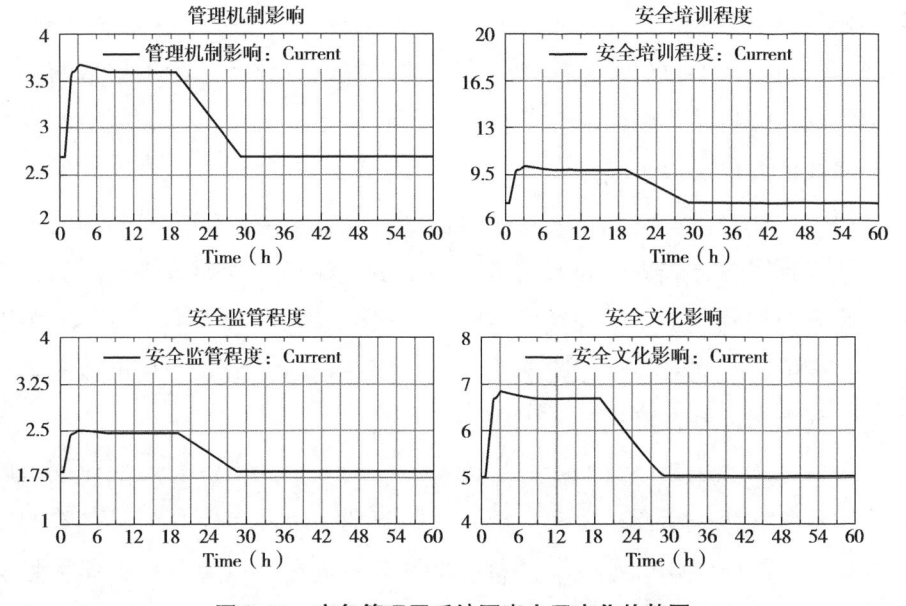

图 2.21 应急管理子系统因素水平变化趋势图

由图 2.19 至图 2.21 可以直观地看出每个子系统水平值增加的来源及强度，同时可以看出不同因子在被投入后变化的快慢。正是这些不同因子的水平增量，共同加权构成了各个子系统的水平的增量，各个子系统水平的增量变化直接影响着各自系统水平的变化和总水平的发展趋势。通过仿真，可以观测到事故演化的趋势以及不同因子的增量变化情况，指导园区安全生产；还可以确定不同因子的作用强度，为化工园区的事故应急决策提供依据。通过园区具体数据的采集模拟，就可以站在系统动力学的战略高度，分析和研究园区突发重大灾害事故的应对策略，从根本上防止其发生及发展演化。

2.5　本章小结

2.5.1　提出了基于熵的化工园区重大灾害事故系统演化机理分析

首先，本章分析了化工园区重大灾害事故发生发展与应急管理过程中的熵态变化情况，得出化工园区重大灾害事故的发生与应急管理是一个开放的耗散系统，系统熵值在增熵因素、减熵因素和系统的承载能力三者的共同作用下不断变化。

其次，本章通过讨论系统动力方程的一阶偏导数和二阶偏导数的不同取值情况，分析系统熵值的变化情况，得到了系统熵值与承载能力的变化趋势曲线，并得出以下结论：

第一，在系统熵的积累期：在潜伏期，应急决策工作主要采用监测监控、建立预案等方式进行预警防范；到了引发期，系统熵值迅速增长，此阶段是有效控制化工园区规突发事件爆发或最大限度减少事件危害的关键时刻，应第一时间对各种危险前兆进行识别和判断，采取一切可能的隔离措施，将事态控制在可控的范围内。

第二，系统熵的突变期：应急决策工作进入全面的综合应对时期，此时必须建立起统一指挥、反应灵敏、功能齐全、协调有序和运转高效的处置机制，实施应急响应预案，紧急动员各方力量投入应急救援，即尽量增加原系统与外界环境的物质和能量的交换，引入负熵流，以限制系统增熵因素，减少系统总熵。

第三，系统熵的衰退期：需要对事故现场进行恢复与重建、调查原因、评估损失、推动制度完善、机构调整、政策改进。随着后期处置措施的不断推进，系统熵值进一步减小直至恢复到正常状态，应急决策也逐渐转化为常规决策。

2.5.2 建立了化工园区重大灾害事故系统动力学仿真模型

首先，本章采用案例分析和专家问卷法提炼了影响化工园区重大灾害事故的关键因素，并将其分类为人、机、环、管四个子系统，构建出化工园区重大灾害事故演化影响因素体系。

其次，本章将化工园区演化系统分为环境子系统、人因子系统、设备子系统、应急管理子系统，对各个子系统内部进行结构分析，建立系统动力学流图以及对应的 SD 仿真模型。

最后，通过案例仿真，可以直观地看出每个子系统水平值增加的来源及强度，同时可以看出不同因子在被投入后变化速度的快慢。通过定量分析各个子系统水平的增量变化对各种系统水平和总水平的影响趋势，可以从根本上防止其发生和发展演化。

参考文献

[1] 易涛. 化工灾害应急演练与控制关键技术研究 [D]. 北京：北京化工大学，2014.

[2] 陈明亮. 化工装置事故的多米诺效应定量分析关键问题研究 [D]. 北京：北京化工大学，2013.

[3] TURNER B A. The organizational and interorganizational development of disasters [J]. Administative science quarterly, 1976, 21 (3)：378-397.

[4] BURKHOLDER B T, TOOLE M J. Evolution of complex disasters [J]. The Laneet London, 1995, 346 (8981)：101-102.

[5] 方兆炷. 熵概念的泛化 [J]. 自然杂志，1989，12 (2)：90-97.

[6] 沈维道. 工程热力学 [M]. 3 版. 北京：高等教育出版社，2000.

［7］汤蓉蓉．熵和信息：多学科的概观［J］．江西大学学报（自然科学版），1983（4）：87-96．

［8］王其藩．高级系统动力学［M］．北京：清华大学出版社，1995：3-8．

［9］何刚．煤矿安全影响因子的系统动力学分析及其系统动力学的仿真研究［D］淮南：安徽理工大学，2009．

［10］丁松滨，石荣，施和平．基于系统动力学的空中交通系统安全管理研究［J］．交通运输工程与信息学报，2006（4）：4-9．

［11］许满贵．煤矿动态综合安全评价模式及应用研究［D］．西安：西安科技大学，2006．

3 基于非时序模型的炼化企业事故风险研究

3.1 引言

由于现代工业技术系统的复杂性，系统中的事故所带来的风险越来越令人担忧，经营现代化加工厂要求高水平的安全性和可靠性。此外，安全系统的一个重要组成部分是确定相关的过程系统的危害，并预判危害发生的概率和后果。对一项事故从开始到结束阶段的演变过程进行综合分析，对于将安全设计融入过程系统以避免事故的发生，是至关重要的。由于一系列人为失误导致的异常事件、技术故障、外部因素以及工艺参数的偏差，工艺事故时有发生。炼化企业发生的大多数灾难性事故，如有毒物质的排放、火灾或爆炸，都起始于过程危害。

事故模型通常显示事故因果关系，并生动地解释事故发生的原因和过程。它是一种技术手段，主要用于系统开发阶段的风险评估以及事故发生后调查分析事故根源。在过去几十年，人们开发了大量的事故模型以及事故建模方法，如故障模式与影响分析（FMEA）、故障树分析（FTA）、事件树分析（ETA）、管理疏忽与风险树分析（MORT）。现有的事故模型有自己的优势和弱点，主要取决于它们的应用目的以及专注领域。但是，在实际案例分析中存在以下问题：

第一，大多数现有的事故模型是时序型事故模型，事故过程从开始到终止，被认为是一系列按照明确的特定顺序发生的独立事件。后果的严重性被推定为沿着独立事件的顺序失败而演变。这些传统模型使用故障和事件树时序法预测起因—后果关系，提供事故演变的顺序解释机制。然而，现实中的情况往往并非如此。

第二，如果子系统的相互作用非线性且极端复杂，则现有的模型不能够对过程系统中的多个风险因素进行建模。而且，它们不能使用事故先兆数据来评估风险和制定事故预防策略。近来，Baksh 等人在事故预测建模中引入了安全屏障的随机故障，但忽略了安全屏障内事故影响因素的非线性相互作用。

由于过程操作的复杂性和子系统之间的各层次的相互作用，事故原因是各种因素的非线性相互作用的函数。对现有事故模型的全面分析表明，大多数模型属于时序事故模型，即事故过程被描述为一系列按顺序发生的独立事件。

贝叶斯网络（BN）结构建模的灵活性能适应最新的各种条件依赖关系，而这些关系不易包括在故障树分析（FTA）和事件树分析（ETA）中。贝叶斯网络在事故模型分析中的应用具有很大的优势，因此通过松弛策略，可以对事故影响因素之间的非线性相互作用建模和预测。本章通过贝叶斯网络建模，对松弛策略下安全屏障内非线性相互作用事故影响因素建模，研究安全屏障的非时序故障导致恶性事件的发生概率。

3.2 炼化企业灾害事故风险分析的程序

从众多的炼化企业灾害事故案例来看，企业发生的重大灾害事故包括爆炸着火、危化品泄漏中毒和危化品水体泄漏以及由此衍生的各种事故。企业重大灾害事件的特征包括极端小概率、巨大的破坏力、恢复极其困难、采用非常规模式等。这些事故通常会导致人员伤亡、财产损失以及环境破坏等。

3.2.1 影响炼化企业灾害事故后果的因素

（1）事故主要危险物质类别

辨识炼化企业风险、控制重点危险物质的种类及数量，对重大事故的预防意义重大。本书通过对收集到的近 10 年发生的重大危化品事故案例发现，一氧化碳、氨气等化学品引起事故的概率较大，是日常安全监管的重点，具体情况见图 3.1。

2013—2023 年，我国石油化工企业发生火灾爆炸事故约 187 起，死亡人数约为 728 人，其统计结果见表 3.1 和图 3.2。由表 3.1 和图 3.2 中可以

3 基于非时序模型的炼化企业事故风险研究

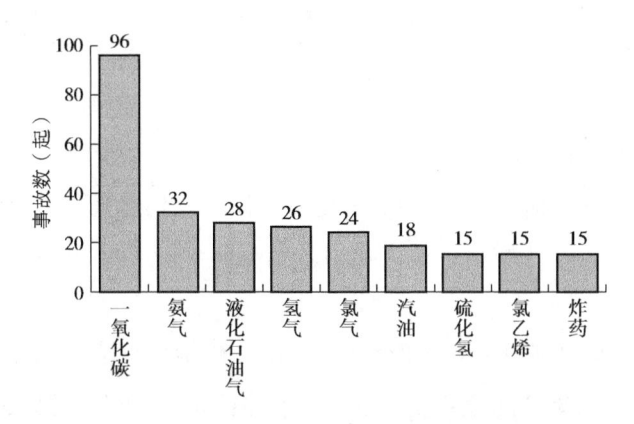

图 3.1 2013—2023 年引发重大危化品事故的危险物质

看出，火灾爆炸事故发生频率最高且造成伤害最大的区域是化工企业装置区的反应容器，接下来是存储区的各类储罐。而企业的化工装置和储罐都相对集中，一旦没有控制住，极易引发大规模的次生事件或衍生事件。

表 3.1 各装置火灾爆炸事故统计

部位	反应容器	管道	锅炉	储罐	干燥设备	冷却装置	其他	总计
死亡人数	293	45	29	191	33	7	130	728
火灾事故	6	2	0	4	1	0	8	21
爆炸事故	69	10	10	37	7	2	22	157

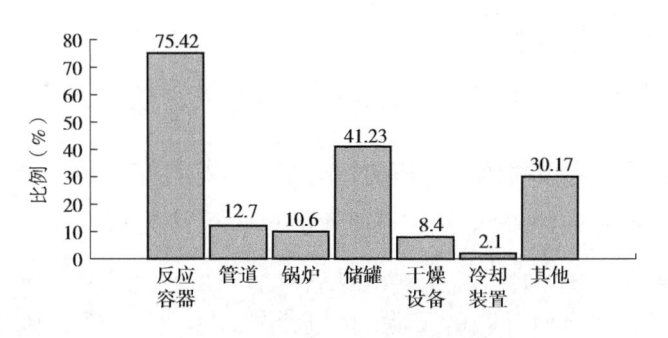

图 3.2 各装置火灾爆炸事故比例

（2）影响炼化企业灾害事故后果的因素

①危险物质数量

危险物质及其数量直接影响着企业灾害事故危险性后果。然而随着科技的发展和工艺技术的提高，企业的规模和产量都在增加，生产过程中危险物质的数量也成倍增加，构成重大危险源。危险物质的数量是灾害事故后果影响因素之一。控制企业灾害事故就要控制这些重大危险源。

②能量

灾害的形成依赖于一个初始事件，并且初始事件必须有足够的能量才能通过一定的媒介将自身的破坏性传递给相邻的受灾体，致使受灾体发生破坏性的反应，引发周边的二次事故也需要一定的能量。企业储罐区有很多高温高压的液化气体，它们都有很高的能量，一旦发生泄漏，事故后果严重。

③距离与强度

通过事故危害后果的模型可知，毒气的浓度、超压和热辐射的强度都随距离的增加而增加，要有效降低事故影响，必须保证危险源和设施间的安全距离。

④暴露的程度和时间

减少人员的暴露，可大大减轻事故造成的后果。通常减少人员暴露的主要预防措施是生产区域与办公区域分开，危险源不能设置在人员比较密集的区域。应急措施是在有效的时间内组织人员疏散或紧急避难。在应急过程中，时间是一个很重要的因素，在预警时间内在事故初发阶段及时有效组织应急救援具有非常重要的意义。

3.2.2 炼化企业事故风险分析的程序及方法

炼化企业灾害事故风险分析的核心是，分析在多个风险源的多种重大事故影响下企业的风险水平以及企业的风险可接受程度，为企业安全规划、风险控制等安全管理工作提供科学有效的依据。辨识企业风险，要从整体出发，结合前面分析的重大灾害后果影响因素，确定风险的重点区域、典型生产装置，即给社会带来严重危害、造成财产重大损失、对环境造成严重污染的重大危险源。

(1) 企业风险分析的内容

化工企业的区域可划分为行政办公区域、居住区以及具有潜在事故风险的生产装置区、储罐区、仓库区，有些临海的园区还有码头卸装区域。

炼化企业储罐区和仓库区是危险物质的集合场所，也是物质转运的重要场所，外界物质通过泵输送到储罐，并通过管道向外输送物质。大多数化学品有毒、易腐蚀，易导致火灾爆炸、物料泄漏等事故发生。化学品数量越多，所导致的危险程度越大。

炼化企业生产装置区具有设备种类繁多、工艺管线纵横交错、物料处理量大、动静设备并存等特点，在操作过程中容易因温度、压力等控制不当以及装置腐蚀、密封不严等引发火灾、爆炸、中毒等事故。

有些临水的炼化企业通过码头运输物料，会有化学品泄漏的风险，不仅给周边环境和居民健康造成威胁，而且一旦化学品流入水体，在水动力的作用下会形成一定范围的污染带。泄漏到水体的物质主要有蒸发至大气中、漂浮于水面、溶解于水体中、沉于水底等四种运动形式。关于临河炼化企业危险化学品泄漏漂移的规律将在本书第 4 章详细分析。

(2) 炼化企业灾害事故的风险管理

对炼化企业灾害事故的风险管理主要从技术、管理两个方面去分析。

① 技术措施

炼化企业风险管理的技术措施主要是化工过程危险性控制技术，包括进料控制设施、温度控制设施、压力控制设施和紧急状况控制设施。进料控制是指严格控制进料的配比、进料的顺序、进料的速度、进料的温度等；温度控制指温度监控以及温度超阈值报警；紧急控制指紧急状况下停车、停电、停水等控制。

安全措施主要指事故预防的防护屏障。着火防护屏障即消防设施，如各种灭火器、消防车、消防通道等。中毒防护屏障即各种防毒设施，如有毒气体监测报警器等。此外，还有易燃易爆气体监测报警器、企业防雷设施、防静电设施以及通风除尘设施等。

② 管理措施

管理措施主要指企业各种安全管理的规章制度的制定和完善、员工的技术水平、企业的安全文化、事故应急预案与应急演练等。

炼化企业灾害事故风险分析的程序如图 3.3 所示。

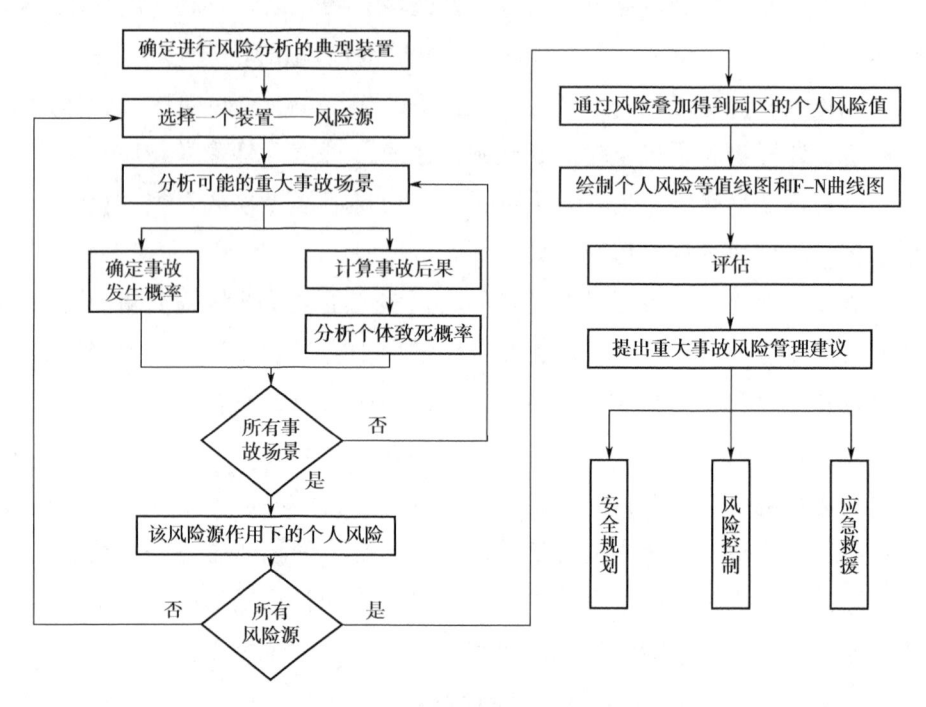

图 3.3　灾害事故风险分析程序

3.3　基于非线性和非时序事故模型的过程系统动态安全分析

在复杂的工程系统中，事故因果关系是多个事故影响因素的非线性相互作用函数。传统的事故模型通常使用故障和事件树时序方法来预测原因与后果之间的关系，无法捕捉到真正的关联，因此具有有限的事故可预测能力。本章提出了一种新的非时序的基于安全屏障的过程事故模型，通过使用基于各种松弛策略和预防（安全）屏障的非时序故障贝叶斯网络，对事故影响因素在防护屏障中的条件依赖性进行建模。与时序法相比，模型中的非线性相互作用的建模明显提升了事故预测概率的准确性，为过程安全管理提供了有价值的信息。

3.3.1 故障分析技术

国内外的学者研究和开发了大量的事故分析方法，其中应用最为广泛的是故障树分析法。近来，贝叶斯网络法获得了较多的关注，因为该方法可以适用于各种统计方法，而其他事故分析技术很难做到这一点。

（1）故障树

故障树是一种图形演绎方法，用于确定一个复杂系统的故障概率。故障树的顶事件代表引发危害的重大事故。顶事件放置在故障树的顶部，由上向下通过图形建模，以可视化的方式表达引发顶事件的各种故障或错误行为之所有可能的组合。故障树通常由事件和逻辑门构成。导致事故的潜在技术故障通常由基本事件来表示。故障树中的逻辑门代表在不同方式下机器和人类错误的相互作用而引发事故的逻辑方式。"与门"和"或门"是故障树中最常用的两种逻辑门。故障树分析可以进行定性和定量分析。在"与门"里，过程组件在平行结构中相互作用，只有并行的所有组件同时发生故障时，过程故障才会发生。平行结构中的顶事件的故障概率的计算方法见公式（3.1）。而在"或门"里，过程组件在串联结构中相互作用，串联结构中任何单一组件的故障将导致过程故障发生。串联结构中的顶事件的故障概率的计算方法见公式（3.2）。

$$P = \prod_{i=1}^{n} p_i \tag{3.1}$$

$$P = \prod_{i=1}^{n}(1 - p_i) \tag{3.2}$$

（2）事件树

事件树分析是研究复杂系统中事故场景的一种系统方法。它是一个归纳/前瞻性分析，用于分析引发事件后的事件序列，通常始于引发事件，终于可能的结果（也被称为结束状态）。事件树中的安全屏障或函数通常按时间顺序排列，意味着在一个事件序列中，事件被认为按照预期同样的顺序发生。它是一个积极的风险分析方法，用于识别和说明一个潜在的事件序列，以获得定性和定量的表达和评估。结束状态的后果发生的概率$P(C_k)$的计算方法见公式（3.3）。

$$P(C_k) = \prod_{j \in SB_k} x_i^{\theta_{i,k}} (1-x_i)^{1-\theta_{i,k}} \tag{3.3}$$

其中，SB_k 代表第 k 级的预防屏障，当第 k 级故障通过预防屏障 i 的故障分支时，$\theta_{i,k} = 1$；当第 k 级故障通过预防屏障 i 的成功分支时，$\theta_{i,k} = 0$。x_i 为预防屏障的故障概率。

(3) 贝叶斯网络

贝叶斯网络是一种图形化的技术，它提供了一项在不确定条件下强大的概率推理技术。贝叶斯技术已被广泛应用于基于概率和不确定性知识的风险和安全性分析。贝叶斯网络也被称为概率依赖图，是一个有向无环图，通过众多的节点来代表变量，用弧表示连接节点之间的直接因果关系。条件概率表（CPT）分配给各个节点，表示连接节点之间的条件依赖关系。基于条件独立和链式法则，贝叶斯网络代表一组离散随机变量 $U = \{A_1, \cdots, A_n\}$ 的联合概率分布 $P(U)$，在网络中表示如下：

$$P(U) = \prod p(A_i | p_a(A_i)) \tag{3.4}$$

其中，$P_a(A_i)$ 为变量 A_i 的父节点，$P(U)$ 为变量的联合条件概率分布[-]。

贝叶斯网络在提供了新的信息（称为证据）的条件下，利用贝叶斯定理来更新事件的先验概率，从而给出后果的概率（后验概率）。公式 (3.5) 用来估计后验概率：

$$P(U | E) = \frac{P(U, E)}{P(E)} = \frac{P(U, E)}{\sum P(U, E)} \tag{3.5}$$

典型的概率模型是非常重要的，因为它使创建一个概率模型非常容易，从而大大减少所需的计算时间。典型模型越来越多地使用在概率系统中，不同的典型模型可以共存于任何概率网络中。最大限度地减少引发式数值概率复杂性的一种方法是依靠典型概率模型，它通过很少的一部分参数提供了模拟概率分布的机会。在贝叶斯网络中常用的典型模型被称为 Noisy-OR gate 和 Leaky Noisy-OR gate。

① Noisy-OR gate

Noisy-OR gate 假设起因和结果是二值变量，包括两种唯一的状态：真值和假值。一个 Noisy-OR gate 通常用来描述 n 种起因（$X_1, X_2, \cdots, X_n$）之间的相互作用以及它们的结果 Y。该模型假定，起因 X_i 相互独立地影响

Y，而且如果其他起因的状态都是假，X_i 有一个足够大的概率以产生结果 Y。这些假设提供了机会，以确定包括 n 个参数（P_1，P_2，$\cdots P_n$）的条件概率分布。P_i 表示如果事件起因 X_i 为真，所有其他起因 $X_j(j\neq i)$ 为假，结果 Y 发生（真）的概率如公式（3.6）所示：

$$P_i = P_r(y\mid \overline{X_1}, \overline{X_2}, \cdots, X_i, \cdots, \overline{X_{n-1}}, \overline{X_n}) \tag{3.6}$$

因此，指定 X_i 为真的子集 X_p，Y 发生的概率由公式（3.7）给出：

$$P_r(Y\mid X_p) = 1 - \prod_{i:\, x_i\in x_p}(1-P_i) \tag{3.7}$$

Noisy-OR gate 采用一个独立的机制，在量化起因—结果时，模型的应用大幅减少了可能性的数量。模型需要 n 个概率，而无限制模型需要 2^n 个概率。

②Leaky Noisy-OR gate

Leaky Noisy-OR gate 是一个扩展的二值 Noisy-OR gate，应用于一个子系统可能会失败的情景，虽然它的所有组件都是可工作的。当一个模型不捕获结果 Y 所有潜在影响因素的情况下，Leaky Noisy-OR gate 被普遍使用。在实践中遇到的所有的情况都适合这个类别。在这个模型中，结果 Y 的所有未知起因组合结果称为遗漏概率 l。遗漏概率是结果 Y 将自主发生（真）的概率，虽然它的所有起因都是不存在的（假）。指定 X_i 为真的子集 X_p，能用于估计结果 Y 发生概率的 Leaky Noisy-OR gate 如公式（3.8）所示：

$$P_r(Y\mid X_p) = 1 - [(1-l)\prod_{i:\, x_i\in X_p}1-P_i] \tag{3.8}$$

3.3.2 事故分析流程及步骤

时序因果分析就是通过故障树分析建立一个时序的因果关系。根据时序因果关系，后果发生的概率通过故障树和事件树联合分析来估算。通过连续成功或失效的事件树分支来演绎失效概率，从而得出后果发生概率。这种模型已经广泛应用于各种系统安全分析中，这里不再赘述。

（1）非时序原因-时序后果分析

考虑到公式（3.7）中当 X_p 为空集时，$P_r(Y\mid X_p)=0$，这与现实情况不完全吻合，这里设计两种逻辑门的使用，对比结果的差异。方案 1：计算影响因素失效概率时利用 Noisy-OR gate。方案 2：利用 Leaky Noisy-OR gate，将所有未知因素综合为一个因素，考虑其遗漏概率 $P(l)$。

方案 1：计算所有事故影响因素的失效概率，用 Noisy-OR gate；计算所有防护屏障的失效概率，分别用 Noisy-OR gate 和 Leaky Noisy-Or gate。

方案 2：计算所有事故影响因素的失效概率，用 Leaky noisy-OR gate；计算所有防护屏障的失效概率，分别用 Noisy-OR gate 和 Leaky Noisy-OR gate。

第一步：利用贝叶斯网络对防护屏障内所有事故影响因素的依赖关系建模。

事故原因是一个各种因素发生非线性相互作用的函数，事故进展受多种因素复杂的相互作用。事故贡献因素的依赖性以及每一防护屏障内的非线性相互作用用贝叶斯网络表示。

第二步：量化所有事故影响因素的失效概率的贝叶斯分析。

通过使用不同的逻辑门（Noisy-OR gate 和 Leaky Noisy-OR gate），量化每一防护屏障内的所有事故影响因素的失败概率。当考虑到事故影响因素的非线性相互作用，此处估算的失败概率随后将被用来估计所有的预防屏障的失败概率。当 Noisy-OR gate 和 Leaky Noisy-OR gate 各自应用到贝叶斯网络，按照以下程序进行贝叶斯网络分析，可量化所有事故影响因素的失败概率。

a. 计算贝叶斯网络中所有父节点的安全（不发生）的概率。

b. 以专家判断或数据为基础，分配条件概率表（CTP）中所有父节点的非因果概率。如果考虑到 Leaky Noisy-OR gate，遗漏概率将在此步之前分配。

c. 计算条件概率表。

d. 应用条件概率表中父节点条件状态概率，计算顶部事件的概率。

第三步：通过贝叶斯网络量化所有防护屏障的失败概率。

通过贝叶斯网络方法，可以得知导致一个特定屏障失败的因素之间的依赖性和相互作用。两种不同的逻辑门（Noisy-OR gate 和 Leaky Noisy-OR gate）分别用来评估每一防护屏障的失败概率。

a. 利用 Noisy-OR gate 逻辑单独评估每一防护屏障内的因素（节点）

的失败概率。

b. 将 Noisy-OR gate 和 Leaky Noisy-OR gate 逻辑分别应用到贝叶斯网络（屏障），评价所有防护屏障的失败概率。

c. 利用 Leaky Noisy-OR gate 逻辑单独评估每一防护屏障内的因素（节点）的失败概率。

d. 将 Noisy-OR gate 和 Leaky Noisy-OR gate 逻辑分别应用到贝叶斯网络（屏障），评价所有防护屏障的失败概率。

当 Leaky Noisy-OR gate 被应用到贝叶斯网络（屏障），每一因素节点的失败概率（根节点除外）被用来作为一个遗漏概率。

第四步：后果概率的估计。

按照事件树的发展，连续的成功或失败的分支，通过传播，再经过贝叶斯网络分析，得到后果概率的估计值，即预计非时序的原因—时序结果发生的防护屏障的失效概率。

（2）非时序原因后果分析

前三步同上。

第四步：后果发生概率的非时序估计。

事件树把事故看作一序列的事件并进行建模。该理论的基本思想是：只有当考虑到的防护屏障依次失败时，不良事件的严重程度才会增加。然而，这不一定与现实生活相符。为了避开事件树的这个弱点，还是考虑用贝叶斯网络来分析防护屏障的非时序失效，随机引发不良事件。

这里以一个简单贝叶斯网络说明引入两种逻辑门的计算过程。对过程系统机械故障的原因事件构建贝叶斯网络（如图 3.4 所示）。

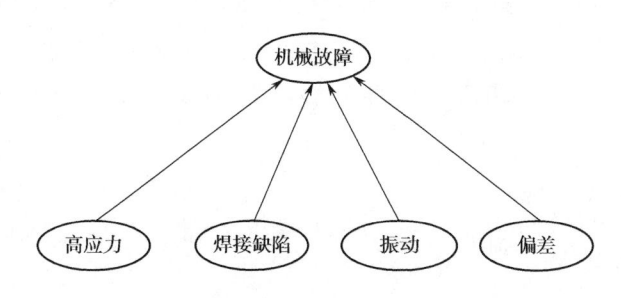

图 3.4 有关机械故障起因的贝叶斯网络

对于机械故障的概率，在贝叶斯网络中利用 Noisy-OR gate 计算如下：

首先，计算贝叶斯网络中所有父节点的安全（不发生）的概率。根据表3.2中给出的失效概率，机械故障原因的安全概率计算如表3.2所示。

表3.2 处理系统中引起机械故障的不同因素失效和安全概率

序号	机械故障的起因	失效概率	安全概率
1	高应力	0.001	0.999
2	焊接缺陷	0.025	0.975
3	振动	0.003	0.997
4	偏差	0.1667	0.8333

其次，以专家判断或文献数据为基础，分配条件概率表中所有父节点的非因果概率。利用式（3.7）计算条件概率表，应用条件概率表中父节点条件状态概率计算顶部事件的概率。其机械故障概率见表3.3。

利用 Leaky noisy-OR gate 计算过程如下：

以专家判断或文献数据为基础，分配条件概率表中所有父节点的非因果概率。考虑到 Leaky Noisy-OR gates，遗漏概率将在此步之前分配。利用式（3.8）计算条件概率表，应用条件概率表中父节点条件状态概率（安全/错误或失效/真）计算顶事件的概率，获得机械故障的概率如表3.4所示。

表 3.3 基于 Noisy-OR gate 的机械故障概率

序号	高应力	焊接缺陷	振动	偏差	因果关系概率	机械故障非因果关系概率	不同状态机械故障的条件概率
1	F	F	F	F	0	1	$0 \times 0.999 \times 0.975 \times 0.997 \times 0.883 = 0$
2	F	F	F	T	0.75	0.25	$0.75 \times 0.999 \times 0.975 \times 0.997 \times 0.166\ 7 = 0.121\ 412$
3	F	F	T	F	0.65	0.35	$0.65 \times 0.999 \times 0.975 \times 0.003 \times 0.883 = 1.582E-03$
4	F	F	T	T	0.912 5	$0.35 \times 0.25 = 8.75E-02$	$0.912\ 5 \times 0.999 \times 0.975 \times 0.003 \times 0.166\ 7 = 4.581\ 75E-04$
5	F	T	F	F	0.7	0.3	$0.7 \times 0.999 \times 0.025 \times 0.997 \times 0.833\ 3 = 1.582E-05$
6	F	T	F	T	0.925	$0.3 \times 0.25 = 7.5E-02$	$0.925 \times 0.999 \times 0.025 \times 0.997 \times 0.166\ 7 = 3.839\ 529E-03$
7	F	T	T	F	0.895	$0.3 \times 0.35 = 1.05E-01$	$0.895 \times 0.999 \times 0.025 \times 0.003 \times 0.833\ 3 = 5.585\ 92E-05$
8	F	T	T	T	0.973 75	$0.3 \times 0.35 \times 0.25 = 2.625E-02$	$0.979\ 35 \times 0.999 \times 0.025 \times 0.003 \times 0.166\ 7 = 1.216\ 21E-05$
9	T	F	F	F	0.6	0.4	$0.6 \times 0.001 \times 0.975 \times 0.997 \times 0.833\ 3 = 4.86E-04$
10	T	F	F	T	0.9	$0.4 \times 0.25 = 0.1$	$0.9 \times 0.001 \times 0.975 \times 0.997 \times 0.166\ 7 = 1.458\ 4E-04$
11	T	F	T	F	0.86	$0.4 \times 0.35 = 0.14$	$0.86 \times 0.001 \times 0.975 \times 0.003 \times 0.833\ 3 = 2.096E-06$
12	T	F	T	T	0.965	$0.4 \times 0.35 \times 0.25 = 3.5E-02$	$0.965 \times 0.001 \times 0.975 \times 0.003 \times 0.166\ 7 = 4.705\ 3E-04$
13	T	T	F	F	0.88	$0.4 \times 0.3 = 0.12$	$0.88 \times 0.001 \times 0.025 \times 0.997 \times 0.833\ 3 = 1.827\ 7E-05$
14	T	T	F	T	0.97	$0.4 \times 0.3 \times 0.25 = 3.0E-02$	$0.97 \times 0.001 \times 0.025 \times 0.997 \times 0.166\ 7 = 4.030\ 3E-06$
15	T	T	T	F	0.958	$0.4 \times 0.3 \times 0.35 = 4.2E-02$	$0.958 \times 0.001 \times 0.025 \times 0.003 \times 0.833\ 3 = 5.987\ 26E-08$

续表

序号	高应力	焊接缺陷	振动	偏差	因果关系概率	机械故障非因果关系概率	不同状态机械故障的条件概率
16	T	T	T	T	0.989 5	0.4 ×0.3 ×0.35 ×0.25 = 1.05E − 02	0.989 5 ×0.001 ×0.025 ×0.003 ×0.166 7 = 1.237 12E − 08

总的机械故障概率为0.142 5

表 3.4 基于 Leaky Noisy-OR gate 的机械故障概率

序号	高应力	焊接缺陷	振动	偏差	因果关系概率	机械故障非因果关系概率	不同状态机械故障的条件概率
1	F	F	F	F	0.01	0.99	0.01 ×0.999 ×0.975 ×0.997 ×0.883 = 8.092 2E − 03
2	F	F	F	T	0.752 5	0.25 ×0.99 = 0.247 5	0.752 5 ×0.999 ×0.975 ×0.997 ×0.166 7 = 0.121 82
3	F	F	T	F	0.653 5	0.35 ×0.99 = 0.346 5	0.653 5 ×0.999 ×0.975 ×0.003 ×0.883 = 1.591 2E − 03
4	F	F	T	T	0.913 375	0.35 ×0.25 ×0.99 = 8.662 5E − 02	0.913 375 ×0.999 ×0.975 ×0.003 ×0.166 7 = 4.449 1E − 04
5	F	T	F	F	0.703	0.3 ×0.99 = 0.297	0.703 ×0.999 ×0.025 ×0.997 ×0.833 3 = 1.458 7E − 05
6	F	T	F	T	0.925 75	0.3 ×0.25 ×0.99 = 7.425E − 02	0.927 5 ×0.999 ×0.025 ×0.997 ×0.166 7 = 3.842 6E − 03
7	F	T	T	F	0.896 05	0.3 ×0.35 ×0.99 = 1.039 5E − 01	0.896 05 ×0.999 ×0.025 ×0.003 ×0.833 3 = 5.592 5E − 05
8	F	T	T	T	0.974 012 5	0.3 ×0.35 ×0.25 ×0.99 = 2.598 75E − 02	0.974 012 5 ×0.999 ×0.025 ×0.003 ×0.166 7 = 1.216 5E − 05

续表

序号	高应力	焊接缺陷	振动	偏差	因果关系概率	机械故障非因果关系概率	不同状态机械故障的条件概率
9	T	F	F	F	0.604	0.4 ×0.99 = 0.396	0.604 ×0.001 ×0.975 ×0.997 ×0.833 3 = 4.892 6E − 04
10	T	F	F	T	0.901	0.4 ×0.25 ×0.99 = 0.099	0.901 ×0.001 ×0.975 ×0.997 ×0.166 7 = 1.460 0E − 04
11	T	F	T	F	0.861 4	0.4 ×0.35 ×0.99 = 0.138 6	0.861 4 ×0.001 ×0.975 ×0.003 ×0.833 3 = 2.099 6E − 06
12	T	F	T	T	0.963 5	0.4 ×0.35 ×0.25 ×0.99 = 0.034 65	0.963 5 ×0.001 ×0.975 ×0.003 ×0.166 7 = 4.698 0E − 04
13	T	T	F	F	0.881 2	0.4 ×0.3 ×0.99 = 0.118 8	0.881 2 ×0.001 ×0.025 ×0.997 ×0.833 3 = 1.830 3E − 05
14	T	T	F	T	0.970 3	0.4 ×0.3 ×0.25 ×0.99 = 0.029 7	0.970 3 ×0.001 ×0.025 ×0.997 ×0.166 7 = 4.031 6E − 06
15	T	T	T	F	0.958 42	0.4 ×0.3 ×0.35 ×0.99 = 0.041 85	0.958 42 ×0.001 ×0.025 ×0.003 ×0.833 3 = 5.989 9E − 08
16	T	T	T	T	0.989 605	0.4 ×0.3 ×0.35 ×0.25 ×0.99 = 1.010 395	0.989 605 ×0.001 ×0.025 ×0.003 ×0.166 7 = 1.243 73E − 08

总的机械故障概率为0.151 10

3.4 案例分析

本节以某炼油厂催化重整装置/石脑油加氢单元发生的换热器破裂事故为例进行分析。由于高温氢腐蚀,换热器(E-6600E)发生大面积破裂。破裂的热换器泄漏出大量超过 260℃ 的易燃氢气和石脑油,点燃的氢气和石脑油引发了爆炸和大火,持续了 3 个小时。国家安全监督管理局的调查报告分析了各种安全管理和安全技术上的原因。基于事故调查报告中可获取的信息,本节根据提出的方法对该事故进行了建模,将强调的事故起因沿事故途径系统地安排成七个防护屏障,以防止事故的发生。对模型中提出的各种防护屏障简要说明如下:

排放防护屏障(RPB):物质的排放是引起漏失的主要原因,从而引发事故过程。经确认,操作失误、检查误差、维护误差和设计误差是导致排放防护屏障失效的主要因素。

扩散防护屏障(DPB):这一屏障的主要功能是减少事件的危险程度,防止物质和能量的进一步扩散。导致这一障碍失败的主要因素是安全系统故障、操作错误和沟通失败。

着火防护屏障(IPB):在处理和加工不同可燃材料的处理设施中,着火防护是最重要的。为防止处理设施火灾和爆炸的发生,必须安装一个安全屏障,重点关注所有潜在火源。导致这一屏障失败的主要因素是热工作故障、换热器故障和操作人员的失误。

升级防护屏障(EPB):这一屏障的主要功能是将处理设施与外部环境隔离,一旦处理设施着火,避免多米诺骨牌效应的发生。导致这一屏障失败的主要因素是火灾探测系统故障、操作失误和紧急停工故障。

应急管理故障防护屏障(EMFPB):安装该屏障的目的是尽可能控制事件的危险程度或大幅降低其后果的严重性。导致这一屏障失败的主要因素是疏散失败、沟通失败和应急准备失败。

人为因素防护屏障(HFPB):在重大事故中,人的失误是重大影响因素。人的失误造成事故发生的例子有印度博帕尔燃气事故及美国得克萨斯城炼油厂事故等。引起人的失误的最主要因素是知识缺陷、技能不足与管理漏洞。

组织失败防护屏障（OrFPB）：组织失败对工业事故有显著的影响。在大多数案例中，事故的根本原因是管理和组织因素。

3.4.1 故障树-事件树事故分析

（1）故障树原因分析

故障树分析（FTA）是确定性的，用于量化所有防护屏障的故障概率。该事故模型通过 FTA 对防护屏障进行了系统的分析，建立了一个时序的因果关系。故障树中的顶事件表示的是防护屏障的失败。故障树的第二层代表对每个防护屏障的所有影响因素，它们的失效会导致顶事件的失效。第三层代表事故影响因素的起因。"与"和"或"逻辑的组合用来评估顶事件的失效概率。

表 3.5 列出了模型里案例研究的排放防护屏障的基本事件的事件描述和失效概率（表中的失效概率来源于文献中的案例）。

表 3.5 排放防护屏障的基本事件失效概率

事件	事件描述	分配的概率
1	高温氢腐蚀	2.50×10^{-2}
2	启动过程中阀门操作困难	1.50×10^{-2}
3	热换器启动过程中的泄漏未报告	5.0×10^{-2}
4	氢导致冷裂纹	1.0×10^{-3}
5	缺乏经验	1.0×10^{-2}
6	无工作许可证情况下开展工作	1.0×10^{-2}
7	外部监管失效	8.3×10^{-2}
8	程序错误	5.0×10^{-3}
9	催化重整装置/石脑油加氢单元的热换器建造材料差	1.0×10^{-2}
10	高机械应力	1.0×10^{-2}
11	测量过程条件的仪器准备不足	1.0×10^{-3}
12	检验计划的长期延迟	5.0×10^{-2}

续表

事件	事件描述	分配的概率
13	高温氢腐蚀检测方法的不足	9.0×10^{-2}
14	检验员检测高温氢腐蚀的培训不足	2.5×10^{-2}
15	换热器的高温氢腐蚀检查失效	5.5×10^{-2}
16	换热器法兰泄漏检测失效	5.0×10^{-2}
17	未能检测到少量排放（泄漏）	5.0×10^{-2}
18	错误的维护程序	5.0×10^{-3}
19	维护作业延误	5.0×10^{-2}
20	实施了高温氢腐蚀退化监测，但未能检测到	6.6×10^{-2}
21	规定了高温氢腐蚀退化监测，但未能执行	5.0×10^{-2}

在故障树分析中，通常会用"与"和"或"逻辑来进行分析。其计算过程不在此讨论。为了尽量减少本书中图表的数量，这里不展示基本事件和伴随故障树的其他防护屏障的可靠性数据。图 3.5 给出了排放防护屏障的故障树。

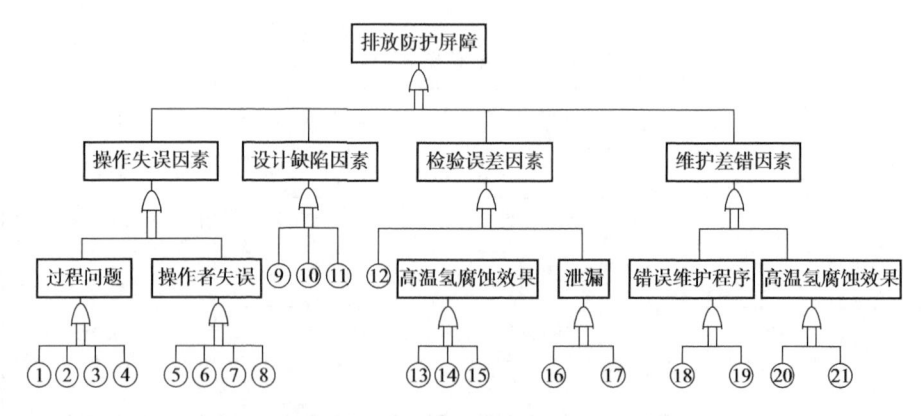

图 3.5 排放防护屏障故障树分析

（2）后果发生概率的事件树估算

根据时序因果关系，后果发生的概率通过故障树和事件树联合分析来估算，具体操作是通过连续成功或失效的事件树分支来演绎失效概率，从而得出后果发生概率。事件的时序性造成事件树中的所有潜在后果，其中六个主要的后果为安全、有惊无险、轻微事故、小事件、事故和灾难。图 3.6 展示了事故模型的事件树。

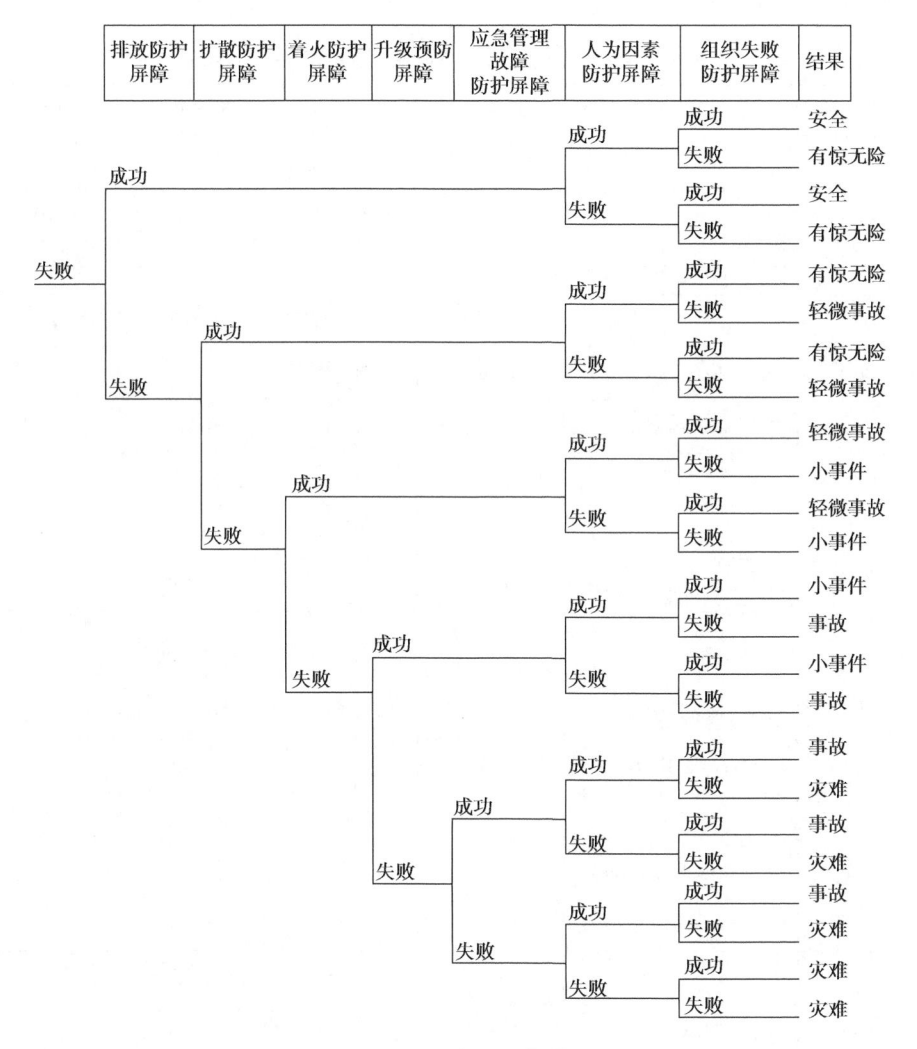

图 3.6　事故模型的事件树

3.4.2　贝叶斯-事件树事故分析

（1）量化所有事故影响因素的失效概率的贝叶斯分析

本书通过使用不同的逻辑门（Noisy-OR gate 和 Leaky Noisy-OR gate），

对每一防护屏障内的所有事故影响因素的失效概率进行了量化。

当考虑事故影响因素的非线性相互作用时，使用贝叶斯网络分析，此处估算的失效概率随后将被用来估计所有的防护屏障的失效概率。不同逻辑门下各防护屏障影响因素的失效概率见表3.6。

表3.6 不同逻辑门下各防护屏障影响因素的失效概率

保护屏障	逻辑门	影响因素	影响因素	影响因素	影响因素
		操作失误	检验误差	维护差错	设计缺陷
RPB	BN（Noisy-OR gate）	0.061	0.084	0.046	0.005
	BN（Leaky Noisy-OR gate）	0.071	0.091	0.058	0.017
		沟通失败	安全系统故障	操作者失误	
DPB	BN（Noisy-OR gate）	0.084	0.135	0.117	
	BN（Leaky Noisy-OR gate）	0.092	0.143	0.126	
		热交换器故障	操作者失误	热工作故障	
IPB	BN（Noisy-OR gate）	0.037	0.117	0.083	
	BN（Leaky Noisy-OR gate）	0.045	0.126	0.089	
		火灾探测系统故障	操作者失误	紧急停工故障	
EPB	BN（Noisy-OR gate）	0.098	0.043	0.078	
	BN（Leaky Noisy-OR gate）	0.107	0.051	0.088	
		沟通失败	疏散失败	应急响应失败	
EMFPB	BN（Noisy-OR gate）	0.131	0.112	0.112	
	BN（Leaky Noisy-OR gate）	0.142	0.119	0.117	
		知识缺陷	技能不足	管理漏洞	
HFPB	BN（Noisy-OR gate）	0.048	0.013	0.045	
	BN（Leaky Noisy-OR gate）	0.059	0.055	0.089	
		知识缺陷	技能不足	管理漏洞	
OrFPB	BN（Noisy-OR gate）	0.050	0.067	0.067	
	BN（Leaky Noisy-OR gate）	0.061	0.079	0.075	

（2）利用贝叶斯网络对防护屏障内所有事故影响因素的依赖关系建模

在一个复杂的工程系统中，事故原因是一个各种因素发生非线性相互作用的函数，事故进展被看作多种因素之间复杂的相互作用。事故贡献因素的依赖性以及每一防护屏障内的非线性相互作用在图 3.7 至图 3.13 中通过贝叶斯网络来表示。

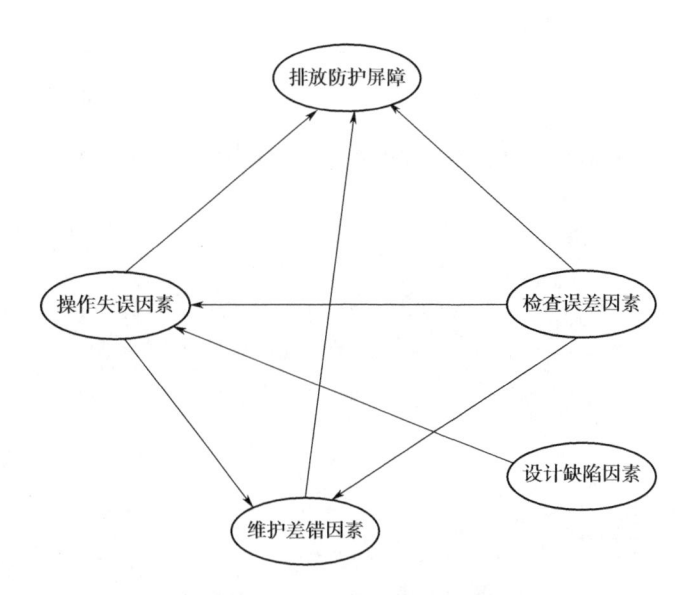

图 3.7　排放防护屏障中事故影响因素的相互依赖关系

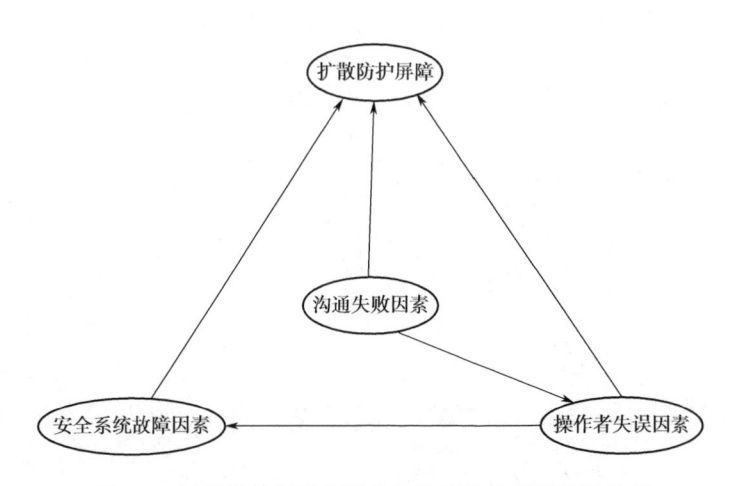

图 3.8　扩散防护屏障中事故影响因素的相互依赖关系

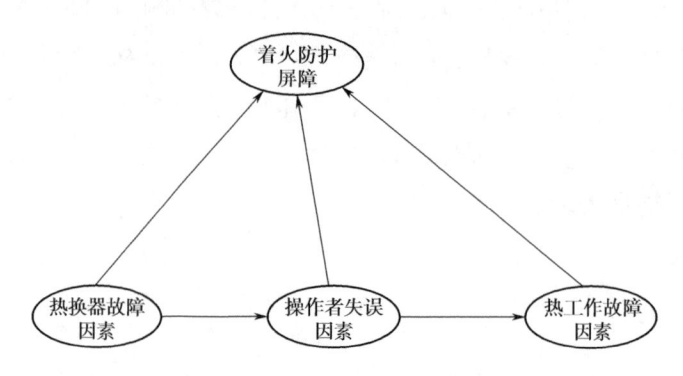

图 3.9　着火防护屏障中事故影响因素的相互依赖关系

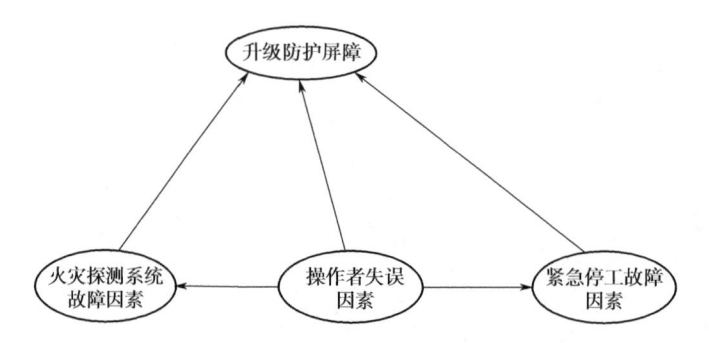

图 3.10　升级防护屏障中事故影响因素的相互依赖关系

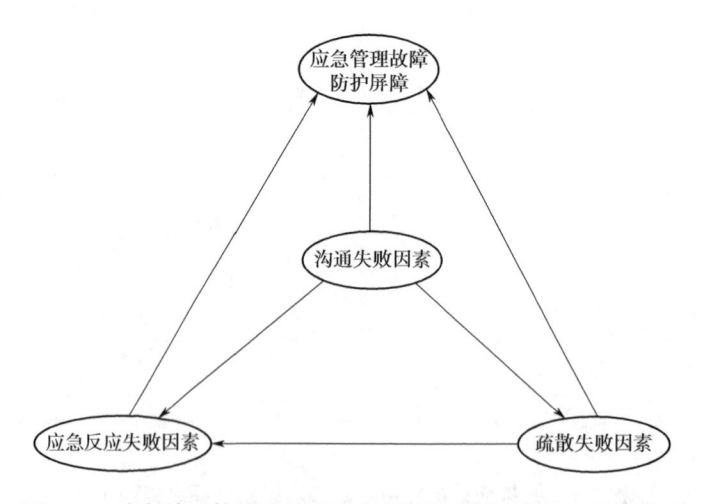

图 3.11　应急管理故障防护屏障中事故影响因素的相互依赖关系

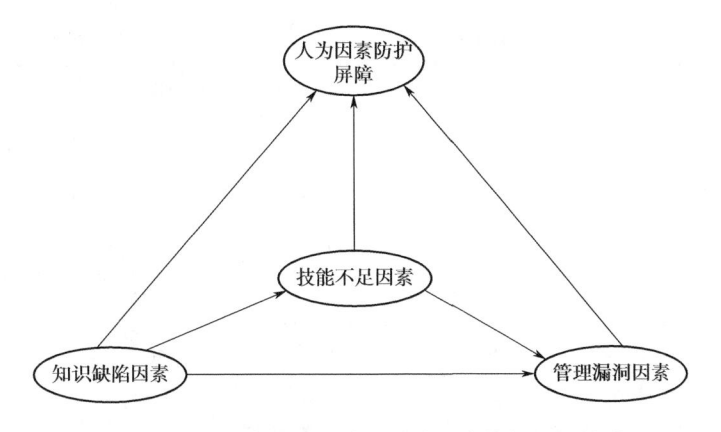

图 3.12 人为因素防护屏障中影响因素的相互依赖关系

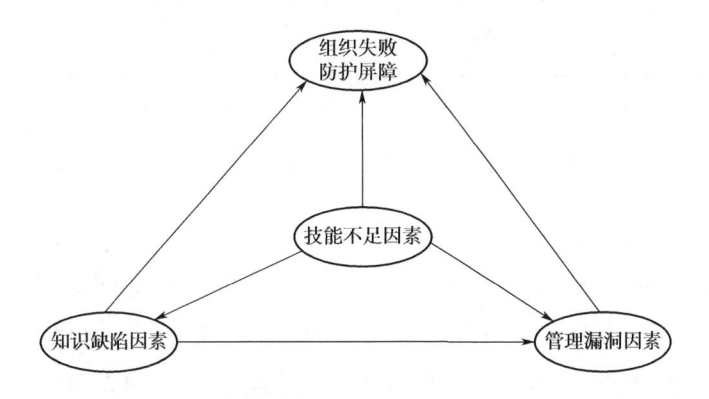

图 3.13 组织失败防护屏障中影响因素的相互依赖关系

（3）通过贝叶斯网络量化所有防护屏障的失败概率

用贝叶斯网络用来量化防护屏障的失败概率，就是通过贝叶斯网络方法，得知导致特定屏障失败的因素之间的依赖性和相互作用。这种方法克服了通过时序因果关系预测的故障树分析的弱点。在图 3.7 至图 3.13 的贝叶斯网络分析中，两种不同的逻辑门（Noisy-OR gate 和 Leaky Noisy-OR gate）分别用来评估每一防护屏障的失败概率。各防护屏障的失效概率见表 3.7。

（4）后果概率的事件树估算

按照事件树的发展，即连续的成功或失败的分支，通过传播，再经过贝叶斯网络分析，得到后果概率的估计值，如表 3.7 所示，即预测非时序的原因——时序后果发生的防护屏障的失效概率。

表 3.7 基于故障树和贝叶斯分析的防护屏障失效概率对比表

防护屏障	故障树分析	贝叶斯网络分析			
		Noisy-OR gate 值		Leaky Noisy-OR gate 值	
		Noisy-OR gate	Leaky Noisy-OR gate	Noisy-OR gate	Leaky Noisy-OR gate
RPB	0.084 1	0.053	0.099	0.067	0.113
DPB	0.002 6	0.042	0.123	0.045	0.128
IPB	0.025	0.08	0.115	0.076	0.126
EPB	0.028 7	0.028	0.081	0.033	0.093
EMFPB	0.023 0	0.072	0.143	0.078	0.153
HFPB	0.001 47	0.025	0.045	0.027	0.059
OrFPB	0.007 1	0.030	0.068	0.036	0.077

3.4.3 后果发生概率的贝叶斯网络估算

事件树把事故看作一序列的事件并进行建模。该理论的基本思想是：只有当考虑到的防护屏障依次失败时，不良事件的严重程度才会增加。然而，这与现实生活不一定相符。为了避开事件树的这个弱点，考虑防护屏障失效的非时序性，本书用贝叶斯网络分析防护屏障的失效，即随机引发不良事件。通过图 3.14 的贝叶斯网络分析，得到故障概率。

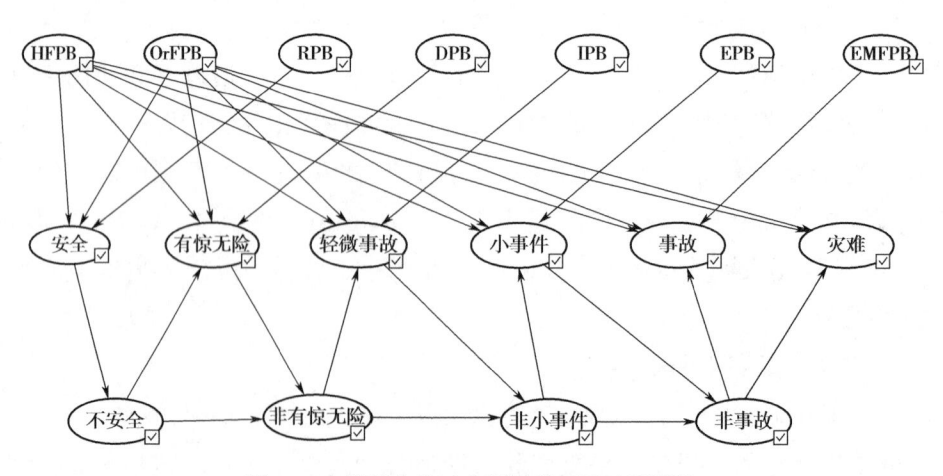

图 3.14 模型中非时序因果关系贝叶斯网络

按照前面的完整程序，当事故原因和结果都采用贝叶斯网络分析时，事故模型场景逐步从一个基于时序分析模型变动为一个基于非时序分析模型，使用的条件概率来源于表 3.8，结果的发生概率见表 3.9。

表 3.8 条件概率表

后果	安全屏障						
	HFPB	OrFPB	RPB	DPB	IPB	EPB	EMFPB
安全	成功	成功	成功	—	—	—	—
	失效	成功	成功	—	—	—	—
有惊无险	成功	成功	失效	成功	—	—	—
	失效	成功	失效	成功	—	—	—
	成功	失效	失效	成功	—	—	—
	失效	失效	失效	成功	—	—	—
轻微事故	成功	成功	失效	失效	成功	—	—
	失效	成功	失效	失效	成功	—	—
	成功	失效	失效	失效	成功	—	—
	失效	失效	失效	失效	成功	—	—
小事件	成功	成功	失效	失效	失效	成功	—
	失效	成功	失效	失效	失效	成功	—
	成功	失效	失效	失效	失效	成功	—
	失效	失效	失效	失效	失效	成功	—
事故	成功	成功	失效	失效	失效	失效	成功
	失效	成功	失效	失效	失效	失效	成功
	成功	失效	失效	失效	失效	失效	成功
	失效	失效	失效	失效	失效	失效	成功
灾难	成功	成功	失效	失效	失效	失效	失效
	失效	成功	失效	失效	失效	失效	失效
	成功	失效	失效	失效	失效	失效	失效
	失效	失效	失效	失效	失效	失效	失效

表 3.9 不同级别结果发生的概率

结果	故障树-事件树(时序因果关系)	贝叶斯-事件树（非时序原因-时序结果） Noisy-OR gate	贝叶斯-事件树（非时序原因-时序结果） Leaky Noisy-OR gate 值	贝叶斯（非时序原因-时序结果） Noisy-OR gate	贝叶斯（非时序原因-时序结果） Leaky Noisy-OR gate 值	贝叶斯-贝叶斯（非时序因果关系） Noisy-OR gate	贝叶斯-贝叶斯（非时序因果关系） Leaky Noisy-OR gate 值	贝叶斯-贝叶斯（非时序因果关系） Noisy-OR gate	贝叶斯-贝叶斯（非时序因果关系） Leaky Noisy-OR gate
安全	9.07E−01	9.23E−01	8.41E−01	9.07E−01	8.17E−01	9.20E−01	8.41E−01	9.04E−01	8.18E−01
有惊无险	8.99E−02	7.57E−02	1.43E−01	8.97E−02	1.63E−01	7.63E−02	1.42E−01	9.03E−02	1.61E−01
轻微事故	7.86E−04	3.36E−03	1.59E−02	4.65E−03	1.99E−02	3.06E−03	1.73E−02	4.02E−03	2.12E−02
小事件	6.71E−06	1.99E−04	1.89E−03	2.96E−04	2.58E−03	2.23E−04	2.02E−03	3.19E−04	2.67E−03
事故	1.88E−07	7.86E−06	1.73E−04	1.32E−05	2.66E−04	5.71E−06	1.57E−04	9.66E−06	231E−04
灾难	3.16E−011	1.78E−08	2.09E−06	3.93E−08	4.15E−06	4.45E−07	2.63E−05	8.07E−07	4.25E−05
场景	1	2	3	4	5	6	7	8	9

3.4.4 结果和讨论

通过故障树和贝叶斯分析得到的防护屏障的故障概率见表3.7。事故模型结果的发生概率如表3.9所示。表3.9中对应的数据见图3.15。在图3.15中，值得注意的是，当事故模拟场景逐渐从时序分析模型法变为非时序分析模型时，安全的发生概率有一个相对于时序分析大约10%的变化。此外，灾难发生概率的估计范围变化显著，高达10^5的数量级别，这显著增加了所涉及的风险。这表明在事故建模过程中非时序因果关系建模的重要性，强调了在事故建模过程中使用贝叶斯网络评价非时序因果关系的重要性。

根据图3.15发现的规律和特点如下：

第一，事故模拟场景1和场景9（见表3.9）的结果有显著性差异。这说明了考虑影响因素间相互依赖性以及一个事故过程非时序本质的重要性。

第二，事故模拟场景8和场景9的结果有显著性差异。这表明事故模型逻辑门的使用不当也造成了不确定性。事故模拟场景7和场景9的结果差异性较小。这表明，如果考虑到了影响因素之间的依赖关系，而且模型是基于一个非时序结构开发的，那么数据的质量不会显著影响模型结果。

第三，根据计算结果，这些防护屏障有较高的失效概率，促进了事故的发生。但是如果管理者使用了标准的检查和维护程序，各种防护措施都应用到位，就可以防止事故扩大。

案例分析结果表明，贝叶斯网络是一种有效的事故分析方法，可以对防护屏障内各种非线性相互作用以及安全屏障非时序失败而引起的不良事件进行建模。松弛策略可以准确地用于模拟贝叶斯网络里的条件依赖关系。

根据防护屏障故障树分析结果可以推断出：排放、升级、着火、扩散防护障碍有较高的失效概率。正是这些防护屏障的失效极大地促进了事故的发生。炼油厂的管理严重损害了这些防护屏障的安全性，特别是排放防护屏障。如果管理层使用了标准的检查和维护程序，各种防护措施已被应用到生产装置中，就可以防止泄漏物质排放，阻止事故扩大。

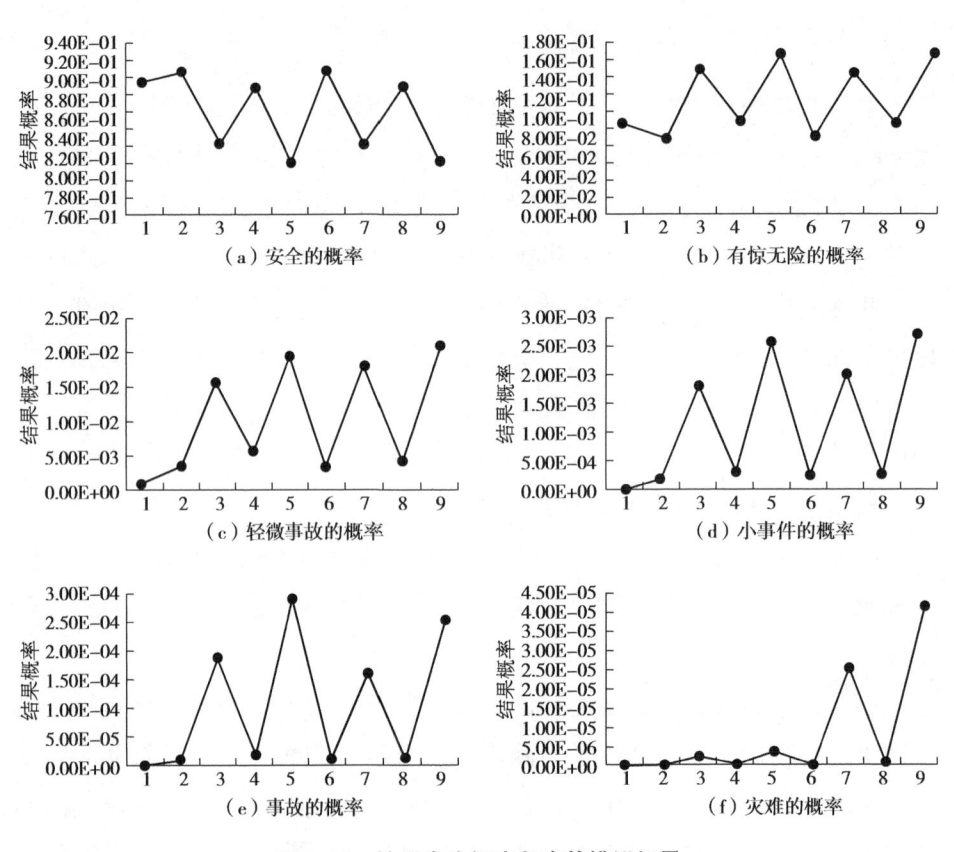

图 3.15　结果发生概率与事故模拟场景

3.5　本章小结

本章分析了使用贝叶斯模拟安全屏障内事故影响因素之间的条件依赖关系。总的来说，贝叶斯网络结构建模具有灵活性，可以反映各种条件的依赖关系，而这些却不能很容易地包括在故障树结构中。

本章提出的基于非时序因果关系的过程事故模型，通过炼油厂事故分析得到了验证。事故模型（如故障树、事件树）中不确定性的主要来源是忽视了事故影响因素之间的相互依存关系以及线性事件序列的假设。此外，事故模型逻辑门的使用不当也造成了不确定性。

本章通过方法对比研究表明了事故影响因素间的相互依存关系、非线性的事件的时序问题以及选择合适的逻辑门的重要性。贝叶斯网络更适合说明防护屏障间的复杂依赖关系,以及涵盖建模的不确定性。贝叶斯网络有强大的溯因推理能力,其处理不确定性的能力使其成为一种分析事故的技术手段。

该事故模型提供了一种方法,以防护屏障间的非线性相互作用和防护屏障的非时序失败导致不良事件的发生为基础来预测过程事故。将此应用到模型中来预测事故发生的概率,将有助于采取早期补救措施,以防止过程事故,同时为过程安全管理提供有价值的信息。

参考文献

[1] RASMUSSEN J. Risk management in a dynamic society: amodelling problem [J]. Safty science, 1997, 27 (2): 183-213.

[2] HEINRICH W. Industrial accident prevention [M]. New York: McGraw-Hill, 1941.

[3] KHAKZAD N, KHAN F, AMYOTTE P. Safety analysis inprocess facilities: compa–rison of fault tree and Bayesiannetwork approaches [J]. Reliability engineering and system safty, 2011, 96 (8): 925-932,

[4] AL-SHANINI A, AHMAD A, KHAN F. Accident modellingand safety measure design of a hydrogen station [J]. International journal of hydrogen energy, 2014a, 39 (35): 20362-20370.

[5] TAN Q. Dynamic accident modeling for high–sulfurnatural gas gathering station [J]. Process safety and environmental protection, 2013, 92 (6): 565-576.

[6] KHAKZAD N, KHAN F, AMYOTTE P. Safety analysis inprocess facilities: comparis–on of fault tree and Bayesiannetwork approaches [J]. Reliability engineer and system safty, 2011, 96 (8): 925-932.

[7] NIVOLIANITOU S, LEOPOULOS N, KONSTANTINIDOU M. Comparison of techniques for accident scenario analysis inhazardous systems

[J]. Journal of loss prevention in the process industries, 2004 (17): 467-475.

[8] SKLET S. Comparison of some selected methods for accident investigation [J]. Hazard mater, 2004, 111: 29-37.

[9] KHAKZAD N, KHAN F, AMYOTTE P. Dynamic safety analysisof process systems by mapping bowtie into Bayesiannetwork [J]. Process safety and environmental protection, 2013, 91 (1-2): 46-53.

[10] IRWIN G R. Analysis of stresses and strains near the end of a crack traversing a plate [J]. Journal of applied mechanics, 1957, 24: 361-364.

[11] DIMAROGONAS A D. Analytical methods in rotor dynamics [M]. Essex: Applied science publishers, 1983.

[12] PAPADOPOULOS C A. Some comments on the calculation of the local flexibility of cracked shafts [J]. Journal of sound and vibration, 2004, 278 (4-5): 1205-1211.

[13] PAPADOPOULOS C A. The strain energy release approach for modeling cracks in rotors: a state of the art review [J]. Mechanicalsystems and signal processing, 2008, 22 (4): 763-789.

[14] DIMAROGONAS A D. Vibration of cracked structure: a state of the art review [J]. Engineering fracture mechanics, 1996, 55 (5): 831-857.

[15] 胡家顺, 冯新, 李昕, 等. 裂纹梁振动分析和裂纹识别方法研究进展 [J]. 振动与冲击, 2007, 26 (11): 146-152.

[16] LIU D, GURGENCI H, VEIDT M. Crack detection in hollow section structures through the coupled response measurements [J]. Journal of sound and vibration, 2003, 261 (1): 17-29.

[17] NANIWADEKAR M R, NAIK S S, MAITI S K. On predection of crack in different orientations in pipe using frequency based approach [J]. Mechanicalsystems and signal processing, 2008, 22 (3): 693-708.

[18] ZHENG D Y, FAN S. Vibration and stability of cracked hollow-sectional beams [J]. Journal of sound and vibration, 2003, 267 (4): 933-954.

[19] ZHENG D Y, KESSISSOGLOU N J. Free vibration analysis of a cracked beam by finite element method [J]. Journal of sound and vibration, 2004, 273 (3): 457-475.

[20] GANDER W, GAUTSCHI W. Adaptive quadrature-revisited [J]. Bit numerical mathematrics, 2000, 40: 84-101.

[21] CAWLEY P, ADAMS R. The locations of defects in structures from measurements of natural frequencies [J]. Journal of strain analysis, 1979, 14 (2): 49-57.

[22] NIKOLAKOPOULOS P G, KATSAREAS D E, PAPADOPOULOS C A. Crack identification in frame structures [J]. Computers and structures, 1997, 64 (1-4): 389-406.

[23] SUH M W, SHIM M B, KIM M Y. Crack identification using hybrid Neuro-genetic technique [J]. Journal of sound and vibration, 2000, 238 (4): 617-635.

[24] BOBBIO A. Improving the analysis of dependablesystems by mapping fault trees into bayesian networks [J]. Reliability engineer and system safty, 2001, 71: 249-260.

[25] PEARL J. Probabilistic reasoning in intelligent systems [M]. San Francisco: Morgan Kaufmannn, 1998.

[26] JENSEN F, NIELSEN T. Bayesian networks and decision graphs [M]. 2nd ed. New York: Springer, 2007.

[27] 柴慧敏,王宝树.用于态势估计的一种构造贝叶斯网络参数的方法 [J]. 计算机科学, 2006, 11 (8): 32-39.

[28] ONI'SKO A, DRUZDZEL J, WASYLUK H. Learning Bayesiannetwork parameter-rs from small data sets: application ofNoisy-OR gates [J]. International journal of approximate reasoning, 2001, 27: 165-182.

[29] BOBBIO A. Improving the analysis of dependablesystems by mapping fault trees into Bayesian networks [J]. Reliability engineer and system safty, 2001, 6 (71): 249-260.

[30] ZAGORECKI A, DRUZDZEL M. An empirical study ofprobability

elicitation under noisy-OR assumption [C]. International FLAIRS Conference, 2004: 880-885.

[31] OKOH P, HAUGEN S. Application of inherent safety tomaintenance-related major accident prevention on offshoreinstallations [J]. Transactions of the institution of chemical engineers, 2014, 36: 175-180.

[32] RATHNAYAKA S, KHAN F, AMAYOTTE P. Accident modelingand risk assessment framework for safety criticaldecision – making: application to deepwater drilling operation [J]. Journal of risk and reliability, 2013, 227 (1): 86-105.

4 炼化企业水体溢油泄漏模拟与扩散规律研究

4.1 引言

我国多数石油化工企业毗邻江河湖海，全国81%的石油、化工建设项目布设在江、河、湖等水域以及人口密集的区域，环境敏感性强，其中45%属于重大风险源。当临河炼化企业发生危化品泄漏事故时，危化品很容易流入周边水域，对水体及水体生物和周边环境造成极其严重的危害。一般来说，少量危化品泄漏入海后其危险性相对较小，因为海洋本体具有较大的承受能力和处理能力，但当危化品泄漏量较大时，还是会对海洋环境造成极其严重的危害。而当危化品泄漏入河流后，由于河流本身具有较大的多变性和复杂性，其处置过程非常复杂，处置方法也极其匮乏，而河流本身自处理能力较差且其又是人类和动植物赖以生存的淡水资源，一旦有危化品进入，后果不堪设想。河流水域内危化品泄漏漂移扩散技术研究相对匮乏，各相关企业缺少其临近水域危化品泄漏事故相应的应急技术方案，河流危化品泄漏应急存在以下技术难题：

第一，河流本身存在多变性、复杂性和不可重复性等特点，需要实地调研河段水域环境和工业环境，建立准确的水动力模型。

第二，不同物质、水域、季节、气候和温度对危化品河流水体泄漏漂移规律的影响不同。

第三，水体泄漏模拟扩散规律复杂，需要尽快掌握漂移扩散规律，计算有效应急时间。

危化品在河流水域中的变化运动规律往往可以指导应急方案的制定，因此本章开展了炼化企业邻水高风险段河流典型危化品河流水体泄漏漂移扩散规律研究，以分析掌握典型危化品在不同水域条件下的漂移扩散规律；根据典型危化品漂移扩散规律的研究结果，分析高风险段河流典型危化品泄漏事故应急对策，指导相关单位和部门快速有效地应对突发性危化品泄漏事故，减少突发性危化品泄漏事故对危险河流水域造成的污染损害，从而保护环境和资源。

4.2 水体泄漏溢油模拟技术原理

4.2.1 水动力模拟技术原理

通过构建水动力模型，可以对因各种作用力而产生的水流、水位等水体多种变化进行模拟分析。

（1）连续性方程

$$\frac{\partial \xi}{\partial t} + \frac{\partial p}{\partial x} + \frac{\partial p}{\partial y} = \frac{\partial h}{\partial t} \tag{4.1}$$

式中，h 为水深；ζ 为水位；$H = h + \zeta$；p 为 X 方向上的流量通量。

（2）X 方向动量方程

$$\begin{aligned}&\frac{\partial p}{\partial t} + \frac{\partial}{\partial x}(\frac{p^2}{H}) + \frac{\partial}{\partial y}(\frac{pq}{H}) + gH\frac{\partial \zeta}{\partial x} + \frac{gp\sqrt{p^2+q^2}}{c^2 \cdot H^2} \\ &- \frac{1}{\rho}[\frac{\partial}{\partial x}(H\tau_{xx}) + \frac{\partial}{\partial y}(H\tau_{xy})] - fq - f_w|W|W_x = 0\end{aligned} \tag{4.2}$$

（3）Y 方向动量方程

$$\begin{aligned}&\frac{\partial p}{\partial t} + \frac{\partial}{\partial x}(\frac{p^2}{H}) + \frac{\partial}{\partial y}(\frac{pq}{H}) + gH\frac{\partial \zeta}{\partial y} + \frac{gp\sqrt{p^2+q^2}}{c^2 \cdot H^2} \\ &- \frac{1}{\rho}[\frac{\partial}{\partial y}(H\tau_{yy}) + \frac{\partial}{\partial x}(H\tau_{xy})] - fq - f_w|W|W_y = 0\end{aligned} \tag{4.3}$$

式中，q 为 Y 方向上的流量通量；g 为重力加速度；C 为谢才数（Chézy number）；ρ 为海水密度；f 为科氏力系数；f_w 为风阻力系数；W_x 为风速在 X 方向上的分速度；W_y 为风速在 Y 方向上的分速度；τ_{xx}、τ_{xy}、τ_{yy} 为三个方向上的剪应力。

4.2.2 溢油模块及其计算原理

MIKE 21 FM 模型中的溢油模块（OS）主要用来预测海洋、河流中溢油的归宿，主要包括油的传输路径和化学组分的变化。该模块是从水动力模块中解耦运行的拉格朗日模型，可对溢油在水中的漂移、扩展和风化等过程进行模拟研究，可分析溢油的运动轨迹、油膜厚度、扫过面积以及溢油物理化学性质的改变情况等，模拟结果可以用于 2D 和 3D 的结果文件中。其中化学组分的变化，即溢油风化，主要是由油品生物和物理过程造成的。溢油模块是将油膜概化为大量的粒子的集合，每个粒子均有一定体积的溢油量。油膜的漂移扩散过程主要通过粒子的随机运动来表示，而溢油风化过程可通过粒子的热量变化和质量损失进行描述。模型中的油主要包含两个成分：一种是芳香烃的轻挥发性组分和其他分子量小于 160g/mol 的油组分，沸点低于 300℃；另一种是更重的组分，即分子量大于 160g/mol、沸点为 250℃~300℃ 的所有残余物。蜡和沥青组分被认为是不能降解、不蒸发也不溶解于水的油的特别组分。通常模型通过单个油轨迹粒子数代表的小油滴量来描述溢油的总量。这些油粒子参与风化、漂移过程，代表油的单独运动。油在水面溢出后，快速扩散为几毫米厚的油膜。油的扩展过程主要是受重力和表面张力共同影响的，且大部分尺寸不同的油膜很快会达到 0.1mm 的近似平均厚度。油在水中主要会发生风化。OS 模块可对于油膜在水体表面的油膜厚度、扩展范围以及水体中油组分的浓度分布进行模拟和预测。

本书使用"油粒子"模型，该模型可对溢油在水体环境中实际漂移扩散情况进行较准确的预测，基于研究结果主要应用于应急工作，因此在研究过程中主要对溢油扩散面积、油膜厚度以及扩散距离等因素进行考察。

4.2.3 水体溢油泄漏模拟基本步骤

水体溢油泄漏模拟及应急对策研究过程主要包括：建立相关河段的水动力模型和危化品泄漏预测模型，并对不同泄漏模式下不同危化品漂移扩散规律、应急处置关键断面及有效应急时间进行模拟研究。具体内容和步骤如下：

（1）水体溢油风险分析

实地调研河段水域环境和工业环境，分析研究水域具有较大水体溢油风险的泄漏源及可能发生泄漏的油品种类。

(2) 搭建水动力模型

根据高风险河段的边界、水深等相关水文数据，生成数值地形，作为建立水动力模型的基础数据；建立高风险河段的二维水动力模拟模型，根据河段的实际情况进行相关参数的设置，利用水文站提供的实测数据对模型进行率定和验证。

(3) 高风险河段水体溢油模拟研究

根据典型危化品的理化性质，设计多种水体溢油情景，以建立科学的水动力模型作为数据基础，结合典型油品性质，对模块进行相关参数的设定，建立相应的危化品泄漏预测模型，获得油品在不同泄漏情景下的漂移扩散模拟结果，分析其漂移扩散规律。

水体溢油模拟及应急对策研究流程见图4.1。

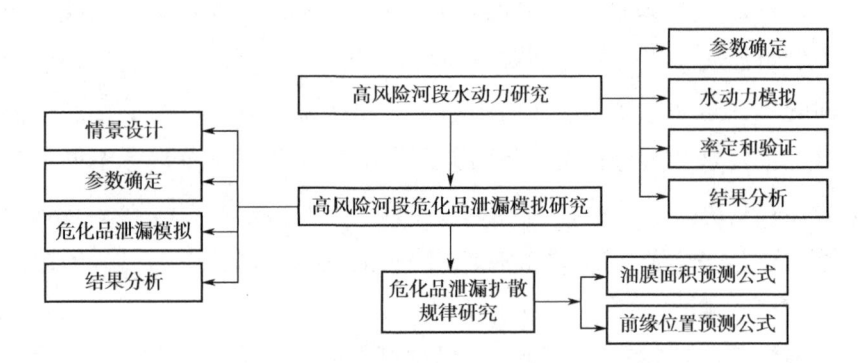

图4.1 临河炼化企业水体溢油漂移扩散分析流程

4.3 某临河炼化企业溢油泄漏情景模拟

某石化公司下设炼油、烯烃、合成橡胶/合成树脂、合成气/合成氨等多家石油化工生产企业，是我国北方重要的石油石化生产基地。本章通过对该石化公司现场调研，了解周边水域和水排放情况，获取高风险段河流水文数据，模拟高风险河段化学品泄漏漂移扩散，研究泄漏漂移扩散规律。

4.3.1 临河炼化企业危化品水体泄漏风险分析

(1) 企业毗邻水体情况

S江是中国七大河之一，具有支流多、流域广、水流量变化大等特点。某石化公司毗邻S江的河段长约45km。该河段径流量主要受上游水库控制，受流域天然降水影响很小。该河段江面比较开阔，河宽约为200~300m，水深约为3~5m。河水丰水期和枯水期的平均流量分别为400m³/s和150m³/s。河岸地势比较平坦，高于水面3~5m。

(2) 危化品水体泄漏风险分析

S江横穿J市居民区，河段北部是J市石油化工工业园区，主要包括石化公司、热电厂、化肥厂及造纸厂等多家企业，主要开展炼油、烯烃、合成气、合成氨和合成橡胶等相关生产工作，生产汽油、柴油、丙烯腈、航空煤油、乙丙橡胶、丁苯橡胶、聚乙烯、甲基丙烯酸甲酯等多种主要石油化工产品。

J市某炼化企业现有一条原油管道从S江穿过，管道于20世纪五六十年代厂区建立不久便开始铺设并投入使用，至今未进行更换，且管道布置在河流底部，其特殊的地理位置导致在管道投入使用后很难对其进行定期的安全排查，一旦受到长期腐蚀而发生老化破损，油品随水流向下游扩散，有可能造成巨大的环境灾难。

4.3.2 穿江管道溢油泄漏事件情景设计

(1) 影响因素分析

如前文所述，穿江管道一旦破裂使危化品发生泄漏，将引起S江流域重大的环境污染事故，因此需要开展预设危化品泄漏的情景，进而为开展各项应急准备工作提供技术支持。

在真实情况下，穿江管道危化品泄漏后的扩散运移规律会受到水动力条件、污染物的理化性质、泄漏模式、风场情况等多种因素影响。如表4.1所示，本书模拟穿江管道发生危化品水体泄漏需要考虑的四方面因素，具体涉及13种设计参数。其中，最大流量、最小流量、模拟区间、区间河道形状、区间河底高程、密度、溶解性、表面张力、黏度、风向、风速等10种参数是测量输入值，其他参数为假设输入值。

表4.1 模拟参数设计

序号	设计因素	设计参数	单位	求取情况
1	水动力条件	最大流量、最小流量	m³/s	测量
2		模拟区间	[N, S]	测量
3		区间河道形状	[N, S]	测量
4		区间河底高程	[N, S, m]	测量
5	污染物的理化性质	密度	kg/m³	测量
6		溶解性	kg/kg	测量
7		表面张力	N/m	测量
8		黏度	Pa/s	测量
9	泄漏模式	连续泄漏（强度、泄漏时间）	m³/s, s	假设
10		瞬时泄漏（泄漏量）	m³	假设
11		泄漏点坐标位置	m³	假设
12	风场情况	风向	N	测量
13		风速	m/s	测量

（2）输入参数分析

根据J市工业园管辖的实际行政区域范围，模型计算范围为从LT大桥向南1.5km处至SH桥向北1.5km处，模拟河道长度约为12km。

①水文参数

根据水文观测数据，S江河段的最大、最小流量分别为400m³/s、150m³/s。

②风场参数

根据气象部门的观测数据，J市工业园区常年地表风场以北风、东北风为主，受周边山脉影响，风向和风速区域性变化趋势较明显。根据统计结果，该地区每年1—3月地面风向以北风为主，风力较大，为季风期；4—9月地表风向转为偏东北风，风力逐渐减缓，为普通风期（见图4.2和图4.3）。

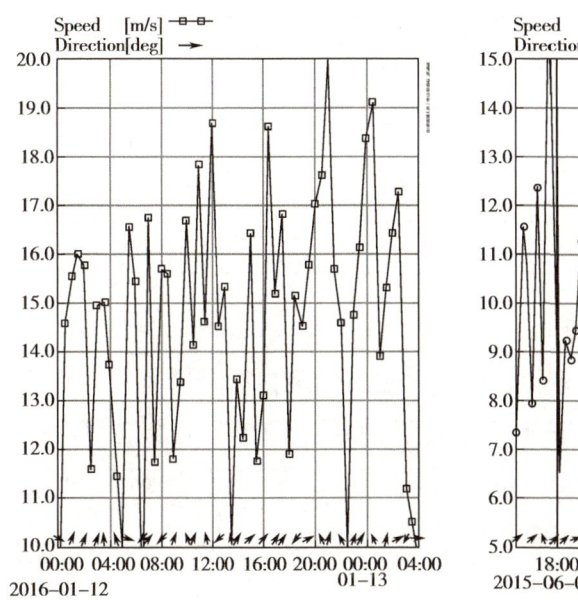

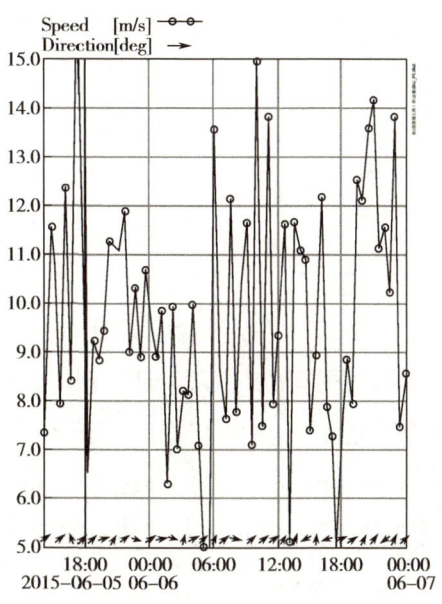

图 4.2 J 市区不同时期的风速风场数据

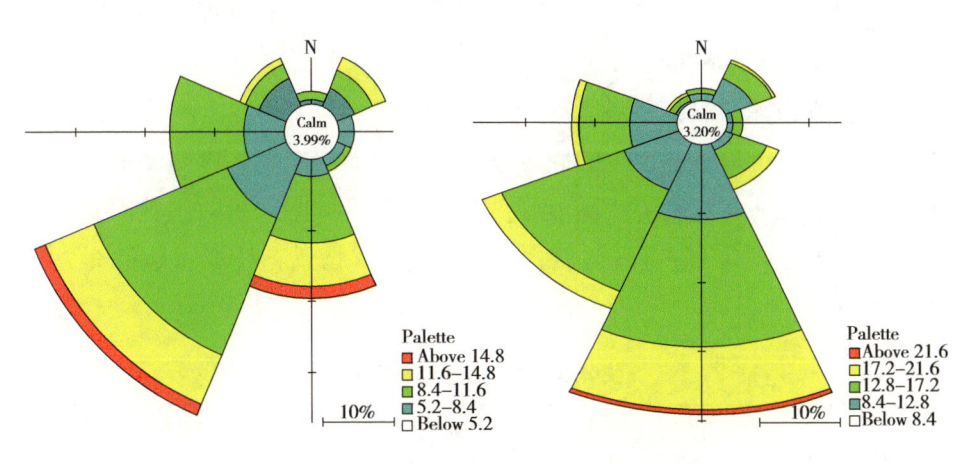

图 4.3 J 市区不同时期的典型风场玫瑰图

③油品物理化学性质

由前文分析可知，穿江管道储运的物料为原油，其物理化学性质为已知参数，如表 4.2 所示。

表 4.2 原油物理化学性质

项目	质量/mg	质量分数/%
饱和烃	9.9	49.50
芳烃	5.2	26.00
胶质	3.4	17.00
沥青质	0.9	4.50

④泄漏时间/停输反应时间

由分析可知，为及时发现穿江管道存在腐蚀破损情况进而发生油品泄漏突发事件，企业在管道上安装了泄漏监测系统，并在管道穿越段内两侧安装了远控截止阀门。根据目前的运行管理情况，一旦发生泄漏，值班人员可以在 5~10 min 内启动停输操作。

⑤泄漏强度

穿江管道全长 39.09km，管径为 300mm，设计压力为 4.5MPa，设计输量为 600m³/d（6.94L/s）。假设穿江管道环焊缝发生腐蚀穿孔，油品物料将以 1 L/s 的泄漏强度向外泄漏。

（3）泄漏事件情景设计

根据穿江管道泄漏模拟的假定参数，考虑不同水期、风期测量参数的变化，结合目前穿江管道泄漏监测、远程关断系统的冗余时间等因素，本书设计了 J 市某炼化企业穿江管道溢油泄漏事件情景，具体分为 12 种，如表 4.3 所示。

表 4.3 泄漏事件情景类别

情景设计	水期		风期		泄漏位置		
	丰水期	枯水期	季风期	普通风期	南岸	中心	北岸
情景一	√		√		√		
情景二	√		√			√	
情景三	√		√				√
情景四	√			√	√		
情景五	√			√		√	

续表

情景设计	水期		风期		泄漏位置		
	丰水期	枯水期	季风期	普通风期	南岸	中心	北岸
情景六	√			√		√	
情景七		√	√		√		
情景八		√	√			√	
情景九		√	√				√
情景十		√		√	√		
情景十一		√		√		√	
情景十二		√		√			√

4.4 某临河炼化企业高风险河段溢油泄漏模拟

在此应用 MIKE 21 FM 模拟软件，对上一节提出的炼化企业穿江管道12种泄漏情景进行模拟分析。

4.4.1 水动力模型搭建

（1）地理水文数据

模型计算范围为从 LT 大桥向南 1.5km 处至 SH 桥向北 1.5km 处（如图 4.4 所示）。图 4.5 为原油运输管道示意图。模型采用 UTM 地图投影，则该计算区域 UTM 区号的计算公式为：UTM 区号＝int［（经度+180）/6+1］，计算结果为 52。边界和水深文件中数据采取 WGS-84 大地坐标（以 m 为单位），通过 GPS 仪测量网格边界数据，通过断面勘测获得水下地形高程数据。

（2）建立地形网格

本书以模拟区域的边界和水深 .xyz 数据文件为基础，利用 MIKE Zero 中的网格生成器（Mesh Generator）创建非结构地形网格。其中最大三角形面积为 $500m^2$，最小允许角度为 30°，区域内最大节点数为 100 000 个，计算域内网格数为 16 655 个，为提高计算的精确度，对原油泄漏点附近的局部网格进行了加密处理，如图4.6所示。生成网格后，在网格编辑器中导入河底高程数据，并将其插值到各网格点，形成有效的计算网格，导出模拟区域的地形图，如图4.7所示。

图4.4 模拟区域示意图

图4.5 原油运输管道示意图

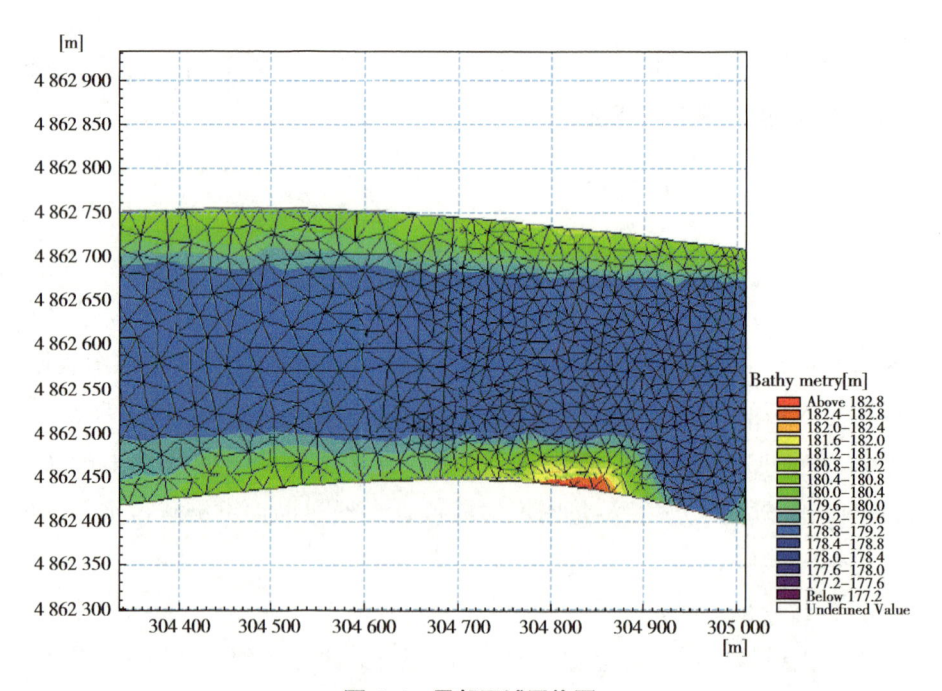

图4.6 局部区域网格图

图 4.7 地形图

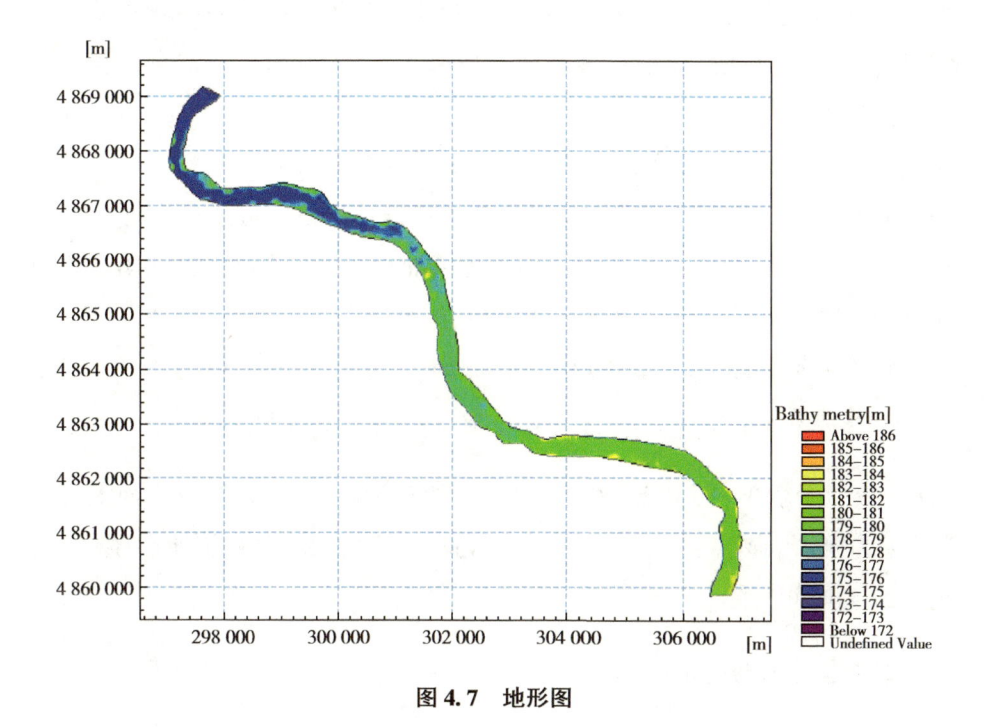

(3) 模型边界条件

根据模型范围的选取，模型上游边界为 LT 大桥向南 1.5km 处，其边界采用流量边界；下游边界为 SH 桥向北 1.4km 处，其边界采用水位边界。边界数据和流量数据均从水文站获得，数据范围为 2013 年 1 月 1 日—2020 年 4 月 31 日。

(4) 计算参数设定

根据 MIKE21 水动力模型的基本原理，在模型中需要对主要参数进行设置。

底床摩擦力：水域的底床摩擦力是一个综合影响因素，该因素主要受水深、床面形态、植被条件等影响，是数值模拟计算过程中的重要参数之一。在二维计算过程中采用曼宁糙率系数（M）：

$$M = \frac{25.4}{k_s^{\frac{1}{6}}} \tag{4.4}$$

式中，k_s 为床面粗糙高度。本书模型中底床摩擦力糙率系数取 45。

涡粘系数：通常流动的水体会导致雷诺附加应力的产生，该力会导致流体的空间尺度远远小于所设定的网格尺度，为了解决这一问题，模型中需要对涡粘系数进行设定。该系数一般采用Smagorinsky公式来计算，通常在河流模拟过程中，将Smagorinsky系数设为默认值（0.28m²/s）。针对不同河流的差别，需要利用实际水文数据进行率定修正。

时间步长：根据模型的网格大小和水深条件可以对模型的时间步长进行调整，直到保证 $CFL<0.8$ 时，模型才能准确运行，否则模型会出现不稳定性。计算时，时间步长应在0.01~30s的范围内。

将笛卡尔坐标下的浅水方程式Courant-Friedrich Levy（CFL）定义为：

$$CFL_{HD} = (\sqrt{gh} + |u|)\frac{\Delta t}{\Delta x} + (\sqrt{gh} + |v|)\frac{\Delta t}{\Delta y} \tag{4.5}$$

式中，h 为总深度；u 为流速在 x 方向上的分量；v 为流速在 y 方向上的分量；g 为重力加速度；Δx 为 x 方向上的特征长度；Δy 为 y 方向上的特征长度；Δt 为时间间隔。

4.4.2 水动力模拟与率定

（1）水动力模拟

将上述的参数输入MIKE21软件水动力模块中，会得到不同水期、不同风场影响下的水流速、流向、水深度等结果。不同水期下，原油管道穿越位置（UTM坐标下305 294.053，4 862 484.136）的水深与流速如图4.8和图4.9所示。由图4.8和图4.9可知，丰水期水深约为11m，枯水期水深约为10m，相差1m；丰水期水流速为1.5m/s，远大于枯水期的水流速（0.6m/s）。

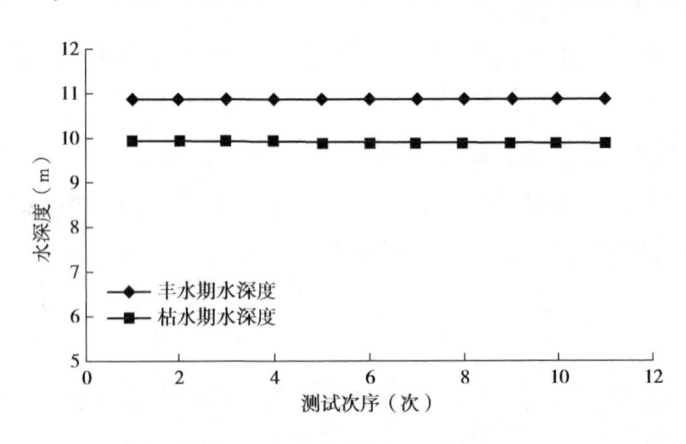

图4.8 不同水期S江水深度对比

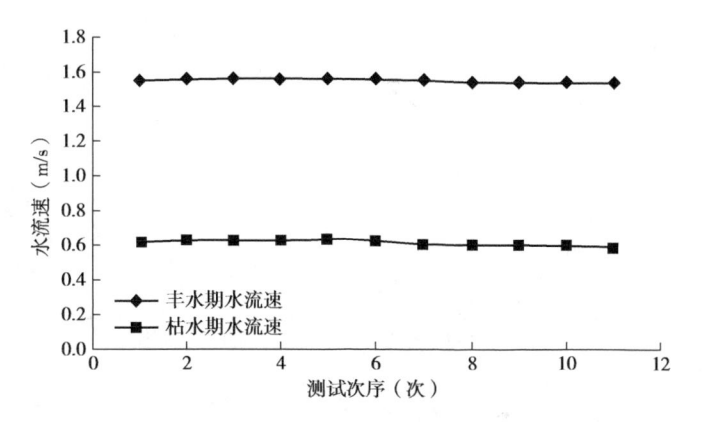

4 炼化企业水体溢油泄漏模拟与扩散规律研究

图4.9 不同水期S江水流速对比

(2) 水动力结果率定

根据2020年1月、2019年6月水文站获取的实际监测资料,本书对模型参数进行率定与验证。图4.10和图4.11分别为丰水期、枯水期水文观测点实测与模拟水深、流速数据对比。

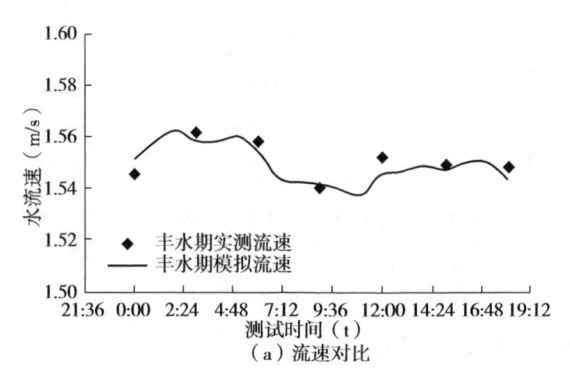

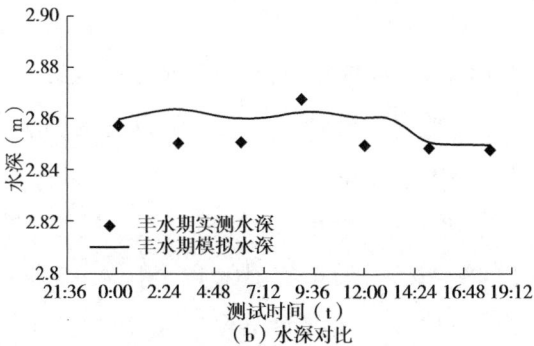

(a) 流速对比

(b) 水深对比

图4.10 丰水期实测与模拟流速、水深数据对比

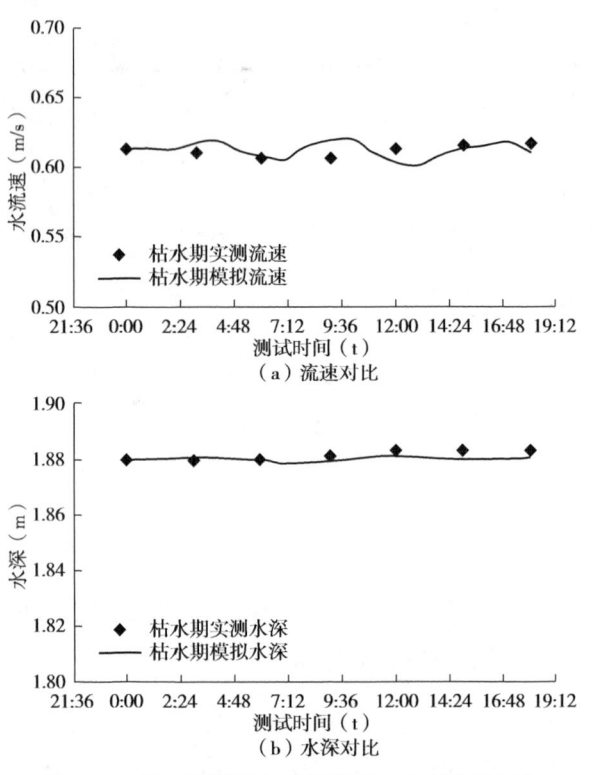

图 4.11　枯水期实测与模拟流速、水深数据对比

从图中可以看出，流速与水深的计算值与实测值的变化规律趋于一致，误差在合理的范围内，前文所建立的水动力模型能够表征 S 江的水文特征，其中底床摩擦力修正值为 45，Smagorinsky 系数修正值为 $0.24 m^2/s$。

4.4.3　水体溢油模拟结果输出

在建立的 S 江水动力模型的基础上，本书应用 MIKE21 软件 Oil Spill 模块对前文分析的 12 种溢油泄漏事件情景进行仿真计算，分析风期、水期、停输时间、泄漏位置对溢油油品漂移扩散形态的影响程度。

（1）风期、水期敏感性分析

假设泄漏时间为 10 min、泄漏强度为 1 L/s，发生泄漏后 1h，不同风期、水期下的 S 江的溢油扩散形态如图 4.12 和图 4.13 所示。由图可知，S 江发生溢油时油膜前缘位置、油膜面积等受风力影响较弱；油膜前缘位置受水流速影响较大，丰水期水流速较快，使得油膜运移较快。

(a) 季风期

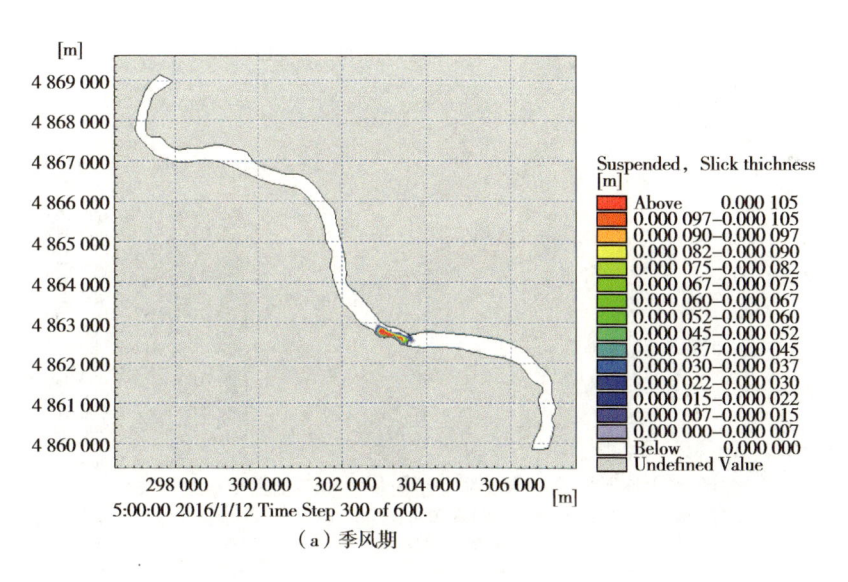

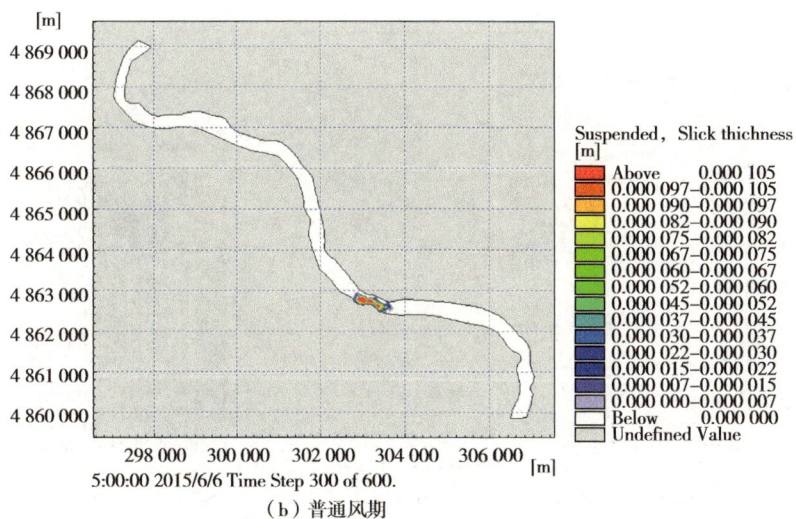

(b) 普通风期

图 4.12 S 江丰水期溢油模拟（泄漏后 1h，泄漏时间 10 min）

(a) 季风期

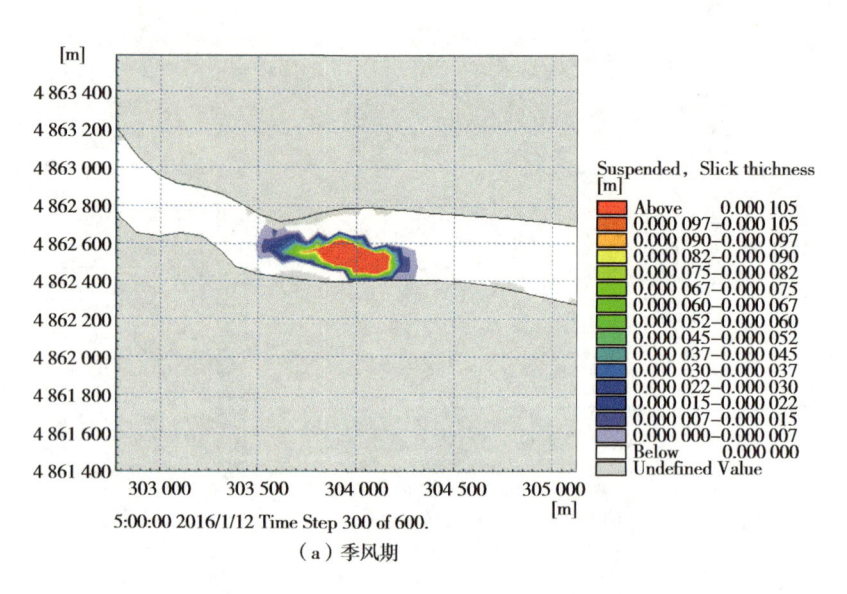

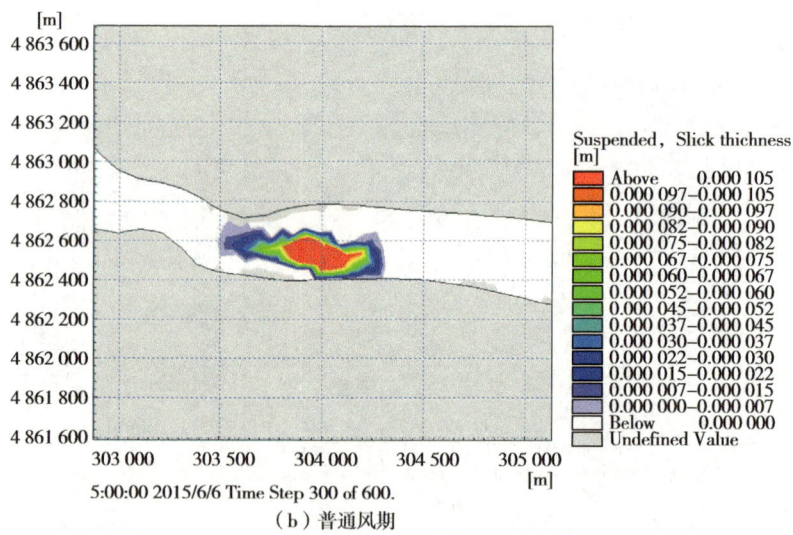

(b) 普通风期

图 4.13　S 江枯水期溢油模拟（泄漏后 1h，泄漏时间 10 min）

(2) 泄漏时间敏感性分析

假设丰水期、泄漏强度为 1 L/s，发生泄漏后 1h，在 5min、10 min 的泄漏持续时间下 S 江的溢油扩散形态如图 4.14 和图 4.15 所示。由图 4.14 和 4.15 可知，泄漏时间的长短对 S 江溢油扩散形态影响影响微乎其微。在 S 江丰水期的季风期、普通风期发生溢油 1h 后，10 min、5min 的泄漏时间下溢油油膜前缘位置几乎一致，前者油膜控制面积略大于后者。

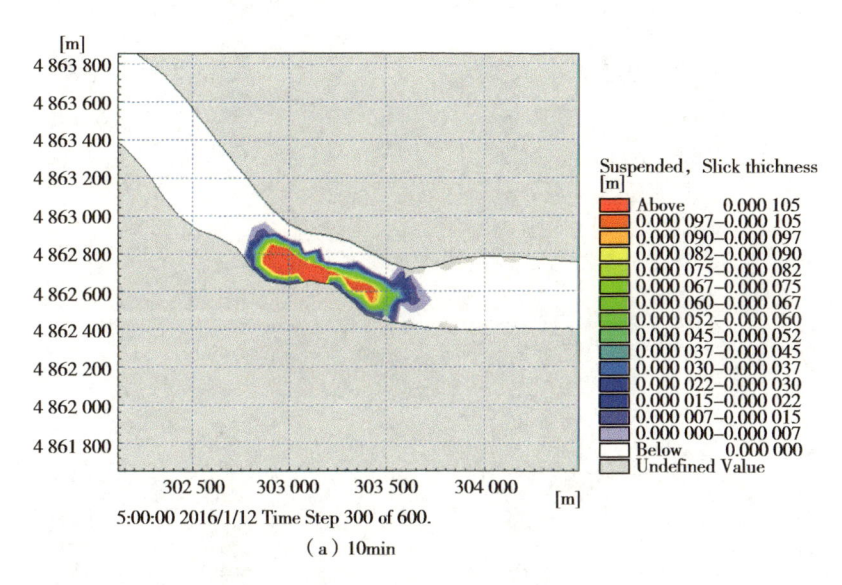

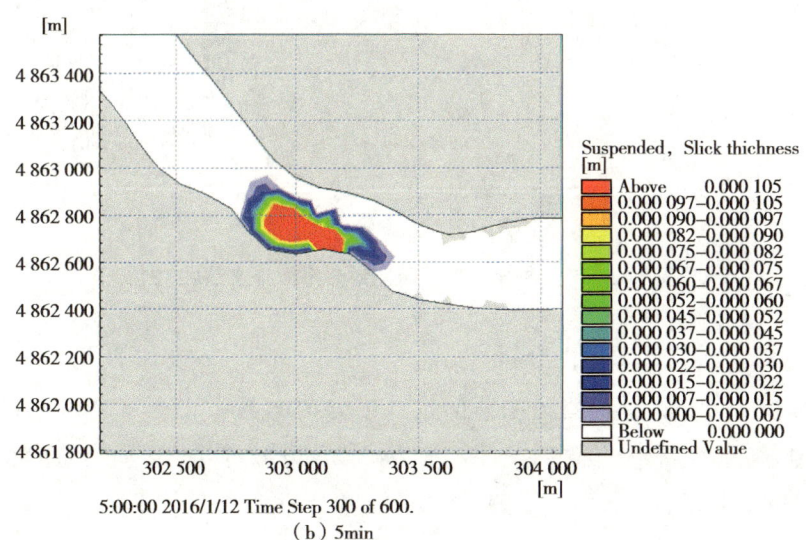

(a) 10min

(b) 5min

图 4.14　S 江丰水期季风期溢油模拟（泄漏后 1h）

(a) 10min

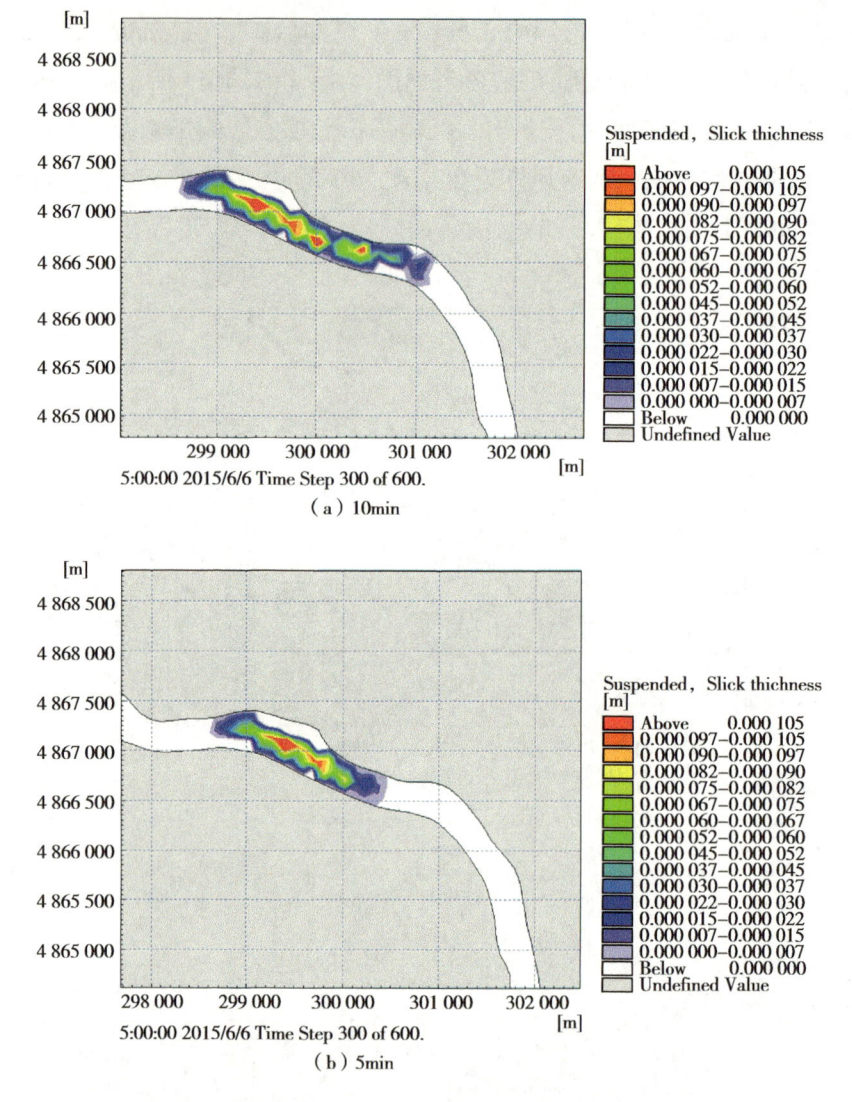

(b) 5min

图 4.15　S 江丰水期普通风期溢油模拟（泄漏后 1h）

(3) 泄漏位置敏感性分析

如前文分析，穿江管道的泄漏位置可分为南侧、北侧和中部，根据管道穿越实际情况，本书在 UTM 坐标系下设置泄漏位置分别为中部 [305 294, 4 862 484]、南侧 [305 415, 4 862 285]、北侧 [305 319, 4 862 620]。

4 炼化企业水体溢油泄漏模拟与扩散规律研究

①枯水期分析

假设泄漏强度为 1 L/s、泄漏时间为 10 min，在枯水期季风期、普通风期情况下，模拟南、北、中三个不同位置发生泄漏 260 min 后，S 江面溢油的扩散形态如图 4.16 和图 4.17 所示。

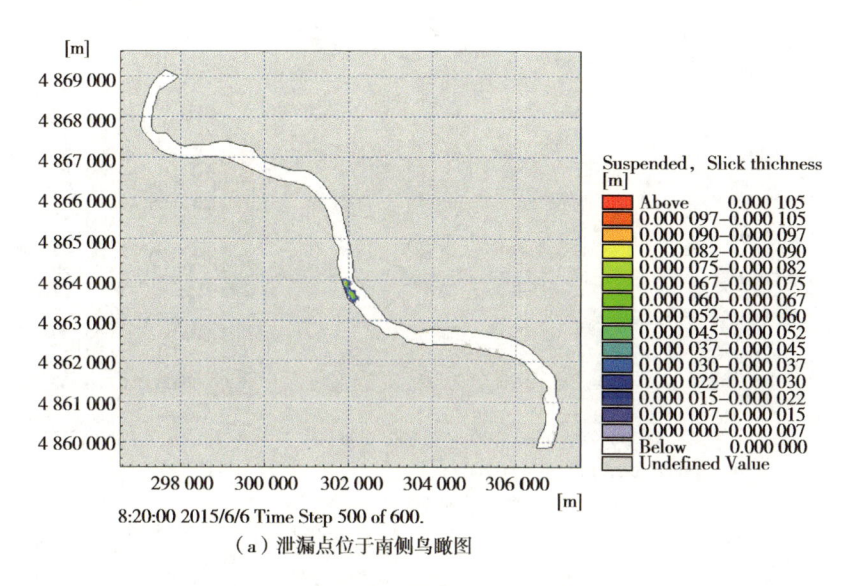

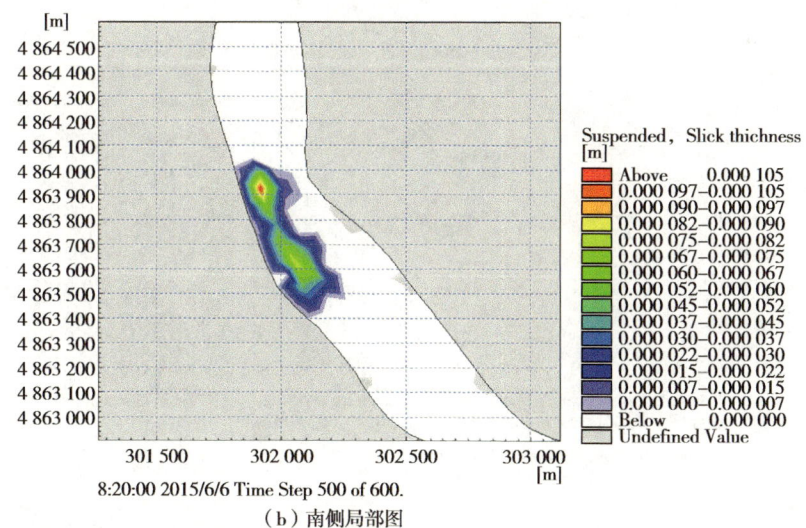

(a) 泄漏点位于南侧鸟瞰图

(b) 南侧局部图

(a) 泄漏点位于北侧鸟瞰图

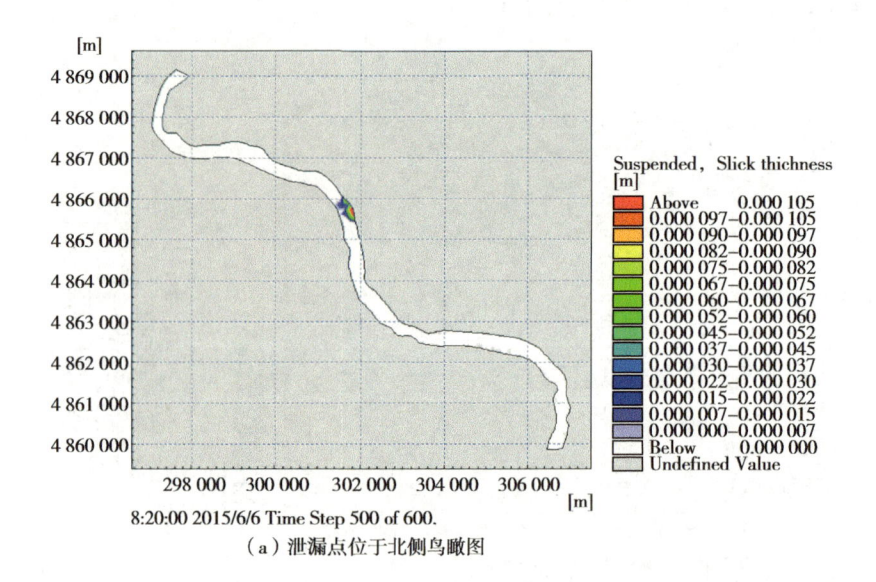

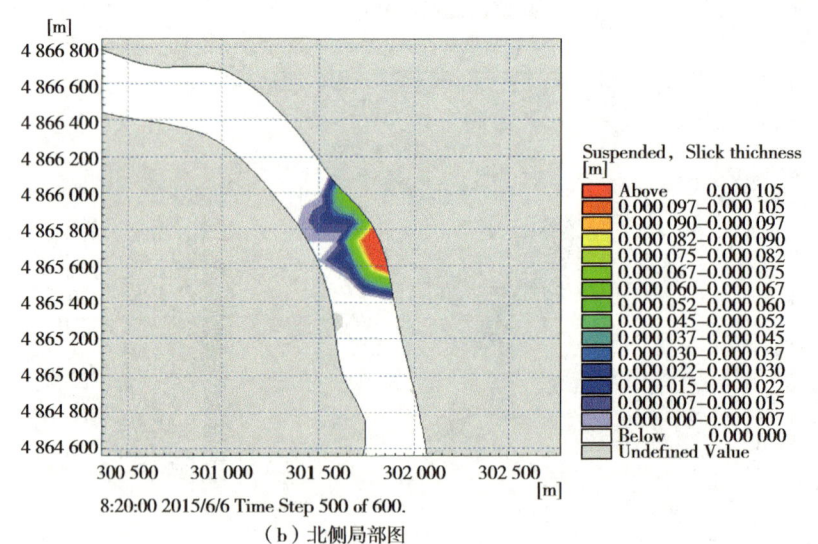

(b) 北侧局部图

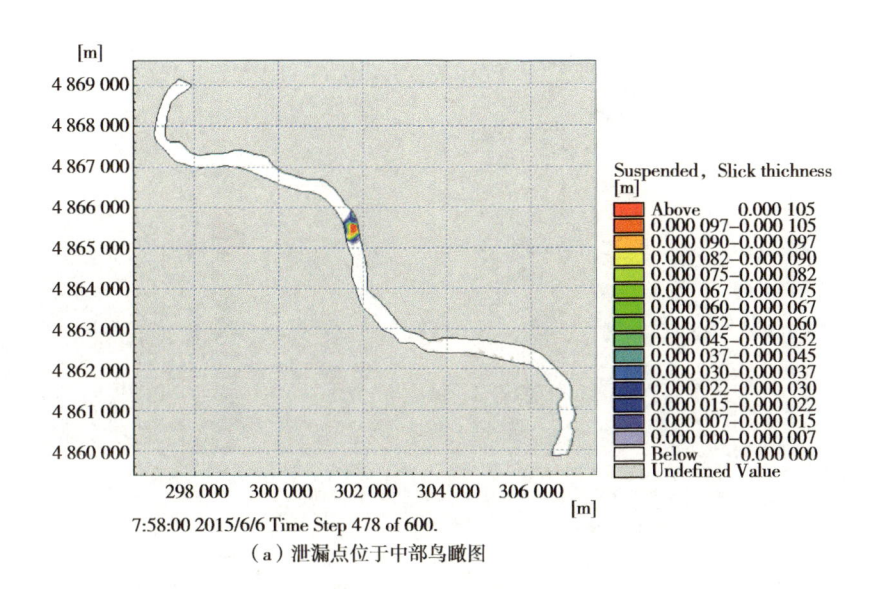

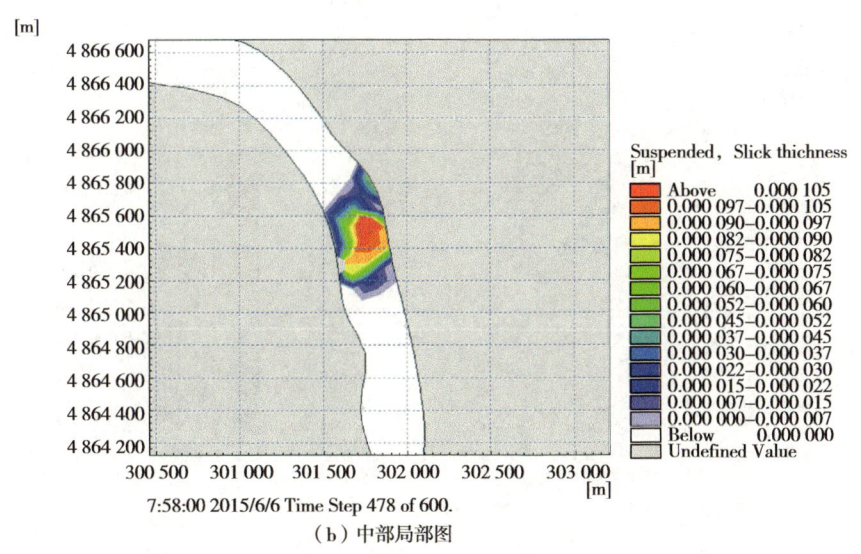

图 4.16　S 江枯水期普通风期溢油模拟（泄漏后 260 min）

（a）泄漏点位于南侧鸟瞰图

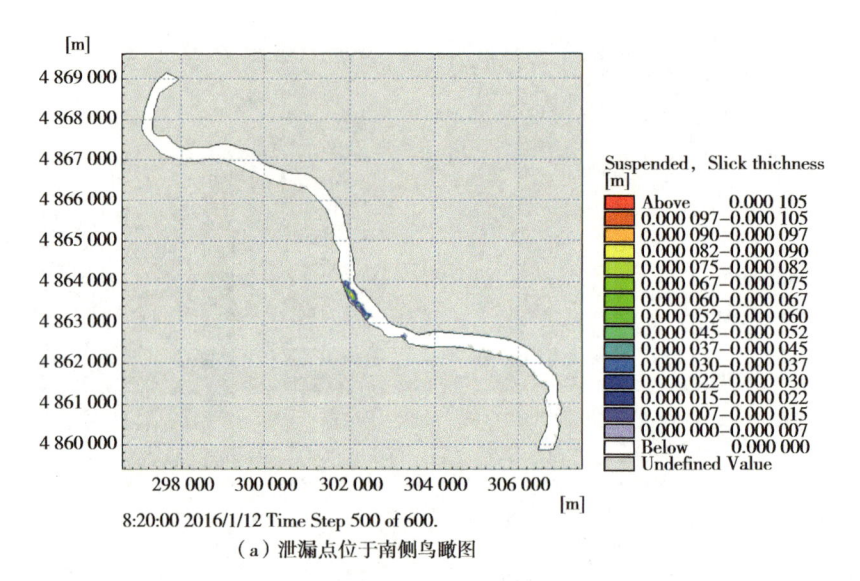

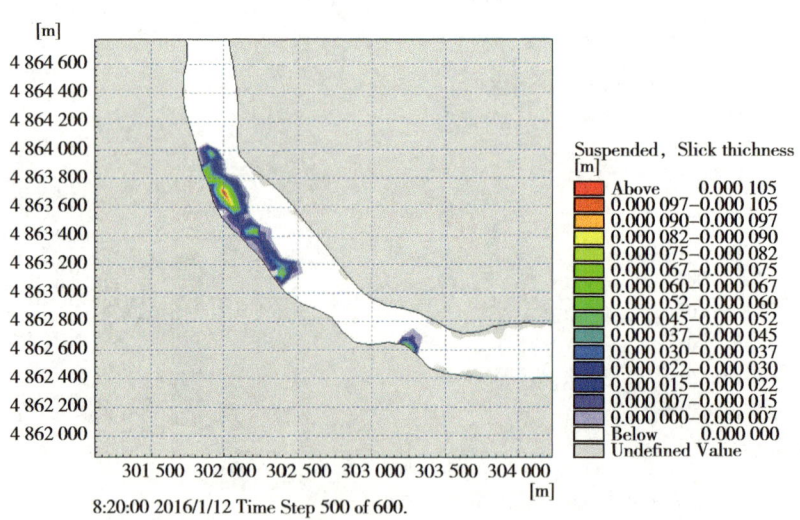

（b）南侧局部图

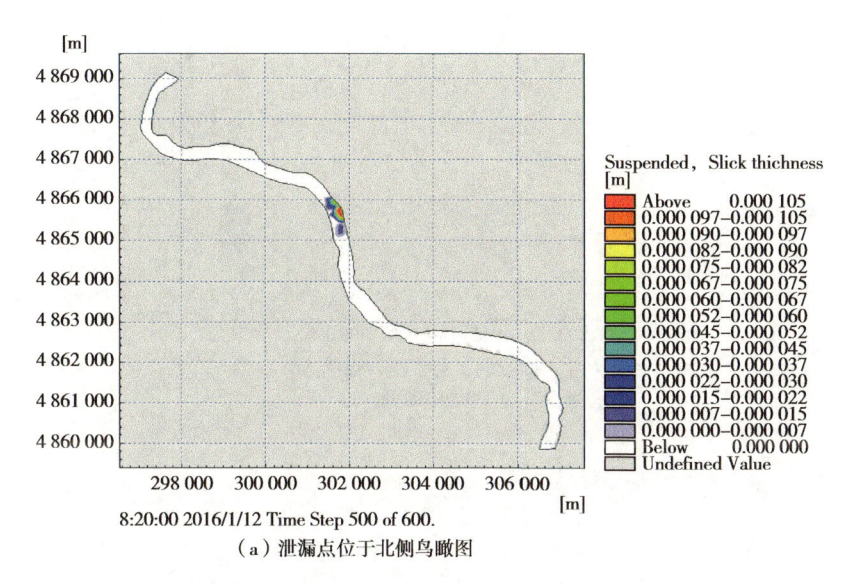

4 炼化企业水体溢油泄漏模拟与扩散规律研究

（a）泄漏点位于北侧鸟瞰图

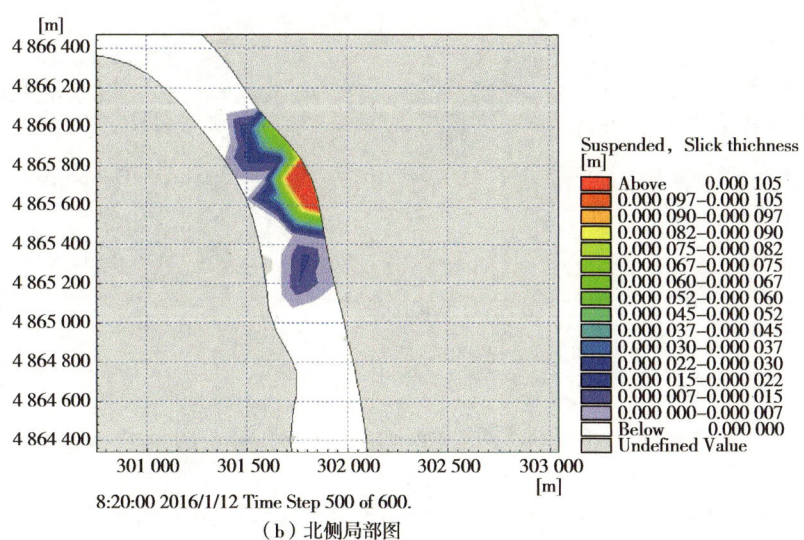

（b）北侧局部图

(a)泄漏点位于中部鸟瞰图

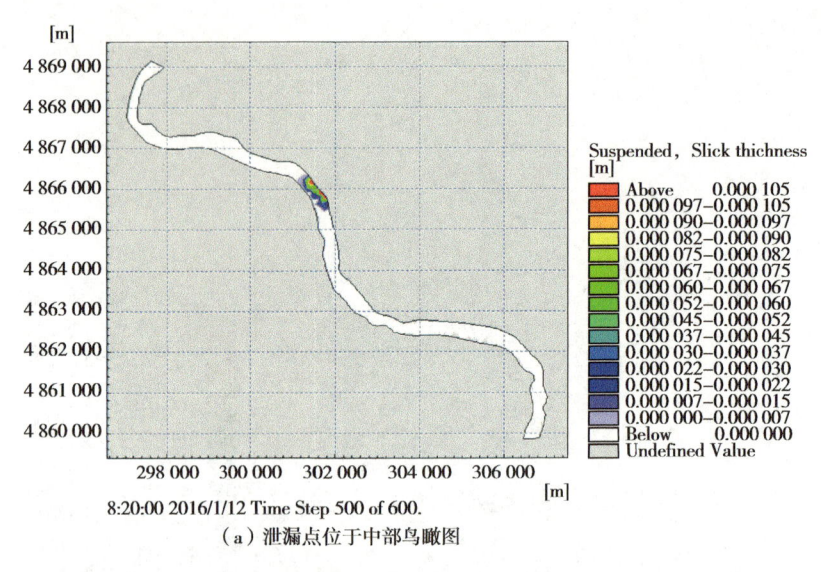

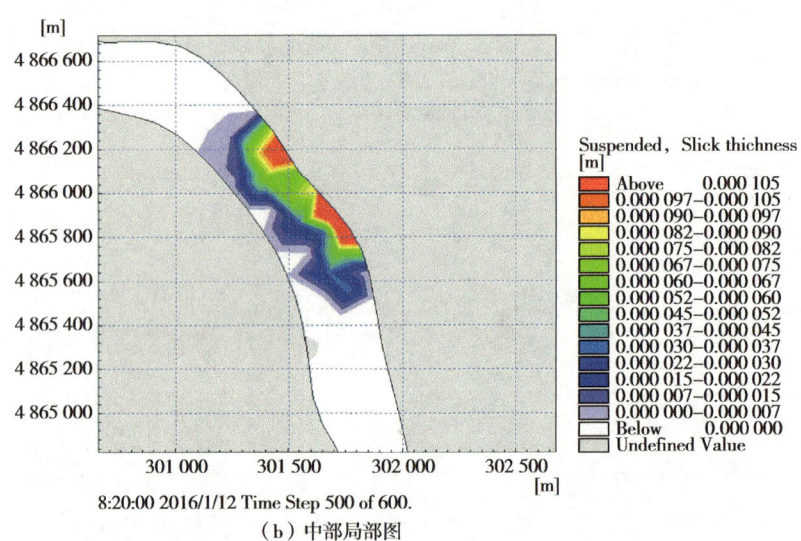

(b)中部局部图

图 4.17　S 江枯水期季风期溢油模拟（泄漏后 260 min）

如图 4.16 和图 4.17 所示，枯水期泄漏点位置对溢油油膜前缘运移位置、油膜控制面积等具有一定影响。其中，泄漏点位于北侧、中部时，发生溢油后油膜前缘运移位置、油膜控制面积较为相似；泄漏点位于南侧时，油膜的运移速度较缓，在水流与岸线的作用下，油膜的厚度较小。

4 炼化企业水体溢油泄漏模拟与扩散规律研究

②丰水期分析

假设泄漏强度为 1 L/s、泄漏时间为 10 min，在丰水期季风期、普通风期情况下，模拟南、北、中三个不同泄漏点发生溢油泄漏 1 h 后，S 江面溢油的扩散形态如图 4.18 和图 4.19 所示。

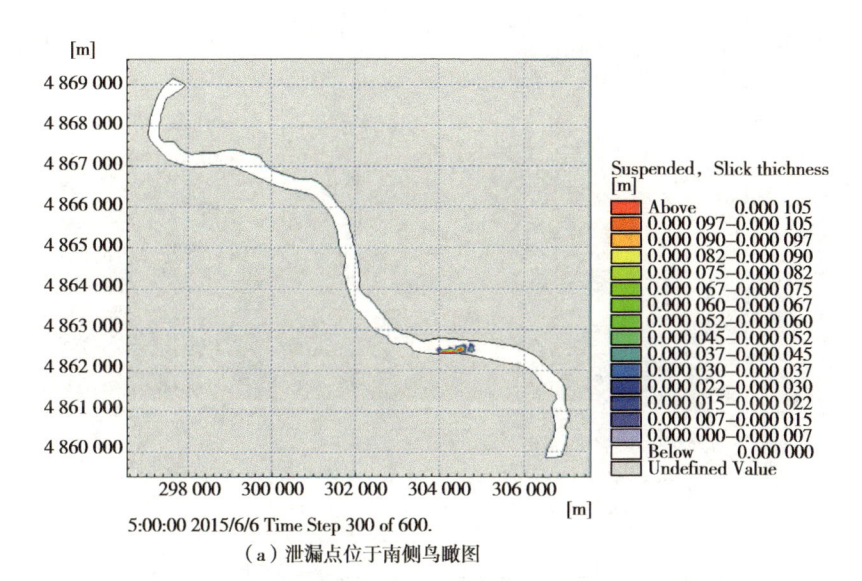

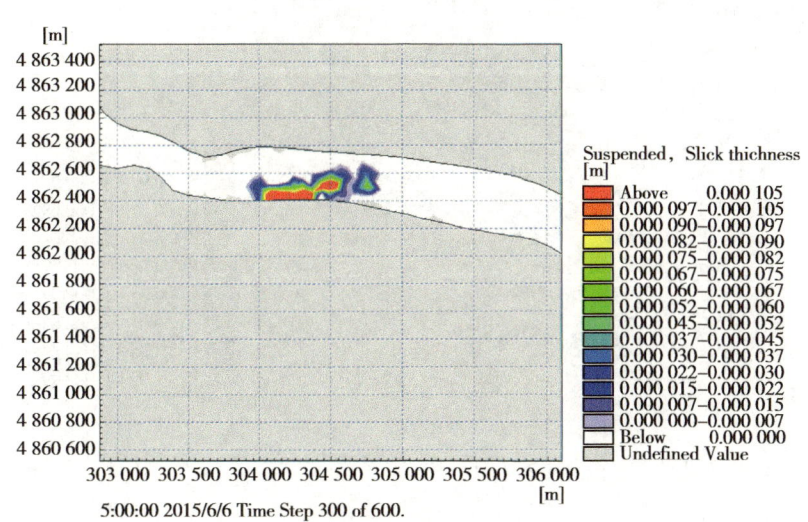

(a) 泄漏点位于南侧鸟瞰图

(b) 南侧局部图

117

(a)泄漏点位于北侧鸟瞰图

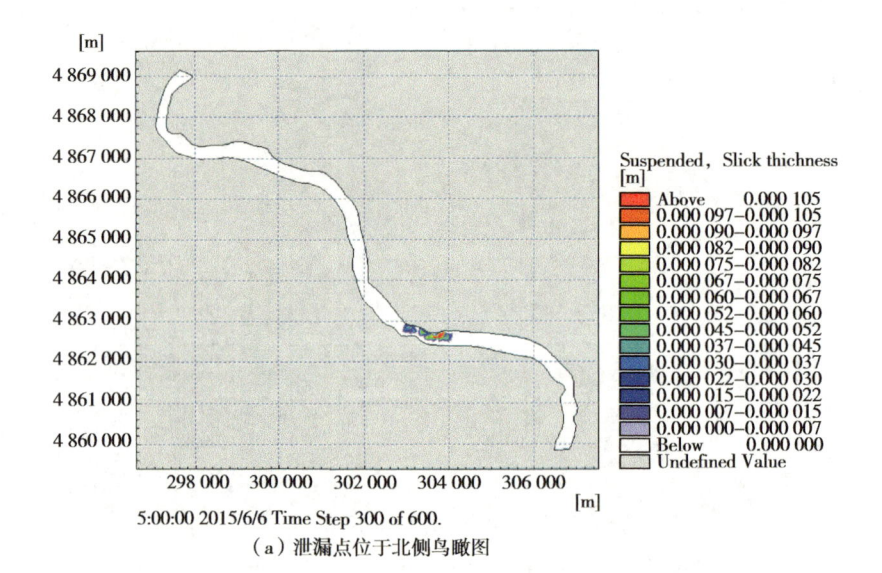

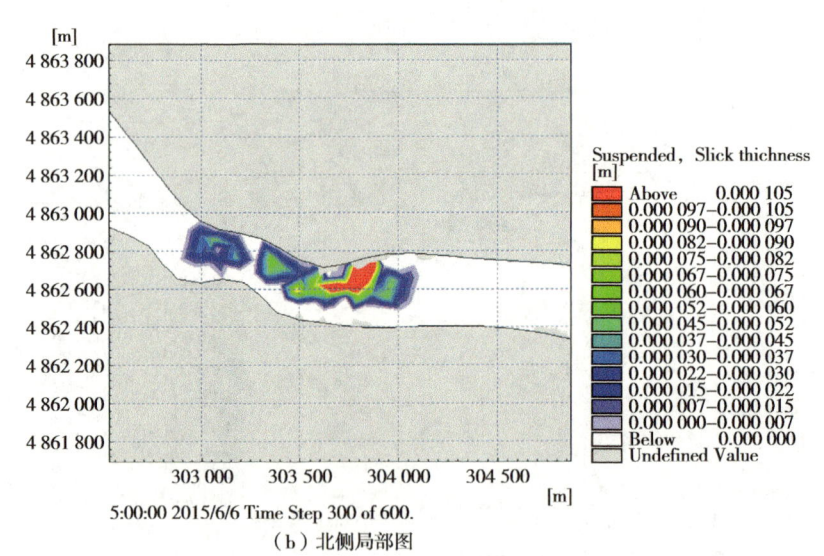

(b)北侧局部图

(a) 泄漏点位于中部鸟瞰图

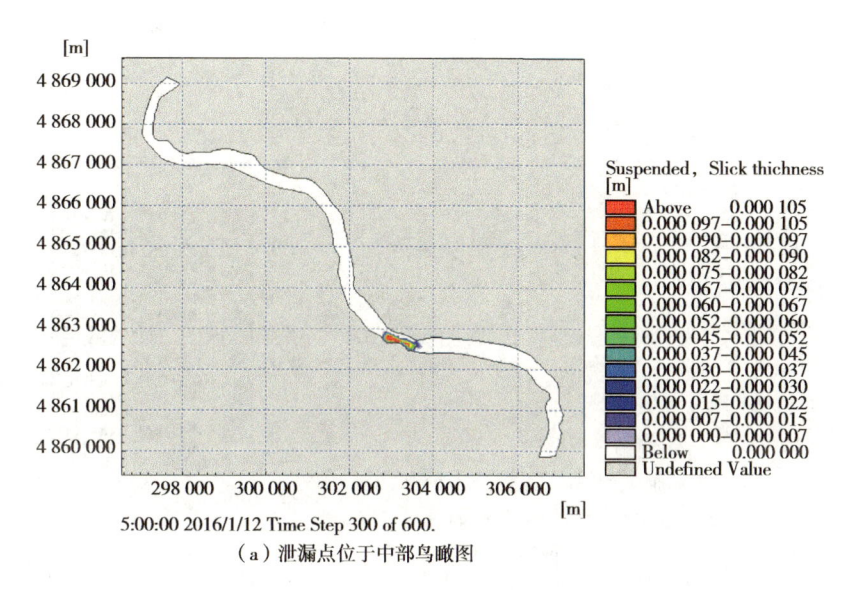

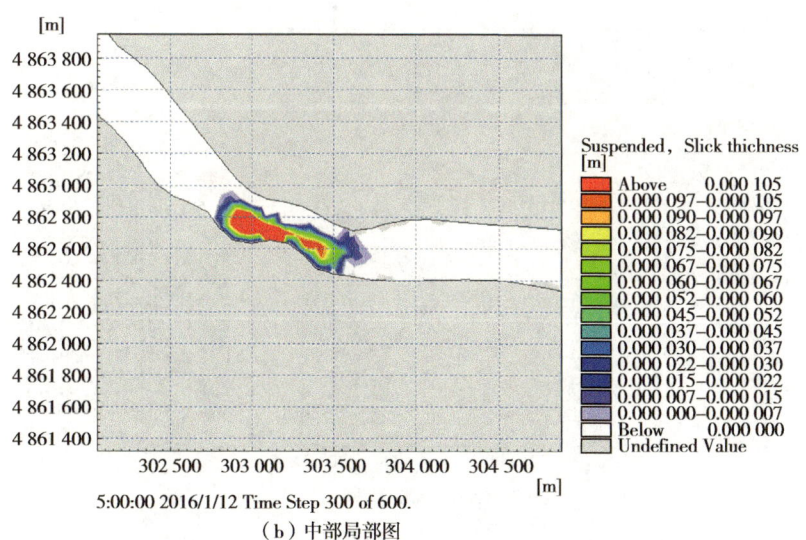

(b) 中部局部图

图 4.18　S 江丰水期普通风期溢油模拟（泄漏后 1h）

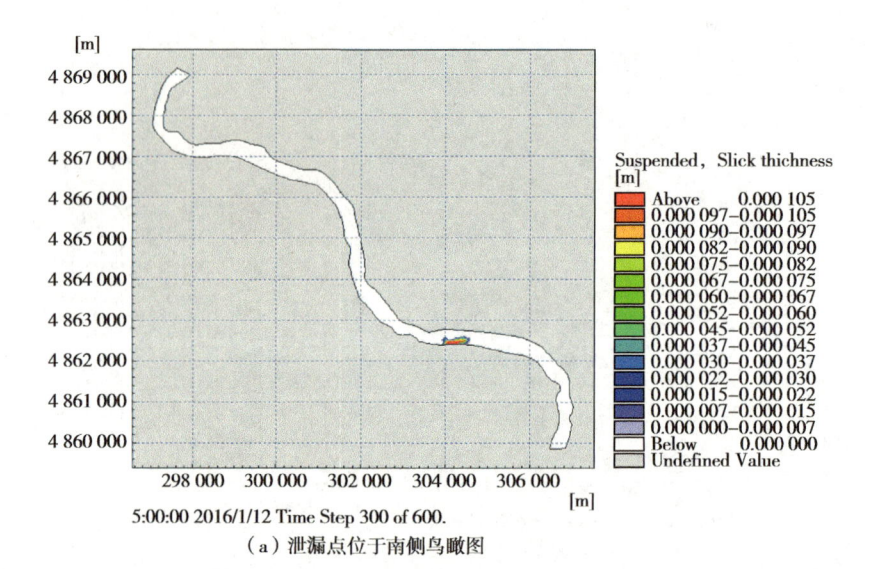

(a)泄漏点位于南侧鸟瞰图

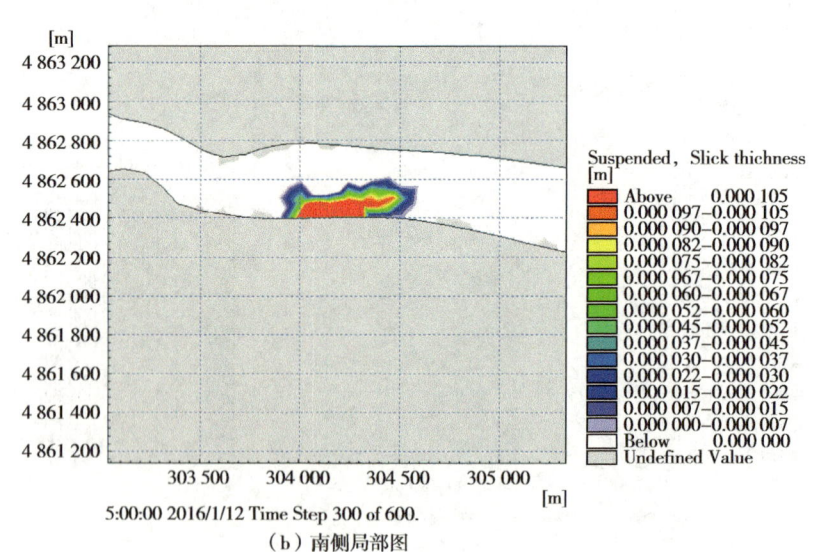

(b)南侧局部图

(a)泄漏点位于北侧鸟瞰图

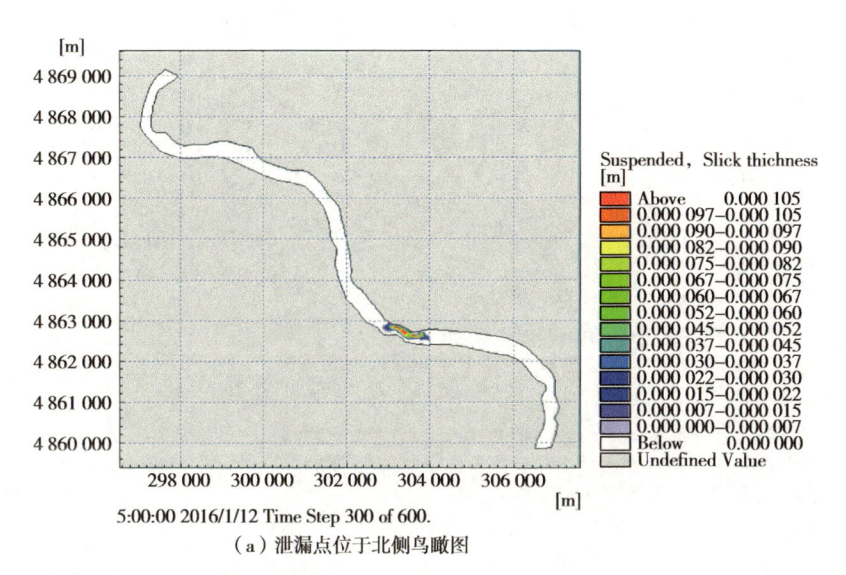

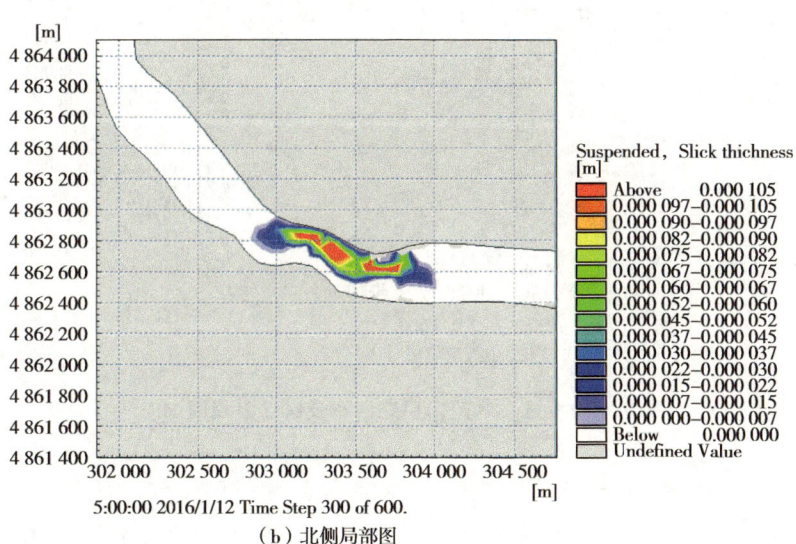

(b)北侧局部图

(a）泄漏点位于中部鸟瞰图

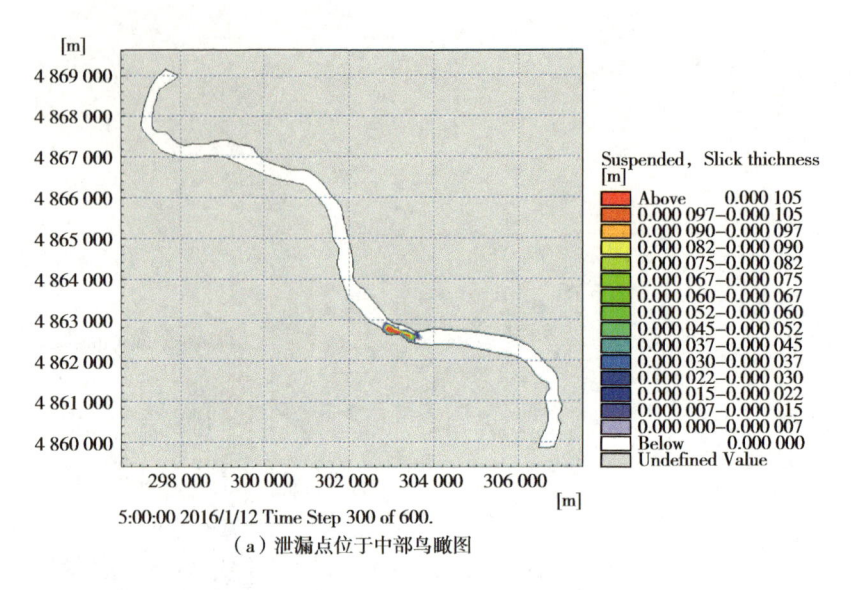

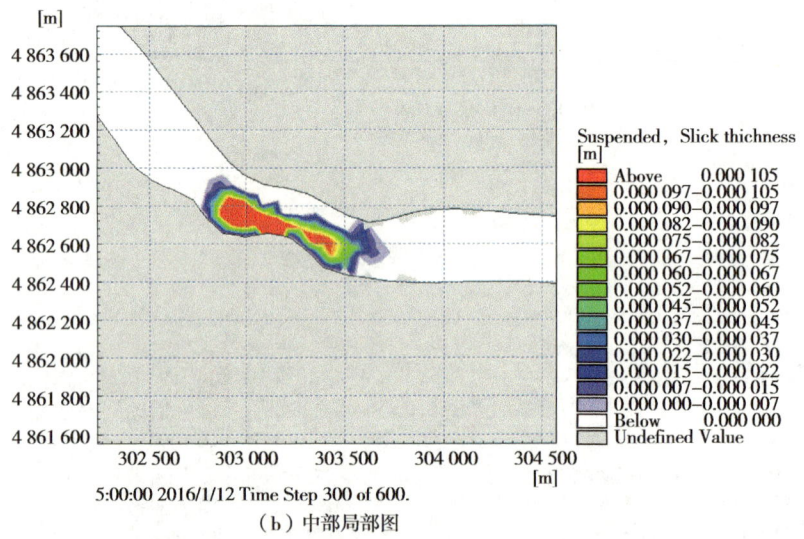

(b）中部局部图

图 4.19　S 江丰水期季风期溢油模拟（泄漏后 1h）

如图 4.18 和图 4.19 所示，丰水季泄漏点位置对溢油油膜前缘运移位置、油膜控制面积等溢油形态具有一定影响。其中，丰水期普通风期时，位于南侧的泄漏点油膜前缘运移的距离低于同样条件下位于中部、北侧泄漏点的油膜前缘运移的距离。

（4）湾处油膜"团"聚集现象分析

对丰水期季风期南侧溢油泄漏油情景进行分时段（1h、2h、3h 和 4h）

模拟，结果如图4.20和图4.21所示。由图可知，在南侧泄漏点发生溢油事故20 min后，油膜呈"带"状沿南侧岸线向下游漂移；在泄漏发生后1h，油膜"带"到达河道弯曲处，部分油膜在风力、水力及岸线阻力三者作用下，形成聚集的油膜"团"；随着时间的逐渐推移，在泄漏发生2h、3h后，河道弯曲处的依然油膜"团"有聚集，但厚度逐渐变小。泄漏后4h，河道弯曲处聚集的油膜"团"消失。

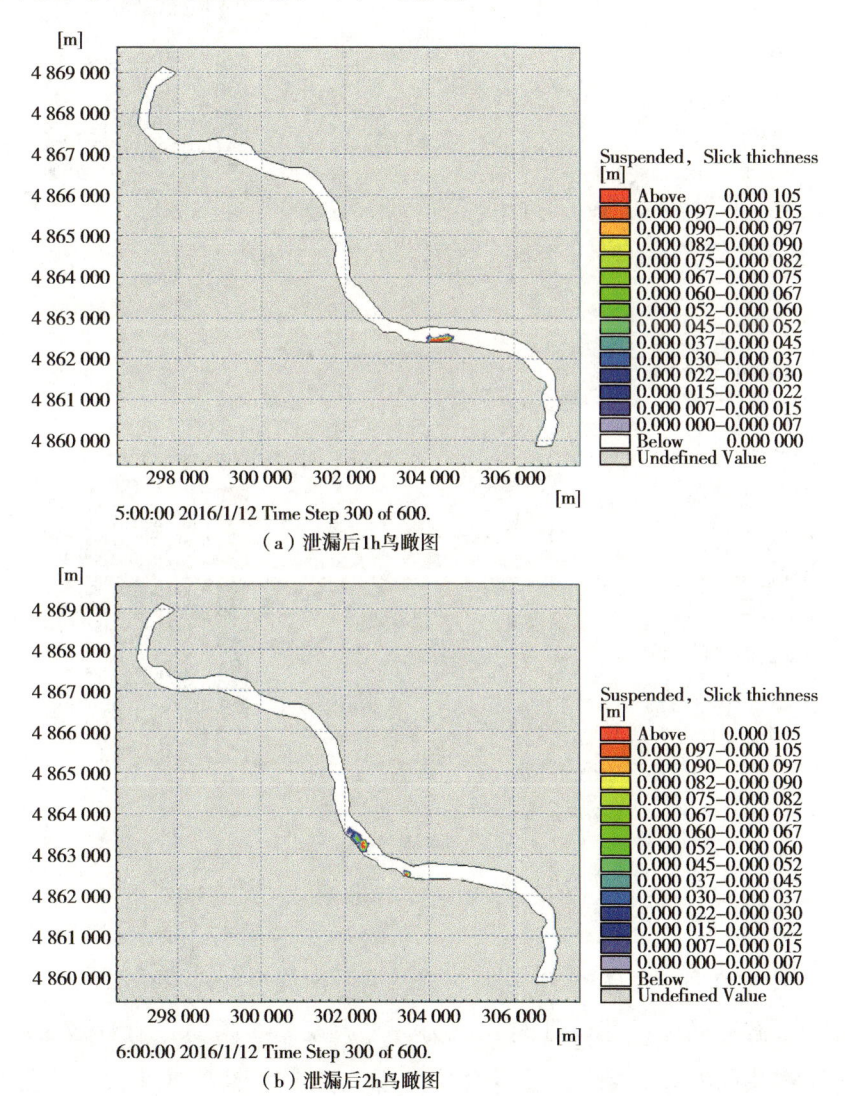

(a) 泄漏后1h鸟瞰图

(b) 泄漏后2h鸟瞰图

(c) 泄漏后3h鸟瞰图

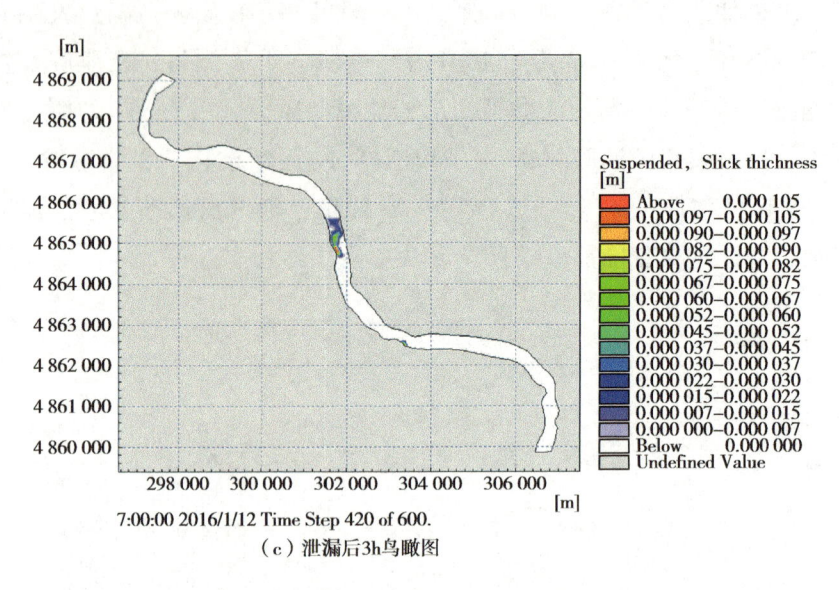

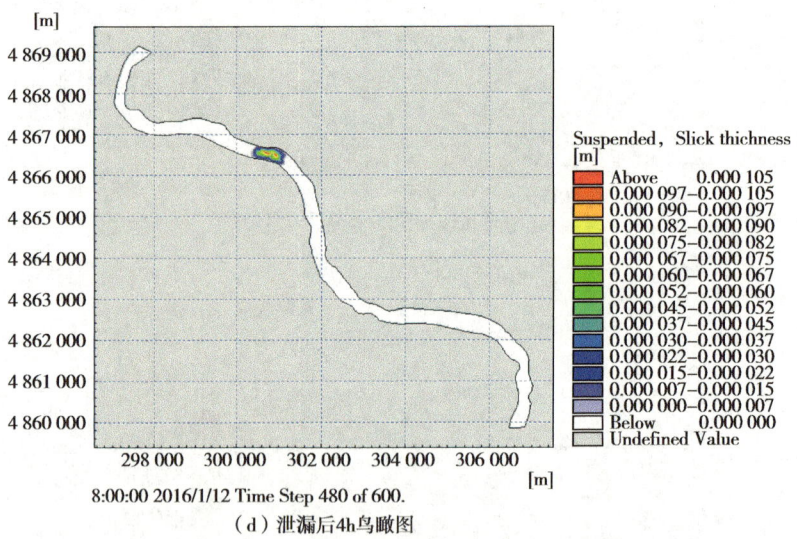

(d) 泄漏后4h鸟瞰图

图 4.20　S 江丰水期季风期南侧泄漏点溢油模拟

如图 4.21 所示，在 S 江丰水期季风期，南侧泄漏点发生溢油时，溢油带在向下游移动经过江湾处时，风力、水力及岸线阻力三者形成了平衡，形成了聚集的油膜"团"。通过对比发现，在丰水期普通风期，溢油带在向下游移动经过江湾处时，未形成明显的油膜"团"，说明湾处油膜"团"是特定条件下形成的一种聚集现象。

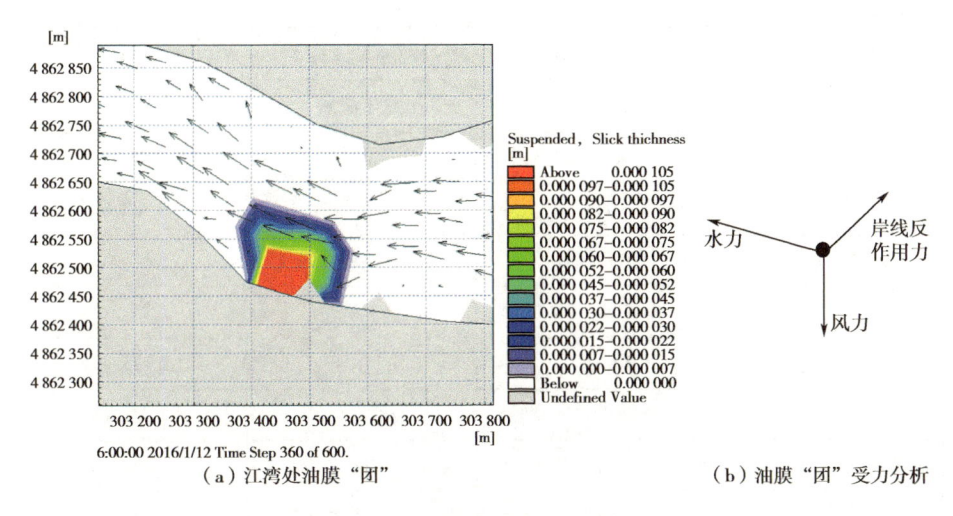

(a) 江湾处油膜"团"　　　　　　　　　　(b) 油膜"团"受力分析

图 4.21　湾处油膜"团"与受力分析

4.5　水体溢油模拟扩散规律研究

在实际溢油应急工作过程中，现场应急指挥人员与决策者最关心的是水面油膜面积、油膜前缘位置随时间的变化关系。本节研究穿江管道以 1 L/s 的泄漏强度向外泄漏，泄漏时间为 10 min，在南、北、中不同泄漏位置，季风期、普通风期，丰水期、枯水期等情况下的水体溢油结果。

4.5.1　油膜面积与前缘模拟数据

随时间的推移，水面油膜的面积、油膜前缘到达固定点的模拟结果如表 4.4 至表 4.11 所示。

表 4.4　丰水期普通风期油膜面积随时间变化情况

泄漏时间（min）	油膜面积（m²）		
^	南岸泄漏	北岸泄漏	中心泄漏
1.00	100.00	100.00	100.00
3.00	200.86	200.60	200.86
5.00	304.00	303.49	406.15

续表

泄漏时间（min）	油膜面积（m²）		
	南岸泄漏	北岸泄漏	中心泄漏
10.00	419.30	524.01	956.17
20.00	1 033.12	1 517.42	1 702.67
30.00	1 138.77	2 332.90	1 376.38
40.00	1 222.15	2 043.37	1 955.15
50.00	1 904.21	1 776.13	2 735.79
60.00	2 170.29	2 006.29	2 921.78
70.00	2 406.77	2 442.55	2 524.28
80.00	2 462.70	2 184.89	2 441.40
90.00	2 462.70	1 994.52	2 489.42
100.00	2 114.47	1 891.53	2 670.74
150.00	2 573.32	3 242.53	2 602.80
200.00	2 837.91	2 071.52	2 396.49
250.00	3 515.46	2 078.77	2 851.12
300.00	3 314.96	2 772.03	3 095.75

表4.5 丰水期季风期油膜面积随时间变化情况

泄漏时间（min）	油膜面积（m²）		
	南岸泄漏	北岸泄漏	中心泄漏
1.00	100.00	100.00	100.00
3.00	200.86	200.60	200.86
5.00	202.62	303.51	406.18
10.00	418.46	524.25	956.78
20.00	1 161.44	1 414.40	1 592.88
30.00	1 012.99	1 420.69	1 773.58
40.00	1 405.17	1 531.70	2 150.92
50.00	2 313.81	2 160.88	2 567.16

续表

泄漏时间（min）	油膜面积（m²）		
	南岸泄漏	北岸泄漏	中心泄漏
60.00	2 448.58	2 789.38	2 615.75
70.00	2 242.55	2 967.77	2 528.83
80.00	2 944.37	2 718.92	2 122.28
90.00	3 414.07	2 240.82	1 952.55
100.00	2 330.70	2 224.45	2 537.44
150.00	2 872.18	2 744.92	3 041.80
200.00	2 526.18	2 274.82	3 709.21
250.00	3 751.80	2 315.53	3 194.23
300.00	3 110.49	3 659.44	3 537.59

表4.6 枯水期普通风期油膜面积随时间变化情况

泄漏时间（min）	油膜面积（m²）		
	南岸泄漏	北岸泄漏	中心泄漏
1.00	100.00	100.00	100.00
3.00	100.40	200.60	200.86
5.00	202.53	201.75	304.02
10.00	210.66	522.19	740.49
20.00	219.40	1 037.95	1 373.85
30.00	257.71	1 537.26	1 154.78
40.00	258.63	1 427.02	1 078.75
50.00	945.79	1 518.44	1 699.63
60.00	950.54	1 149.24	2 119.10
70.00	694.82	1 454.52	2 660.16
80.00	873.54	1 943.94	2 640.43
90.00	1 521.21	1 771.21	2 498.91

续表

泄漏时间（min）	油膜面积（m²）		
	南岸泄漏	北岸泄漏	中心泄漏
100.00	1 564.43	1 445.57	2 102.76
150.00	2 227.55	987.09	2 497.74
200.00	2 476.44	1 632.29	2 560.19
250.00	2 471.09	1 573.88	2 236.15
300.00	3 463.99	1 296.00	2 315.22

表 4.7 枯水期季风期油膜面积随时间变化情况

泄漏时间（min）	油膜面积（m²）		
	南岸泄漏	北岸泄漏	中心泄漏
1.00	100.00	100.00	100.00
3.00	100.40	200.60	200.86
5.00	202.54	201.75	304.03
10.00	210.77	522.48	751.46
20.00	219.79	1 040.95	1 371.24
30.00	259.61	1 334.03	1 302.14
40.00	254.97	1 575.99	1 534.87
50.00	619.98	1 392.71	1 699.36
60.00	766.51	1 116.94	2 415.35
70.00	620.99	1 341.11	2 754.14
80.00	882.71	1 789.59	3 064.13
90.00	1 471.46	2 202.01	2 604.56
100.00	1 624.41	1 853.50	2 365.53
150.00	2 639.52	1 799.39	2 542.07
200.00	3 161.05	2 586.24	3 272.55
250.00	3 133.42	1 886.29	3 107.61
300.00	3 831.35	1 756.32	2 349.30

表 4.8 丰水期普通风期油膜前缘运移情况

距离（km）	油膜前缘到达时间（min）		
	北岸泄漏	南岸泄漏	中心泄漏
0.00	0.00	0.00	0.00
2.69	11.00	19.00	5.00
9.97	41.00	62.00	38.00
10.64	63.00	85.00	58.00
14.31	105.00	121.00	105.00
19.69	158.00	186.00	165.00

表 4.9 丰水期季风期油膜前缘运移情况

距离（km）	油膜前缘到达时间（min）		
	北岸泄漏	南岸泄漏	中心泄漏
0.00	0.00	0.00	0.00
2.69	9.00	20.00	8.00
9.97	41.00	60.00	37.00
10.64	62.00	83.00	56.00
14.31	102.00	130.00	106.00
19.69	160.00	194.00	169.00

表 4.10 枯水期普通风期油膜前缘运移情况

距离（km）	油膜前缘到达时间（min）		
	北岸泄漏	南岸泄漏	中心泄漏
0.00	0.00	0.00	0.00
2.69	10.00	85.00	7.00
9.97	63.00	141.00	52.00
10.64	96.00	176.00	79.00
14.31	164.00	252.00	145.00
19.69	261.00	358.00	243.00

表 4.11　丰水期季风期油膜前缘运移情况

距离（km）	油膜前缘到达时间（min）		
	北岸泄漏	南岸泄漏	中心泄漏
0.00	0.00	0.00	0.00
2.69	11.00	87.00	7.00
9.97	66.00	147.00	51.00
10.64	96.00	180.00	78.00
14.31	166.00	254.00	145.00
19.69	256.00	361.00	242.00

4.5.2　油膜面积变化规律分析

（1）丰水期油膜面积变化规律

以"丰水期普通风期南岸泄漏"油膜随时间变化数据为因变量，对丰水期油膜面积随时间变化数据进行相关性分析（见表4.12）。

表 4.12　油膜面积随时间变化数据相关性分析

序号	溢油情景	相关性	平均值差别	差异性
1	丰水期普通风期北岸泄漏	0.8274	-2.31%	显著
2	丰水期普通风期中心泄漏	0.9197	10.75%	不显著
3	丰水期季风期南岸泄漏	0.9684	7.54%	不显著
4	丰水期季风期北岸泄漏	0.9202	4.68%	不显著
5	丰水期季风期中心泄漏	0.9269	15.93%	不显著

如表4.12所示，以相关性0.85、平均值差别±20%为判别界限，"丰水期普通风期南岸泄漏"与"丰水期普通风期中心泄漏""丰水期季风期南岸泄漏""丰水期季风期北岸泄漏""丰水期季风期中心泄漏"四种情形下的油膜面积随时间变化数据相关性较强。对以上数据进行回归分析，结果见图4.22。

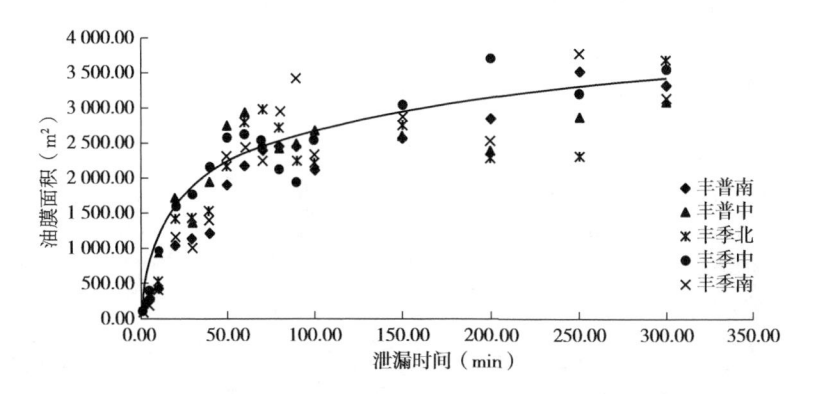

4 炼化企业水体溢油泄漏模拟与扩散规律研究

图 4.22 丰水期溢油多组数据回归分析

应用对数回归模拟对丰水期溢油多组数据进行回归分析，得到溢油泄漏时间与油膜面积的函数关系式：

$$S = 636.549\ln(t) - 422.018 \quad (4.6)$$

式中，S 为油膜面积（m^2），t 为溢油泄漏时间（min）。

由上述分析可知，"丰水期普通风期北岸泄漏"数据与其他丰水期数据相关性较差，其溢油泄漏时间与油膜面积的函数关系式为：

$$S = 509.298\ln(t) - 134.298 \quad (4.7)$$

（2）枯水期油膜面积变化规律

以"枯水期季风期南岸泄漏"油膜随时间变化数据为因变量，对枯水期油膜面积随时间变化数据进行相关性分析（见表 4.13）。

表 4.13 油膜面积随时间变化数据相关性分析

序号	溢油情景	相关性	平均值差别	差异性
1	枯水期季风期北岸泄漏	0.707 9	12.94%	显著
2	枯水期季风期中心泄漏	0.690 4	57.91%	显著
3	枯水期普通风期南岸泄漏	0.991 0	−8.76%	不显著
4	枯水期普通风期北岸泄漏	0.418 6	−1.50%	显著
5	枯水期普通风期中心泄漏	0.660 0	40.72%	显著

如表 4.13 所示，以相关性 0.85、平均值差别 ±20% 为判别界限，"枯水季风期南岸泄漏"与"枯水普通风期南岸泄漏"油膜随时间变化数据相

131

关性较强。对以上数据进行回归分析,结果见图4.23。

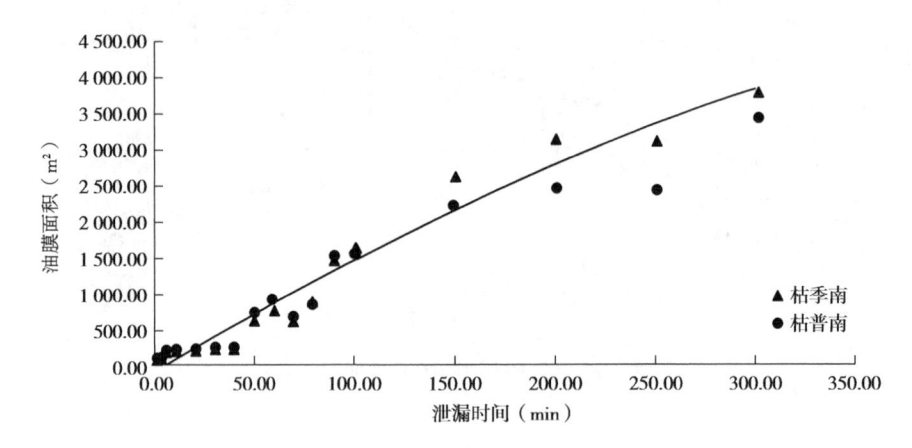

图4.23 枯水期溢油多组数据回归分析

应用二元函数对"枯水季风期南岸泄漏"数据进行回归分析,得到溢油泄漏时间与油膜面积的函数关系式:

$$S = -0.013\,1t^2 + 17.217t - 100.14 \tag{4.8}$$

式中,S 为油膜面积(m^2),t 为溢油泄漏时间(min)。

同样,参照上述方法对"枯水期季风期北岸泄漏""枯水期季风期中心泄漏""枯水期普通风期北岸泄漏""枯水期普通风期中心泄漏"四种泄漏情形进行分析,拟合得到"枯水期季风期与普通风期北岸泄漏"溢油泄漏时间与油膜面积的函数关系式:

$$S = 412.98\ln(t) - 179.93 \tag{4.9}$$

拟合得到"枯水季风期与普通风期中心泄漏"溢油泄漏时间与油膜面积的函数关系式:

$$S = 606.63\ln(t) - 358.7 \tag{4.10}$$

4.5.3 溢油前缘变化规律分析

(1)丰水期溢油前缘变化规律

以"丰水期普通风期南岸泄漏"溢油前缘随时间变化数据为因变量,对丰水期溢油前缘随时间变化数据进行相关性分析(见表4.14)。

4 炼化企业水体溢油泄漏模拟与扩散规律研究

表 4.14 溢油前缘随时间变化数据相关性分析

序号	溢油情景	相关性	平均值差别	差异性
1	丰水期普通风期北岸泄漏	0.995 9	25.13%	显著
2	丰水期普通风期中心泄漏	0.998 8	−1.85%	不显著
3	丰水期季风期南岸泄漏	0.999 6	−1.06%	不显著
4	丰水期季风期北岸泄漏	0.998 7	28.84%	显著
5	丰水期季风期中心泄漏	0.997 7	−0.53%	不显著

如表4.14所示，以相关性0.85、平均值差别±20%为判别界限，"丰水期普通风期南岸泄漏"与"丰水期普通风期中心泄漏""丰水期季风期南岸泄漏""丰水期季风期中心泄漏"三种情形下的溢油前缘变化数据相关性较强。对以上数据进行回归分析，结果见图4.24。

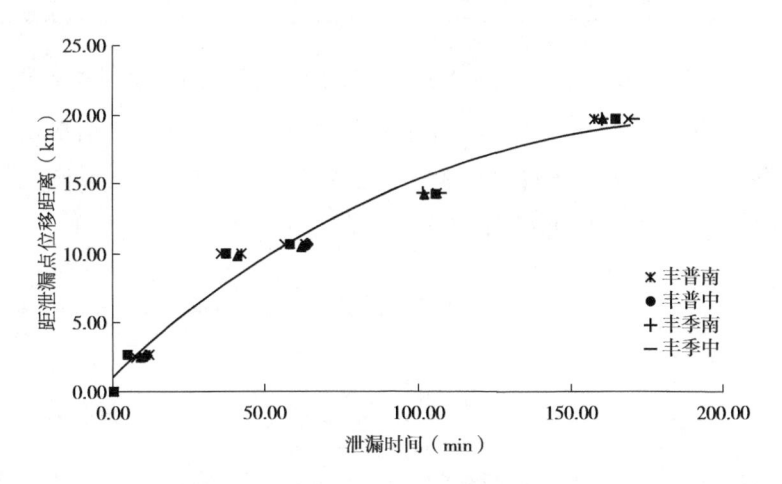

图 4.24 丰水期溢油前缘多组数据回归分析

应用两元多项式对多组数据进行回归分析，得到溢油前缘位置与泄漏时间的函数关系式：

$$D = -0.000\ 5t^2 + 0.197\ 7t + 1.156\ 2 \tag{4.11}$$

式中，D 为油膜前缘距离泄漏点位移距离（km）。

由上述分析可知，"丰水期普通风期北岸泄漏""丰水期季风期北岸泄漏"数据与其他丰水期数据相关性较差，其溢油前缘位置与时间的函数关系式为：

133

$$D = -0.000\,3t^2 + 0.152\,7t + 0.194\,3 \tag{4.12}$$

式中，D 为油膜前缘距离泄漏点位移距离（km）。

(2) 枯水期溢油前缘变化规律

以"枯水期普通风期南岸泄漏"溢油前缘随时间变化数据为因变量，对枯水期溢油前缘随时间变化数据进行相关性分析（见表4.15）。

表 4.15 溢油前缘随时间变化数据相关性分析

序号	溢油情景	相关性	平均值差别	差异性
1	枯水期普通风期北岸泄漏	0.978 5	72.94%	显著
2	枯水期普通风期中心泄漏	0.997 8	−12.10%	不显著
3	枯水期季风期南岸泄漏	0.999 8	−0.17%	不显著
4	枯水期季风期北岸泄漏	0.980 5	70.08%	显著
5	枯水期季风期中心泄漏	0.997 9	−11.60%	不显著

如表4.15所示，以相关性0.85、平均值差别±20%为判别界限，"枯水期普通风期南岸泄漏"与"枯水期普通风期中心泄漏""枯水期季风期南岸泄漏""枯水期季风期中心泄漏"三种情景下的溢油前缘变化数据相关性较强。对以上数据进行回归分析，结果见图4.25。

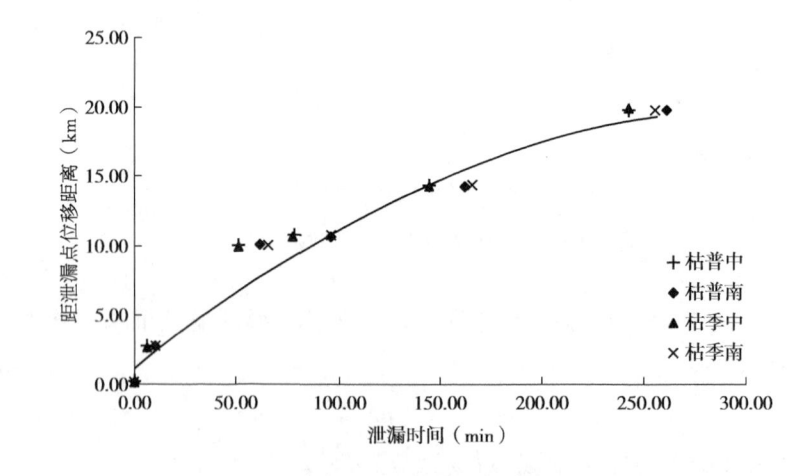

图 4.25 枯水期溢油前缘多组数据回归分析

应用两元多项式对多组数据进行回归分析，得到溢油前缘位置与泄漏时间的函数关系式：

$$D = -0.000\ 509t^2 + 0.194\ 234t + 1.041\ 248 \quad (4.13)$$

式中，D 为油膜前缘距离泄漏点位移距离（km）。

由上述分析可知，"枯水期普通风期北岸泄漏"、"枯水期季风期北岸泄漏"数据与其他数据相关性较差，其溢油前缘位置与时间的函数关系式为：

$$D = -0.000\ 0257t^2 + 0.660\ 231t - 0.678\ 2833 \quad (4.14)$$

式中，D 为油膜前缘距离泄漏点位移距离（km）。

4.5.4 水体溢油模拟扩散计算模型

对前文12种情景模式对应的水体溢油模拟扩散计算模型进行整理，结果如表4.16所示。考虑安全余量 α 为 1.2~1.5，在 S 江水体溢油应急工作中，油膜面积、前缘位置预测计算公式为：

$$S_P = 1.2 \times S \quad (4.15)$$

$$D_P = 1.2 \times D \quad (4.16)$$

式中，S_P 为考虑了安全余量的油膜面积预测值（m²）；D_P 为考虑了安全余量的溢油前缘位置预测值（km）。

表4.16 溢油前缘随时间变化数据相关性分析

序号	溢油情景	油膜面积预测公式	精度	前缘预测公式	精度
1	丰水期普通风期南岸泄漏	$S = 636.549\ln(t) - 422.018$	0.920 5	$D = -0.000\ 5t^2 + 0.197\ 7t + 1.156\ 2$	0.963 5
2	丰水期普通风期北岸泄漏	$S = 509.298\ln(t) - 134.298$	0.795 5	$D = -0.000\ 3t^2 + 0.152\ 7t + 0.194\ 3$	0.984 4
3	丰水期普通风期中心泄漏	$S = 636.549\ln(t) - 422.018$	0.920 5	$D = -0.000\ 5t^2 + 0.197\ 7t + 1.156\ 2$	0.963 5
4	丰水期季风期南岸泄漏	$S = 636.549\ln(t) - 422.018$	0.920 5	$D = -0.000\ 5t^2 + 0.197\ 7t + 1.156\ 2$	0.963 5
5	丰水期季风期北岸泄漏	$S = 636.549\ln(t) - 422.018$	0.920 5	$D = -0.000\ 3t^2 + 0.152\ 7t + 0.194\ 3$	0.984 4
6	丰水期季风期中心泄漏	$S = 636.549\ln(t) - 422.018$	0.920 5	$D = -0.000\ 5t^2 + 0.197\ 7t + 1.156\ 2$	0.963 5

续表

序号	溢油情景	油膜面积预测公式	精度	前缘预测公式	精度
7	枯水期普通风期南岸泄漏	$S = -0.013\ 1t^2 + 17.217t - 100.14$	0.956 8	$D = -0.000\ 509\ t^2 + 0.194\ 234t + 1.041\ 248$	0.974 5
8	枯水期普通风期北岸泄漏	$S = 412.98\ln(t) - 179.93$	0.836 1	$D = -0.000\ 025\ 7\ t^2 + 0.066\ 023\ 1t - 0.678\ 283\ 3$	0.971 4
9	枯水期普通风期中心泄漏	$S = 606.63\ln(t) - 358.7$	0.836 1	$D = -0.000\ 509\ t^2 + 0.194\ 234t + 1.041\ 248$	0.974 5
10	枯水期季风期南岸泄漏	$S = -0.013\ 1t^2 + 17.217t - 100.14$	0.956 8	$D = -0.000\ 509\ t^2 + 0.194\ 234t + 1.041\ 248$	0.974 5
11	枯水期季风期北岸泄漏	$S = 412.98\ln(t) - 179.93$	0.836 1	$D = -0.000\ 025\ 7\ t^2 + 0.066\ 023\ 1t - 0.678\ 283\ 3$	0.971 4
12	枯水期季风期中心泄漏	$S = 606.63\ln(t) - 358.7$	0.836 1	$D = -0.000\ 509\ t^2 + 0.194\ 234t + 1.041\ 248$	0.974 5

4.6 本章小结

本章以S江J市区河段为例，开展了某炼化企业穿江管道泄漏原油漂移扩散规律及应急救援时机研究，并建立了河段水动力模型，对该河段处原油泄漏漂移扩散规律进行了分析。

第一，利用MIKE 21 FM模型中的水动力模块建立了可以表征某河段的水动力模型，并通过获取的实时数据对水动力模型进行了率定与验证，验证了该模型的可用性和稳定性。

第二，设计了12种不同的原油泄漏情形，利用MIKE 21 FM模型中的oil spill模块对原油在不同泄漏情形下的漂移扩散情况进行了模拟，分析其在不同水期、不同风期、停输时间、不同泄漏位置的漂移扩散规律。研究得出以下结果：

风期、水期敏感性分析：S江发生溢油时油膜前缘位置、油膜面积等受风力影响较弱；油膜前缘位置受水流速影响较大，丰水期水流速较快，导致油膜运移较快。

泄漏时间敏感性分析：在丰水期、泄漏强度为 1 L/s，发生泄漏后 1 h，在 5 min、10 min 的泄漏持续时间下的假设条件下，根据 S 江的溢油扩散形态分析可知，泄漏时间的长短对 S 江溢油扩散形态影响微乎其微。在 S 江丰水期的季风期、普通风期发生溢油 1h 后，10 min、5 min 的泄漏时间下的溢油油膜前缘位置几乎一致，前者油膜控制面积略大于后者。

泄漏位置敏感性分析：泄漏位置对于枯水期的不同风期不敏感。泄漏点位于北侧、中部时，发生溢油后油膜前缘运移位置、油膜控制面积较为相似；泄漏点位于南侧时，油膜的运移速度较缓，在水流与岸线的作用下，油膜的厚度较小；在丰水期普通风期，位于南侧的泄漏点油膜前缘运移的距离短于同样条件下位于中间、北侧泄漏点的油膜前缘运移的距离；在丰水期季风期，南侧泄漏点发生溢油时，溢油带在向下游移动经过江湾处时，风力、水力及岸线阻力三者形成了平衡，形成了聚集的油膜"团"。通过对比发现，在丰水期普通风期，溢油带在向下游移动经过江湾处时，未形成明显的油膜"团"，说明湾处油膜"团"是特定条件下形成的一种聚集现象。

第三，对不同泄漏情景原油不同的漂移扩散规律进行了定量分析，针对穿江管道以 1 L/s 的泄漏强度向外泄漏，泄漏时间为 10 min，在南、北、中不同泄漏位置，季风期、普通风期，丰水期、枯水期等情况下的水体溢油结果，对 12 种情景模式对应的水体溢油模拟扩散计算模型进行整理，得到了不同泄漏情景模式下的水体溢油油膜面积预测公式、前缘预测公式。

参考文献

[1] TAN Q. Dynamic accident modeling for high – sulfurnatural gas gathering station [J]. Process safety & environmental protection, 2013, 92 (6): 565-576.

[2] QURESHI H. A review of accident modelling approaches for complex critical sociotechnical systems, vol. 86. Conferences in Research and Practice in Informationtechnology, University of South Australia, Adelaide, 2008, 72:

123-130.

[3] KATSAKIORI P, SAKELLAROPOULOS G, MANATAKIS E. Towardsan evaluation of acc－ident investigation methods in terms oftheir alignment with accident causation models [J]. Safty science, 2009, 47 (7): 1007-1015.

[4] 黄孔星, 陈国华, 曾涛, 等. 化工园区 Na-Tech 事件定量风险评价与防控体系评述 [J]. 化工进展, 2019, 38 (7): 3482-3494.

[5] 何亚伯, 汪洋, 李祎琛, 等. 基于改进 DEA 交叉效率模型的洪水灾害区域脆弱性评价 [J]. 中国安全生产科学技术, 2016, 12 (5): 86-90.

[6] CRUZ A M, SUAREZ-PABA M C. Advances in natech research: an overview [J]. Progress in disaster science, 2019, 1: 100013.

[7] GIRGIN S, KRAUSMANN E. Historical analysis of U.S. onshore hazardous liquid pipelineaccidents triggered by natural hazards [J]. Journal of loss prevention in the process industries, 2016, 40: 578-590.

[8] LINDELL M K, PERRY R W. Hazardous materials releases in the northridge earthquake: implications for seismic risk assessment [J]. Risk analysis, 1997, 17: 147-156.

[9] CLERC A, LE CLAIRE G. The environmental impacts of natural and technological (Natech) disasters [R]. Yokohama, Japan, 1994.

[10] FENDLER R. Floods and safety of establishments and installations containing hazardoussubstances [J]. Natural hazards, 2008, 46: 257-263.

[11] HAJJ C E, PIATYSZEK E, TARDY A, et al. Development of generic bow-tie diagramsof accidental scenarios triggered by flooding of industrial facilities (Natech) [J]. Journal of loss prevention in the process industries, 2015, 36: 72-83

[12] ALESSIO M, VALERIA C M, NOOR Q, et al. Lessons learnt from the impactof hurricane Harvey on the chemical and process industry [J]. Reliability engineering and system safety, 2019, 190: 106521.

[13] KHAKZAD N, VAN GELDER P. Fragility assessment of chemical storage tanks subject tofloods [J]. Process safety and environmental protection,

2017, 111: 75-84.

［14］陈国华, 邹梦婷. 化工园区多灾种耦合关系模型及断链减灾模式［J］. 化工进展, 2018, 37（8）: 3271-3279.

［15］马海关, 刘付程, 孟耀斌. 地震引发环境灾害风险示例研究: 以连云港市化工园区为研究区域［J］. 淮海工学院学报（自然科学版）, 2018, 27（3）: 49-54.

［16］刘旭. 洪水灾害下悬空管道的安全评估方法研究［D］. 抚顺: 辽宁石油化工大学, 2019.

［17］王慧. 洪水灾害下化工园区管道风险分析［D］. 北京: 首都经济贸易大学, 2018.

5 炼化企业水体溢油突发事件应急物资预测技术研究

5.1 引言

上一章我们进行了临河炼化企业水体溢油泄漏模拟与扩散研究，主要针对不同泄漏情景下企业输油管道发生水体溢油突发事件后溢油油膜前缘、油膜面积变化规律，得出了水体溢油泄漏计算模型。炼化企业一旦发生水体溢油突发事件，必须准确预测突发事件应急物资的需求，并制定出较优的理性分配方案，从而帮助应急救援机构科学决策，保障救灾中应急物资的充分供应，减少应急物资供应不足造成的二次人员伤亡和财产损失，节约救援物资和节省救灾费用，防止人为制造混乱，保证救灾人员安全有序、高效的展开救援活动。

经过多年经验的积累，我国已初步形成多层次、宽领域的综合性应急计划体系，并发挥着重要的作用，但是在一些地区，当突发事件突然爆发时，仍然存在一些问题。具体表现在：

第一，对应急物资需求归类含糊不清、标准杂乱，对其紧迫性和重要性还缺乏必要的认识和研究。

第二，存在应急物资数量需求方面的不确定性问题，对具体物资的需求等级和人员平均消耗量探究不够深入。

第三，不能在极短的时间内理性地调配物资到灾区，救灾效率低，延误了有效救援时间，给救灾工作带来了更大的困难。

本章在上述研究结论的基础上，开展临河炼化企业水体溢油突发事件应急物资预测技术研究工作。本章研究内容是水体溢油预测结果的进一步延伸，是本书第二个研究重点，旨在应用案例推理技术（CBR）实现溢油应急物资的智能决策应用，分析溢油突发事件的基本属性与各属性权值，构建溢油突发事件"源案例"库,通过比对"当前案例"与"源案例"之间的总体相似度,并提出应用 BP 神经网络预测技术解决"当前案例"与"源案例"不匹配的问题,从而实现应急物资数量的优选。

5.2 应急物资预测技术理论

5.2.1 案例推理技术

案例推理技术是人工智能(AI)的分支领域,起源于 20 世纪 70 年代,由美国学者 Schank 和 Abelson 共同提出。案例推理技术的基本指导思想是仿照人类的思考模式,人类在解决问题的时候首先在脑海里寻找与当前问题相似的历史问题,习惯上称为通过经验解决问题。

按照解决问题的阶段,案例推理技术可以分为表示、检索、使用、调整和保存等五个部分。其中,检索是指从历史数据库中查找匹配与当前问题最相似的案例,使用是指解决问题的策略。

(1)案例的表示

案例表示是指通过抽象、形式化的方法,利用抽象化、要素化的语言重新构建知识表达的内容,以便于在电子计算机系统中查找、检索案例。目前通用的案例表示方法主要有语义网(Semantic Web)、框架法(Framework)、本体(Ontology)、可扩展标记语言(XML)等。

(2)案例的检索

①属性权重

案例属性权重的方法主要有熵权法、离差法、层次分析法等,其中熵权法、离差法属于客观赋权法,层次分析法属于主观赋权法。

在具体应用上,主观赋权法和客观赋权法有其各自的优缺点。以层次分析法为代表的主观赋权法,其优点是操作方便、计算简单,充分结合应急专家的意见,但权重赋值结果过分依赖专家的水平。熵权法是一种典型的客观赋权重方法,通过对比各属性实际的重要性(熵值),对权值进行客观赋值。熵权法的优点是权重赋值与客观结果一致,缺点是其有赖于结果的准确性、客观性。

②检索方法

案例检索目的是在源案例中寻找与当前问题最近似的历史问题。案例检索的方法主要包含最邻近法、决策树法以及知识导引法等三种，其中应用最广泛的方法是最邻近法。

最邻近法是计算源案例与当前案例各属性之间的相似程度，称为"局部相似度"。将属性权重与局部相似度进行叠加求权，通过计算得到两组案例的总体相似度，从而实现案例的匹配查找。

(3) 案例的调整与学习

在案例调整与学习技术方面，近年来我国学者已开展了相关研究工作。当存储的源案例中无法解决当前的问题时（或源案例库中的案例样本与当前问题的相似程度不高时），就需要对检索出的案例进行适当的调整，以满足解决当前问题的需要。

当源案例样本较少或相关属性数据缺失时，则需在现有源案例的基础上进行调整，从而适应目标案例。常用的调整方法有替换法、转换法、特定目标驱动法和派生重演法，前两种方法主观性较强，后两种方法操作比较复杂。

5.2.2 BP神经网络

(1) 基本原理

神经网络技术源自脑神经科学研究，是20世纪80年代发展起来的一门用于预测、诊断的学科。根据计算方式与结构模式的不同，可以分为BP、RBF、SVM、SOM、Hopfield、LVQ、Elman等多种神经网络。其中BP神经网络是一种按误差逆传播算法训练的多层前馈网络，是目前应用最广泛的神经网络模型之一。如图5.1所示，BP神经网络特有的拓扑结构由输入层、隐含层和输出层三部分组成。

目前，在科学研究技术领域内BP神经网络多用来进行预测、诊断问题。在安全技术领域中，BP神经网络多用来预测系统的故障率、地震伤亡人员、应急物资需求量等。

(2) BP神经网络计算步骤

BP神经网络的计算步骤主要包含数据的前处理、网络结构的确定、

5 炼化企业水体溢油突发事件应急物资预测技术研究

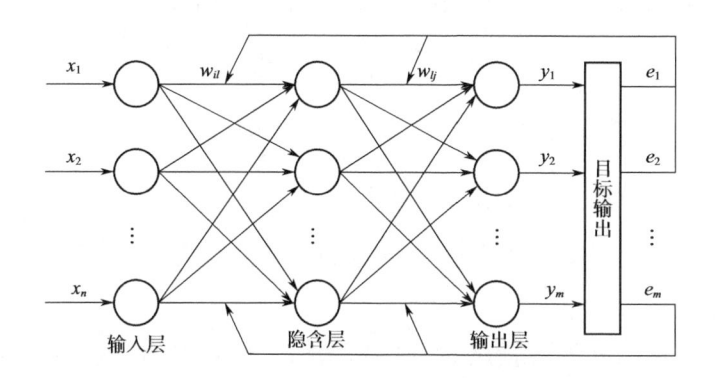

图 5.1 BP 神经网络模型拓扑结构

网格的训练与检验等步骤。

①输入参数前处理

BP 神经网络规定的输入参数必须经过归一化的无量纲处理，以便于网络数据的收敛。一般情况下，选择使用线性函数对输入参数进行归一化：

$$y = \frac{x - x_{\min}}{x_{\max} - x_{\min}} \tag{5.1}$$

②BP 神经网络结构的确定

BP 神经网络的结构主要是指输入网络节点、输出网络节点、隐含层网络节点的个数的设置。

输入层节点数：设置输入节点数与输入参数个数相同。

输出层节点数：输出节点个数的设置与输出应急物资的种类数有关，按照 0、1 逻辑检验方法设置输出层节点个数与应急物资种类数一致。

隐含层节点数：隐含层节点个数的确定方法尚无成熟理论。本书参考以下公式设置隐含层节点数：

$$m = \sqrt{n_1 + n_2} + c \tag{5.2}$$

式中：n_1 为输入层网络节点数；n_2 为输入层网络节点数；c 为 10~15 之间的常数，任取。

③训练网络

利用已知的数据对 BP 神经网络进行训练，按误差逆传播算法计算结果调整网络连接阈值。每一个输入的模式样本的均方误差为 E_k：

$$E_k = \frac{1}{2} \sum_{i=1}^{k} (y_{iexpect} - y_{ireal})^2 \tag{5.3}$$

对于所有 q 个学习样本，网络的均方误差为 E_A：

$$E_A = \frac{1}{q} \sum_{j=1}^{q} E_k = \frac{1}{2p} \sum_{j=1}^{q} \sum_{i=1}^{k} (y_{iexpect} - y_{ireal})^2 \tag{5.4}$$

BP 神经网络的训练可以借助 MATLAB 的神经网络工具箱编程计算。

④检验网络

BP 神经网络在训练精度达到期望值后，要对网络预测的准确度进行检验。一般通过已知的数据校验网络的训练水平。

5.2.3 应急物资预测技术对比分析

如前文所述，案例推理技术与 BP 神经网络技术均可以用在突发事件应急物资预测技术领域中。

在突发事件应急技术领域中，案例推理技术、BP 神经网络技术均有应用实例。案例推理技术提供的案例属性的构建、属性权重的设计、案例的检索等技术更加适用于计算语言的转化，具有方便快捷等优点，但当"源案例"与"当前案例"相似性较差时，应用案例推理技术得到的决策方案往往可靠性较差。

BP 神经网络技术需要大量的前处理运算，计算相对较为复杂，但是 BP 神经网络预测模型不涉及"源案例"与"当前案例"的相似性对比问题，对于数据来源相对模糊的情况较为适用。

5.2.4 案例推理与 BP 神经网络的预测方法

内陆河流水体溢油突发事件"源案例"较少，在应用案例推理技术过程中，经常出现"源案例"与"当前案例"不匹配或相似度较差等问题，因而需要在当前"源案例"的基础上开展案例的调整与学习。

案例推理与 BP 神经网络的预测方法计算流程如图 5.2 所示。

如前文所述，本书结合案例推理技术与 BP 神经网络两种预测技术的优点，设计了一种溢油应急物资"案例推理+BP 神经网络"的综合预测方法，其特点在于应用案例推理技术建立水体溢油突发事件案例源库，并通

5 炼化企业水体溢油突发事件应急物资预测技术研究

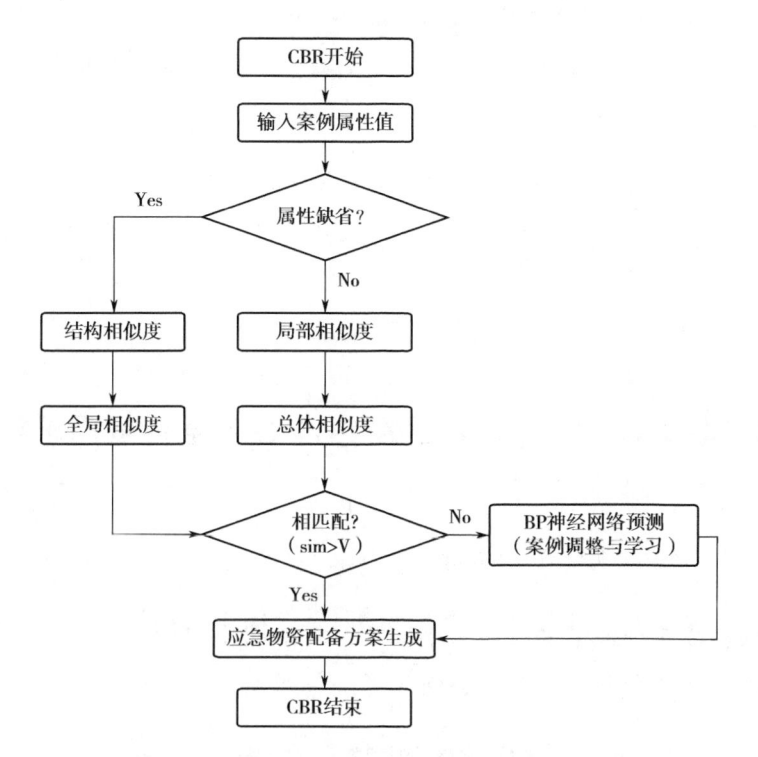

图 5.2 案例推理与 BP 神经网络的预测计算流程

过检索获取与"当前案例"最相似的"源案例",当无法从"源案例"中找到与"当前案例"相似的案例时,则采用 BP 神经网络预测技术对应急物资需求量进行预测分析,从而实现案例推理技术的"案例调整与学习",其主要的工作步骤如下:

第一,输入当前案例的属性值。

第二,判断"源案例"$S(X_i)$ 与"当前案例"$R(Y_j)$ 各属性间的匹配关系。当 $i=j$ 时,"源案例"与"当前案例"属性匹配,则转到步骤(3),否则转到步骤(5)。

第三,计算"源案例"与"当前案例"各属性的局部相似度 $\text{sim}(X_i, Y_i)$。

第四,对各属性的局部相似度进行加权,计算"源案例"与"当前案例"的总体相似度 $\text{sim}(S, R)$,转到步骤(6)。

第五,计算"源案例"与"当前案例"的结构相似度,计算"源案例"与"当前案例"的全局相似度 $sim(S, R)$。

第六，判断全部"源案例"与"当前案例"的总体相似度（或全局相似度）$sim_{k=1}^{n}(S, R)$ 是否满足阈值 V 要求（即至少存在一个总体相似度大于阈值的源案例，$\max(sim_{k=1}^{n}(S, R)) > V$。如果满足要求，进行总体相似度（或全局相似度）排序，生成应急物资配备方案，不满足则转到下一步。

第七，应用 BP 神经网络技术进行应急物资预测。

5.3 案例推理与 BP 神经网络溢油应急物资需求预测

5.3.1 溢油应急案例表示

内陆河流水体溢油突发事件中的溢油量、油膜面积、油品类型等 3 种因素影响现场应急物资种类、数量的需求，如表 5.1 所示。

表 5.1 水体溢油突发事件案例属性

序号	属性	属性值限值	属性类别	单位
1	溢油量	—	数值	t
2	油膜面积	—	数值	m²
3	油品种类	成品油、原油、船用燃料油	无序枚举	—

本书以 2003 年黄浦江"8·5"船舶泄漏溢油、2004 年珠江"12·7"船舶泄漏溢油、2007 年黄浦江"4·9"船舶泄漏溢油、2009 年"12·30"渭河油污染事件等多起溢油突发事件为研究对象，统计溢油突发事件现场重点使用的围油栏、收油机、吸油材料等应急物资，如表 5.2 所示（我国交通运输部对溢油分散剂有强制的使用规定，不在本书的研究范畴内）。

根据技术研究需要，本书对表 5.2 中的围油栏、收油机、吸油材料等数据进行了适度的简化，对防火、岸滩及不同类别围油栏进行了合计处理，将多台收油机、收油船等装置的收油能力进行了合计处理，计算了所使用的吸油毡、吸油拖栏等吸油材料总量。

表 5.2 水体溢油突发事件应急物资数量统计

事故名称	围油栏（m）	收油机（m³/h）	吸油材料（T）
案例一	3 800.84	230.10	8.32
案例二	1 200.77	115.91	1.73
案例三	14 000.82	800.93	31.45
案例四	8 800.82	500.05	25.59
案例五	14 600.11	620.98	42.71
案例六	11 200.13	550.23	37.65
案例七	10 000.71	610.77	33.53
案例八	5 400.23	180.52	8.19
案例九	3 800.02	100.95	3.69
案例十	2 200.52	200.34	14.11
案例十一	6 500.15	340.03	23.94
案例十二	800.04	120.98	10.75
案例十三	1 000.06	320.23	16.00
案例十四	910.60	80.31	8.80
案例十五	1 500.61	90.39	8.80

5.3.2 溢油突发事件案例推理检索

（1）属性权重确定

本书采用 5.4 节所述的层次分析法确定溢油突发事件案例的属性权重，计算得到水体溢油突发事件属性权重计算表（见表 5.3）。

表 5.3 水体溢油突发事件属性权重表

属性	溢油量	油膜面积	油品种类	归一化权重
溢油量	1	1	5	0.454 6
油膜面积	1	1	5	0.454 6
油品类型	1/5	1/5	1	0.090 8

（2）局部相似度

水体溢油突发事件案例属性值有数值型、无序枚举型两种，两种类型值的局部相似度计算方法分别介绍如下。

①数值型

两组数值之间的距离，即相似度，如式（5.5）所示：

$$\text{sim}(S_i - R_i) = 1 - |x_i - y_i|/|\max(i) - \min(i)| \tag{5.5}$$

式中，$\text{sim}(S_i, R_i)$ 分别为 S、R 案例在第 i 个属性上的局部相似度；$\max(i)$、$\min(i)$ 分别为第 i 个属性上的最大、最小值。

由式（5.5）可知，对于数值型属性值而言，局部相似度接近 1 则代表两个案例属性相近，接近 0 则相差较大。

②无序枚举型

无序枚举型其相似度只有 1、0 两个值，其计算公式可表示为：

$$\text{sim}(x_i, y_i) = \begin{cases} 1, & x_i = y_i \\ 0, & x_i \neq y_i \end{cases} \tag{5.6}$$

式中，X_i、Y_i 分别为 X、Y 案例在第 i 个属性的值。

(3) 总体及全局相似度

①总体相似度

总体相似度计算公式为：

$$\text{sim}(S, R) = \sum_{i=1}^{n}[w_i \times \text{sim}(S_i, R_i)] \tag{5.7}$$

式中，$\text{sim}(S, R)$ 为源案例 T 与目标案例 C 的总体相似度值；w_i 为第 i 个指标的权重；$\text{sim}(S_i, R_i)$ 为目标案例 R 与源案例 S 关于属性 i 的局部相似度；n 为属性的个数。

②全局相似度

根据 5.2.4 节所述，如果当前案例与源案例属性不匹配，此时需要计算结构相似度，进而求取全局相似度。结构相似度记为 H：

$$H = W_1/W_2 \tag{5.8}$$

式中，W_1 为交集权重之和；W_2 为并集权重之和。

根据结构相似度，"当前案例"与"源案例"的全局相似度计算公式如下：

$$\text{sim}(S, R) = H \times \sum_{i=1}^{n}[W_i \times \text{sim}(S_i, R_i)] \tag{5.9}$$

符号含义同上。

5.3.3 BP 神经网络应急物资预测模型

如前文所述，当全部"源案例"中的总体相似度均小于给定阈值时，则需要根据表5.2所示的"水体溢油突发事件应急物资数量统计"，搭建BP神经网络预测模型，进行案例的调整与学习。

本书BP神经网络应急物资预测模型的建立主要包含以下几个步骤：

（1）各层节点数的确定

如表5.4所示，水体溢油突发事件案例包括溢油量、油膜面积、油品种类等三项基本属性，BP神经网络的输入层节点数设置为3个。

分析发现除溢油量、油膜面积的属性为数值型外，其他属性均为无序枚举型。对于BP神经网络而言，其各层的输入参数必须为[0，1]的数值，所以必须对无序枚举式的属性进行数值化处理，如表5.4所示。

表5.4 油品种类属性数值化处理结果

案例属性	水体类型		
	成品油	原油	船用燃料油
数值化	0.1	0.2	0.3

按照式（5.1）对溢油量、油膜面积数据进行归一化处理。

（2）输出层与隐含层节点数

由表5.2可知，溢油应急物资主要包含围油栏、收油机、吸油材料等3种类型，则设置BP神经网络输出层节点数为3个。

按照0、1编码方法设置输出层节点逻辑数值，"100"代表收油机数量取最大值，"010"代表围油栏数量取最大值，"001"代表吸油材料数量取最大值。

根据公式（5.2）计算隐含层节点个数为15。

（3）传递函数、初始权值与期望误差

BP神经网络的传递函数选择"tansig"，各节点间的初始权值选择-1到1之间的随机五位小数。BP神经网络的期望误差设置为0.001。

综上所述，本书设计的求解水体溢油突发事件应急物资预测的BP神经网络结构为"3、15、3"，即输入层节点数为3个，隐含层节点数为15个，输出层节点数为3个。权值训练函数采用量化共轭梯度法的trainscg，最大训练次数设为 10 000，期望误差设置为 0.001。

5.4 某炼化企业溢油应急物资需求预测应用

5.4.1 溢油突发事件情景设计

前文所述的"案例推理与 BP 神经网络溢油应急物资需求预测技术"，在某市组织的临河炼化企业穿江管道油品泄漏综合实战应急演练中取得了试点应用。

事故情景：演练的情景设计为某穿江原油管道在江心位置发生泄漏，管道内的油品物料以 1 L/s 的速度涌出水面，企业应急值班人员在发现险情 10 min 后关闭了穿江段管道两侧的阀门，但仍然有部分泄漏油品在水流、风场的作用下向河流的下游流动。企业应急队伍得到通知后，迅速集结在泄漏点下游 9.97 km、10.64 km、14.31 km、19.69 km 四个断面开展溢油拦截与回收工作。

目前 S 江处在丰水期，河流断面流量为 400 m³/s，水面风场为季风期。泄漏点位置见图 5.3。

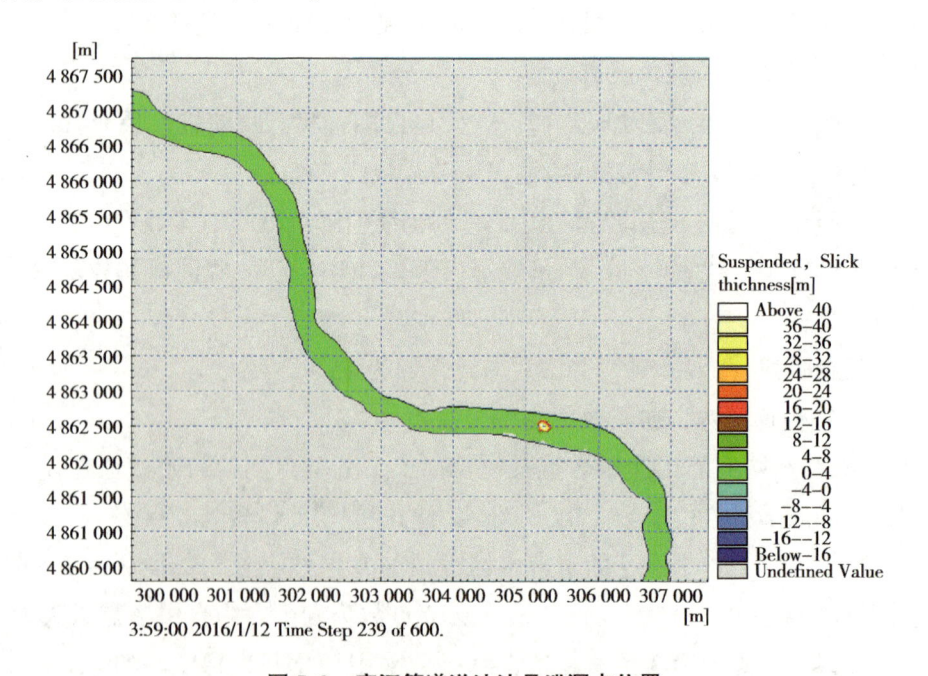

图 5.3 穿江管道溢油油品泄漏点位置

5 炼化企业水体溢油突发事件应急物资预测技术研究

企业应急响应启动后,技术人员根据该炼化企业溢油突发事件应急预案中提供的公式(如5.5.4节所示),预测丰水期季风期江心发生泄漏后,溢油前缘、溢油面积随时间的变化趋势,如表5.5所示。

表5.5 应急断面油膜面积和前缘到达时间

溢油参数	应急断面位置(km)			
	9.97	10.64	14.31	19.69
预测到达时间(min)	35	42	67	110
预测油膜面积(m^2)	1 841.14	1 957.19	2 254.47	2 570.07

5.4.2 溢油应急物资需求预测技术的应用

(1)溢油突发事件案例推理检索

根据CBR的计算原理,本次演练的溢油量为0.598t,油膜面积分别为1 841.14m^2、1 957.19m^2、2 254.47m^2、2 570.07m^2,油品类型为原油。根据式(3.5)至式(3.7)计算本次溢油突发事件与"源案例"的局部相似度、全局相似度,结果如表5.6所示。

表5.6 溢油突发事件局部、全局相似度计算结果

源案例	局部相似度			全局相似度
	溢油量(t)	油膜面积(m^2)	油品类型	
案例一	0.831 1	0.634 2	0	66.61%
案例二	0.911 2	0.780 5	0	76.90%
案例三	0.100 8	0.195 2	0	13.46%
案例四	0.601 0	0.390 3	0	45.07%
案例五	0.000 8	0.122 0	1	14.66%
案例六	0.200 9	0.146 4	1	24.87%
案例七	0.401 0	0.000 0	0	18.23%
案例八	0.877 1	0.731 8	0	73.14%
案例九	0.961 2	0.926 9	0	85.83%
案例十	0.897 2	0.804 9	0	77.38%
案例十一	0.581 0	0.463 5	1	56.56%
案例十二	0.999 2	0.999 9	0	90.88%

续表

源案例	局部相似度			全局相似度
	溢油量（t）	油膜面积（m²）	油品类型	
案例十三	0.999 6	0.999 9	0	90.90%
案例十四	0.999 3	1.000 0	0	90.89%
案例十五	0.987 2	0.999 9	0	90.33%

由表 5.6 可知，按照案例推理技术计算得到的"源案例"与本次演练溢油事故最大相似度为 90.90%，小于设置总体相似度阈值 $V=95\%$，不满足案例使用要求，需要借助 BP 神经网络应急物资预测技术进行案例调整与学习。

(2) BP 神经网络应急物资预测

①数据初始化

按照 5.3.3 节提供的方法，本书对"源案例"的溢油量、油膜面积、油品类型等进行数值化处理，对溢油量、油膜面积进行归一化处理，如表 5.7 所示（案例来源于政府应急办公室统计资料，溢油量、油膜面积数值来自事故的调查报告，溢油量根据泄漏情况推算，油膜面积多来自溢油监测雷达的测试结果）。

表 5.7 溢油突发事件训练案例数值化处理与归一化结果

训练案例	溢油量（t）	油膜面积（m²）	油品类型
案例一	0.169 7	0.365 8	0
案例二	0.089 6	0.219 5	0
案例三	0.900 0	0.804 9	0
案例四	0.399 8	0.609 7	0
案例五	1.000 0	0.878 0	1
案例六	0.799 9	0.853 7	1
案例七	0.599 8	1.000 0	0
案例八	0.123 6	0.268 3	0
案例九	0.039 6	0.073 1	0
案例十	0.103 6	0.195 1	0
案例十一	0.419 8	0.536 6	1
案例十二	0.000 0	0.000 2	0

5 炼化企业水体溢油突发事件应急物资预测技术研究

BP神经网络设计3个"源案例"为测试案例,检测演练BP神经网络的训练结果,如表5.8所示。

表5.8 溢油突发事件训练案例数值化处理与归一化结果

测试案例	溢油量(t)	油膜面积(m^2)	油品类型
案例十三	0.000 4	0.000 1	0
案例十四	0.000 1	0.000 0	0
案例十五	0.013 6	0.000 1	0

本次演练的溢油量、油膜面积的归一化结果为0.000 796、0.000 038。

②BP神经网络的训练与测试

如附录A所示,本书应用MATLAB软件编制计算程序训练溢油应急物资预测BP神经网络。

由图5.4所示,通过568次迭代运算,BP神经网络模型期望误差达到了设置要求(小于0.001)。

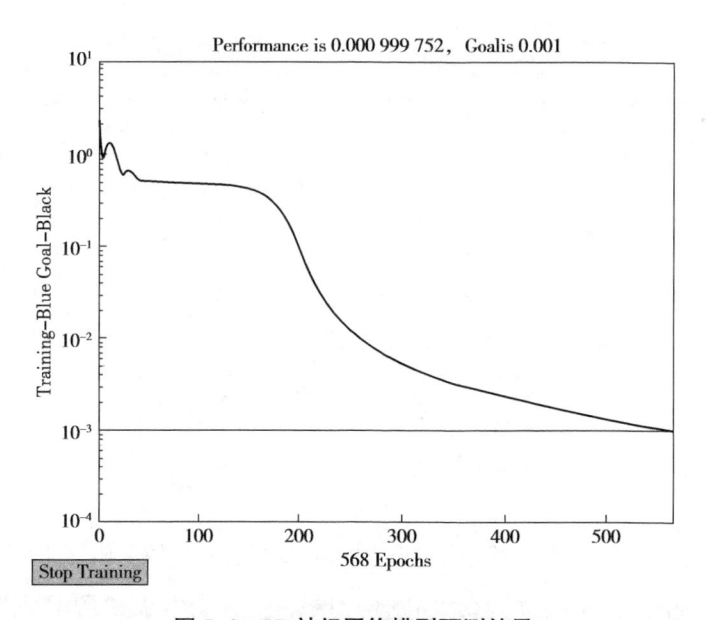

图5.4 BP神经网络模型预测结果

BP神经网络训练完成后,需应用已有案例开展网络模型的测试。如表5.9所示,测试案例实际所需与预测所需的应急物资误差最大值为

153

4.85%、最小值为0.24%，BP神经网络模型预测的准确率大于95%，可满足溢油突发事件应急物资的预测需求。

表5.9 测试案例实际与预测应急物资需求误差分析

测试案例	围油栏误差（%）	收油机误差（%）	吸油材料误差（%）
案例十三	2.70	0.24	2.88
案例十四	1.51	3.13	2.71
案例十五	0.66	2.28	4.85

（3）溢油应急物资的预测

在前文训练、测试BP神经网络模型的基础上，本书针对本次水体溢油突发事件应急演练的情景，开展溢油应急物资的预测分析。

根据BP神经网络预测计算结果，四支应急队伍在赶赴距离泄漏点下游9.97km、10.64km、14.31km、19.69km四个应急断面时，应该准备的各类应急物资数量如表5.10所示。

表5.10 不同溢油拦截断面应急物资需求预测情况

距离泄漏点位移距离（km）	围油栏（m）	收油机（m^3/h）	吸油材料（t）
9.97	1 120	50	6
10.64	1 160	60	6.5
14.31	1 200	68	6.5
19.69	1 220	72	7.4

5.5 本章小结

当"源案例"与"当前案例"较相似时，应用案例推理技术开展应急物资的预测具有明显优点，BP神经网络技术适用于"源案例"与"当前案例"相似性较差时的应急物资的预测工作。

溢油突发事件案例中，溢油量、油膜面积、油品类型的权重比例分别为0.454 6、0.454 6、0.090 8，应急物资需求包含围油栏、收油机、吸油材料等，对应BP神经网络输入层节点数为3个，隐含层节点数为15个，输出层节点数为3个。

本章应用案例推理技术与BP神经网络溢油应急物资需求预测模型对围油栏、收油机、吸油材料等应急物资使用量进行了计算，为溢油突发事件应急工作提供了决策支持。

参考文献

[1] 李忠国，丁国勤，陈日，等．军事斗争准备油料保障需求预测[J]．兵器装备工程学报，2018，39（11）：114-117．

[2] 孙勇成，蔡俊伟，张帅．复杂战场环境空中加油空域规划[J]．指挥信息系统与技术，2018，9（3）：59-64．

[3] 马曲立，刘怡，朱建冲．基于案例推理的装备保障人员需求预测[J]．海军工程大学学报，2013，25（5）：74-78．

[4] 张晓东，汪涛，张磊．基于案例推理的军事行动油料保障需求分析[J]．军事交通学院学报，2018，20（6）：14-17．

[5] 翁辉，刘怡，刘鹏宇，等．基于案例推理的装备保障训练资源需求预测方法研究[J]．舰船电子工程，2014，34（6）：108-111．

[6] 丁广威，周伟，程瑞，等．基于案例推理方法的相似航材需求预测[J]．计算机与现代化，2014（7）：28-30．

[7] 孙涛，魏小林，周庆忠．适应于反恐维稳行动的灰色F-Verhulst-BP油料保障需求预测模型[J]．兵器装备工程学报，2016，37（11）：110-113．

[8] 张光前，邓贵仕，李朝晖．基于事例推理的技术及其应用前景[J]．计算机工程与应用，2002，38（20）：52-55．

[9] 左毅，张桂林，吴蔚，等．面向战场海空目标识别的知识图谱应用[J]．指挥信息系统与技术，2019，10（3）：1-5．

[10] 钱海力，秦望龙．基于聚类方法的多作战任务加油空域规划[J]．信息化研究，2020，46（3）：17-22．

[11] 秦望龙，韩戈白，崔凯，等．区块链的军事信息化应用研究

[J]. 信息化研究, 2020, 46 (6): 58-62.

[12] 杨家印. 一种BP神经网络的汽车齿轮箱故障诊断方法及实验验证 [J]. 机械传动, 2019 (1): 150-153.

6 炼化企业应急能力评估技术研究

6.1 引言

炼化企业的大多数灾难性事故,如有毒物质的排放、火灾或爆炸以及危化品水体泄漏,都起始于过程危害。在第4章我们分析了炼化企业事故风险,研究了事故的风险概率。一系列人为失误引起的异常事件、技术故障、外部原因以及工艺参数的偏差,导致了化工事故的发生。根据事故分析的结果发生概率和事故模拟场景图可以发现,各种级别事故的风险概率还是很高的。一旦发生事故,企业必须在应急救援有效的时间窗内开展科学有效的应急活动,减小事故损失,防止事故扩大。提高炼化企业应对事故的能力是事故风险预警、控制事故态势、减少事故损失的关键问题。开展炼化企业突发事件风险与应急能力评估技术研究,能够为发现企业应急能力的薄弱环节并积极改进提供科学依据。尽管国内外众多学者已开展了事故应急研究,但对炼化企业事故应急管理研究相对较少。有学者以化工园区为对象,从应急管理过程的四个阶段需求出发,提出化工园区事故救援的框架体系,建立包括"风险防控、应急队伍、应急平台、应急组织、应急预案、运行机制"等在内的应急管理模式;有学者研究了基于GIS的应急救援信息系统;有学者研究了化工园区重大事故应急预案的结构模式,提出编制重大事故应急预案的技术路线。关于应急能力的研究,目前我国在这个领域的专家学者设计的评估指标体系主要有两种,分别以应急预案和美国、日本等发达国家现有评估指标体系为基础。但是仍存在以下问题:

第一,由于缺乏突发事件应急处置的案例,目前国内外研究学者设计的应急能力评估指标体系大多只考虑了应急组织机构、预案体系等评估应急准备工作情况,缺少对发生突发事件情况下的现场应急处置能力的评判。

第二，从评估对象上看，针对炼化企业开展的应急能力评估技术研究较少。

本章结合我国应急管理部应急预案管理办法中提出的"每年至少组织一次综合应急预案演练演练"要求，考虑将"应急演练中现场应急处置情况"纳入突发事件应急能力评估指标体系；提出基于"日常应急准备工作""应急演练中现场应急处置情况"两方面因素的炼化企业突发事件应急能力评估方法，构建完整的临河炼化企业应急能力评估指标体系；通过案例对比研究，一方面验证体系的科学性，另一方面通过体系的评估应用发现企业应急能力的薄弱环节，为应急管理的改进提供科学依据。

6.2 炼化企业突发事件应急能力综合因素分析

6.2.1 应急准备工作影响因素

突发事件应急管理过程中最为重要的阶段是事故预防和应急准备。这也是我国安全管理方针"安全第一，预防为主"的具体体现。要有效消除或减少突发事件的损失和后果的严重程度，必须做好突发事件的预防和应急准备工作。

在应急准备阶段，要开展风险评价与消减工作，建立完善的应急预案体系、权责明确的突发事件预防机制、突发事件应对机制；组建有专业技术能力的应急救援队伍；完善与应急管理工作配套的规章制度；强化应对突发事件的教育培训和应急演练；建立应急物资、应急装备、专项资金投入等在内的突发事件应对保障机制。

（1）风险识别评价与减控

风险管理作为炼化企业的一种管理活动，主要是对企业存在的风险、隐患进行具体分析和评价，并采取相关的措施进行干预，以实现减少事故风险和控制风险的目的。

企业危险源辨识、事故风险分析是编制应急预案的基础，进行预案修订的前提是对风险和危险的再识别评价。

风险减控的主要策略是规避、转移和减轻。具体来说就是改变计划，排除风险事件的威胁，设法将风险的后果转移，或者提前采取措施减少风险发生的概率或者减少其对企业所造成的影响。

(2) 应急预案

应急预案面对的是突发事件的应急管理、指挥、救援计划等，其应建立在综合防灾规划上，由应急组织管理指挥系统、应急工程救援保障体系、综合协调、相互支持系统、保障供应体系和应急队伍等组成。应急预案要覆盖全面，任务清晰，具有可操作性和科学性。

应急预案的宣贯与演练是应急管理中很重要的环节，通过开展应急演练，可以评估应急准备状况，发现并修改预案、执行过程中的不足和缺陷，检验多部门的协调联动能力，识别资源需求。预案演练的评价要素有演练方式、演练的频次、园区机构的参与度、演练内容和评价等。

(3) 配套制度

企业应急相关的配套制度有安全操作规程、危险源识别评价监控制度、安全交底制度、抢维修施工质量检验制度、应急装备器材标准、动火作业登记制度、消防安全责任制度、应急物资储备制度、突发事件信息报送管理制度、安全奖惩和问责制度、劳保用品管理制度、意外伤害保险制度、安全教育培训制度、值班制度、安全检查制度、安全会议制度、新闻发言人制度等。

(4) 应急保障

应急机构。应急机构的评价因素主要包括机构的组建情况、机构的完善程度、机构内容人员职责及联动配合情况、社会动员能力和效率以及人员的配备情况等。

高效的应急队伍。这是完成各类灾害事故应急救援工作的基本保障。应急队伍的主要评价因素有队伍的建立与完善程度、人员的防护措施情况、队伍人员的素质和能力、应急技术支持人员配备情况、应急队伍的响应效率和应急管理专家库的建立情况等。

应急物资和资金。这是保障现场发生突变事故时迅速开展应急救援工作的前提和保障。应急物资与资金评价的因素有应急救援物资的购置和储备情况、调拨的程序及维护维修和配送方案设计情况、应急技术和设备的研发情况、应急资金的在预算中的比例及资金支出程序等。

应急通信。应急通信的评价因素主要包括通信畅通程度、应急通信系统的完备程度、设备功能与性能、通信设备联网集成情况、维护保养状况等。

6.2.2 现场应急处置影响因素

突发事件现场应急处置受到监测与预警、应急处置与救援、事后恢复与重建三方面因素影响。

（1）监测与预警

信息监测即根据可能发生的事故情景，对事故现场进行观察、分析或测定，确定监测方案，确定监测人员及现场监测设备，按照选定的监测方式分析监测内容，进行信息处理和信息传递等，并及时汇总现场的监测信息分析内容，提出具体问题的原因分析、解决问题的对策和建议等。

信息报送最关键之处在于报送及时、内容完备并且具有客观性。信息报送包括报送的渠道、报送的方式和网络队伍。

事件预警是指突然发生或可能发生的事故，已造成或可能造成严重社会危害，需要采取应急处置措施来加以应对的预警工作和预警信息。事件预警包括预警分级和预警发布，预警信息发布要及时，并确保通知到所有的目标受众，采取有效措施进行防范和减控。

（2）应急处置与救援

应急处置与救援指突发事件发生后，将人员伤亡和财产损失降到最低所采取的救援措施，一般来说，应急与救援都遵循指挥协调、评估研判、抢险救援和信息发布这4个流程。图6.1为企业重大事故应急响应流程。

（3）事后恢复与重建

资源平衡是指事故抢险救援结束后，立即对事故造成上下游所受影响进行科学评价，并与下游用户及时开展沟通协调等工作。

善后赔偿是指人员安抚、保险索赔、资源补偿等。

恢复重建是指时态得到有效控制以后的阶段。一方面要编制恢复重建计划，尽快恢复灾害损毁设施；另一方面要实现正常社会生产与生活的恢复，并以此为契机提升整体抵御风险能力。

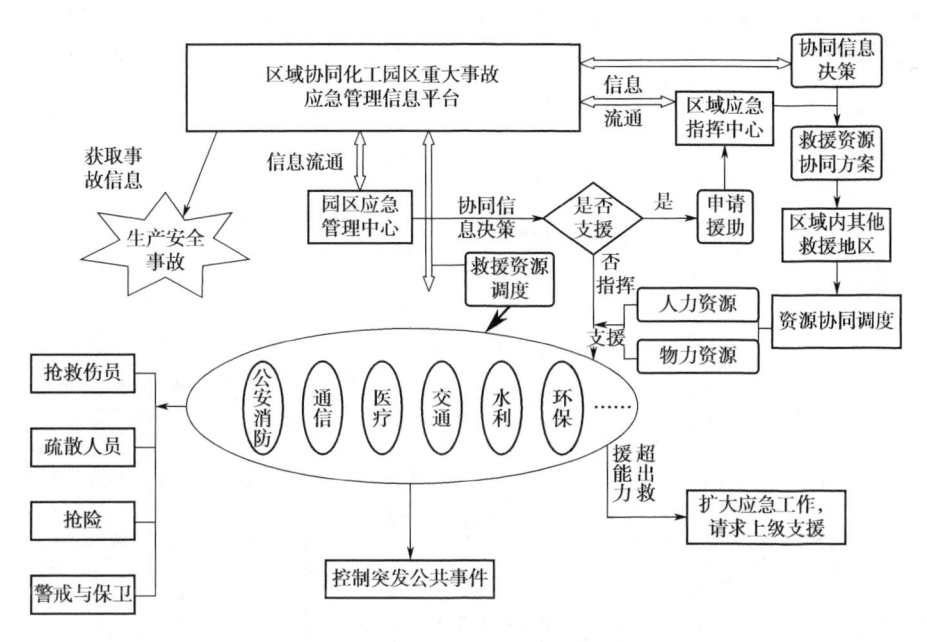

图 6.1 企业重大事故应急响应流程

6.3 炼化企业应急能力评估指标体系与评估方法

6.3.1 评估指标体系构建

炼化企业突发事件应急能力的日常准备因素和现场应急处置因素在上一节已经进行了分析。根据上一节研究内容，本书建立"临河炼化企业应急能力评估"的三级指标体系，包含一级指标2项、二级指标5项、三级指标22项，如表6.1所示。

6.3.2 评分要点与评分等级设计

根据6.3节分析的"日常应急准备工作""应急演练中现场应急处置情况"，参考目前我国法律法规、标准规范等提出相关要求，本节设计"临河炼化企业应急能力评估"评分要点99项，如附录B所示。

参考美国国家应急管理协会（NEMA）制定的"应急准备能力评估体

系"(CAR)评估等级设计方法,本书将"临河炼化企业应急能力评估"评分等级划分为6个等级:5分代表能力很强;4分代表能力较强;3分代表能力一般;2分代表能力较低;1分代表能力很低;N/A代表此项内容不适用。

表6.1 临河炼化企业应急能力评估指标体系

序号	一级指标	二级指标	三级指标
1	应急准备工作因素(a1)	事故预防(b1)	风险分析(c1)
2			风险消减及控制(c2)
3			应急预案编制及完善(c3)
4			预案宣贯与演练(c4)
5		应急准备(b2)	应急机构与队伍(c5)
6			应急物资与资金(c6)
7			应急通信(c7)
8			配套制度(c8)
9	现场应急处置因素(a2)	监测与预警(b3)	信息监测(c9)
10			信息报送(c10)
11			事件预警(c11)
12		应急处置与救援(b4)	指挥协调(c12)
13			评估研判(c13)
14			工程抢险(c14)
15			人员救护(c15)
16			现场警戒(c16)
17			环境保护(c17)
18		事后恢复与重建(b5)	信息发布(c18)
19			上下游平衡(c19)
20			善后与赔偿(c20)
21			恢复重建(c21)
22			事故调查(c22)

6.3.3 运用层次分析法进行权重设计

(1) 层次分析法

层次分析法（Analytic Hierarchy Process，AHP）于20世纪70年代由美国运筹学家提出，主要将与决策有关的元素分解成目标、准则、方案等层次，该方法非常实用。层次分析法采用1~9标度法，对不同情况的评比给出不同的数量标度，标度的具体含义如表6.2所示。

表6.2 标度含义表

标度	含义
1	两个元素对某个属性具有同样的重要性
3	两个元素比较，一个元素比另外一个元素稍微重要
5	两个元素比较，一个元素比另外一个元素明显重要
7	两个元素比较，一个元素比另外一个元素重要得多
9	两个元素比较，一个元素比另外一个元素极端重要

层次分析法中的符号解释说明如表6.3所示。

表6.3 层次分析法符号解释说明表

符号	符号解释
CI	一致性指标
RI	随机一致性指标
CR	一致相比率
λ_{max}	矩阵最大特征值
a_{ij}	直接判断矩阵元素
r_i	直接判断矩阵的行要素之和
b_m	基点比较标度
T	各层的评估综合得分
P_i	各指标的专家评分

(2) 计算权重

本书首先编制了临河炼化企业应急能力指标体系权重打分问卷（见附录C），并邀请研究相关方向的专家为指标权重的确定提出宝贵的意见。其次，通过和积法对调查问卷的结果进行统计和分别计算，并用层次分析法软件对结果进行验算，得到各个指标的权重。

计算步骤如下：

第一，建立递阶层次结构，清楚地表明各层次之间的关系（见表6.1）。

第二，用1～9标度法编制临河炼化企业应急协同能力指标体系权重打分问卷，根据同一层元素两两对比建立的比较矩阵计算各元素重要性的排序指数，构造判断矩阵，计算最大特征值 λ_{max}。

第三，一致性检验：

$$CI = \frac{\lambda_{max} - n}{n - 1} \tag{6.1}$$

$$CR = \frac{CI}{RI} \tag{6.2}$$

式中：CR 为判断矩阵的随机一致性比率；CI 为判断矩阵的一致性指标；RI 为判断矩阵的平均随机一致性指标，当 $CR<0.1$ 时，即可认为层次总排序结果具有满意的一致性。

RI 的值选取如表6.4所示。

表6.4 1—9阶平均随机一致性指标

阶数	1	2	3	4	5	6	7	8	9
RI	0.00	0.00	0.58	0.9	1.12	1.24	1.32	1.41	1.45

通过国内外文献资料的收集整理，本书得到各层因素重要程度的比较矩阵，构造判断矩阵，借助yaahp软件得到各层因素各指标权重。临河炼化企业应急能力评估指标体系权重见表6.5。

表6.5 临河炼化企业应急能力评估指标体系权重

一级指标	权重	二级指标	权重	序号	三级指标	权重
应急准备工作因素（a1）	0.666 7	事故预防（b1）	0.638 1	1	风险分析（c1）	0.623 8
				2	风险消减及控制（c2）	0.376 2
				3	应急预案编制及完善（c3）	0.213 7
				4	预案宣贯及演练（c4）	0.201 7
		应急准备（b2）	0.361 9	5	应急机构与队伍（c5）	0.117 3
				6	应急物资与资金（c6）	0.196 3
				7	应急通信（c7）	0.168 8
				8	配套制度（c8）	0.102 2
现场应急处置因素（a2）	0.333 3	监测与预警（b3）	0.428 1	9	信息监测（c9）	0.358 4
				10	信息报送（c10）	0.319 6
				11	事件预警（c11）	0.322 0
		应急处置与救援（b4）	0.325 6	12	指挥协调（c12）	0.231 7
				13	评估研判（c13）	0.106 6
				14	工程抢险（c14）	0.157 8
				15	人员救护（c15）	0.100 8
				16	现场警戒（c16）	0.138 4
				17	环境保护（c17）	0.209 2
		事后恢复与重建（b5）	0.246 3	18	信息发布（c18）	0.055 5
				19	上下游平衡（c19）	0.122 0
				20	善后与赔偿（c20）	0.319 6
				21	恢复重建（c21）	0.231 6
				22	事故调查（c22）	0.326 8

经计算，总体一致性 $CR=0.053\ 4<0.1$，满足一致性检验。

6.4 炼化企业应急能力评估技术应用与分析

6.4.1 评估工作实施情况

我国南方某省毗邻长江流域，建设有 H1、H2、H3、H4、H5、H6、H7 等多个炼化企业，分属于 W、C、N 等多个地级市属地管理。炼化企业生产环节的有毒有害物料、工艺参数的高温高压，存在爆炸火灾、危化品泄漏中毒、危化品泄漏水体污染等类型的突发事件风险。

2019 年 1—10 月，受该省应急管理职能部门邀请，按照本书设计的临河炼化企业应急能力评估指标体系，结合 H1、H2、H3、H4、H5、H6、H7 应急演练评估情况，评估组对七个炼化企业开展了应急能力评估，对评估指标进行等级测评（详细结果见附录 B）。

6.4.2 评估结果分析

（1）总体情况分析

根据前文的权重分析结果，本书对 H1、H2、H3、H4、H5、H6、H7 七个炼化企业的等级测评结果进行汇总整理，形成炼化企业应急能力评估最终结果。如图 6.2 所示，综合评估得分均处在 3~5 分，七个企业现阶段应急能力处在一般以上水平。从评估打分结果上看，H5、H6 两家企业应急能力明显优于其他五家（评分大于 4.5），H3 企业的应急能力相对较弱（评分小于 3.5）。

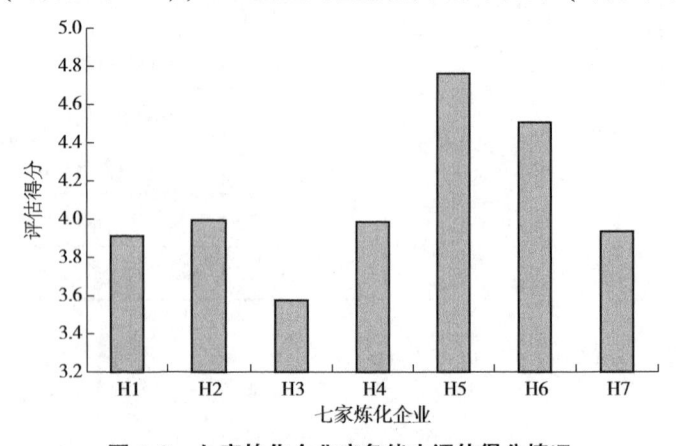

图 6.2 七家炼化企业应急能力评估得分情况

（2）结果差异性分析

七个炼化企业一级指标、二级指标的得分、均值和方差分析数据如表6.6所示。

表6.6　七个炼化企业应急能力评估一级、二级指标得分情况

指标	H1	H2	H3	H4	H5	H6	H7	均值	方差
a1	3.91	4.10	3.83	4.27	4.70	3.84	3.68	4.05	0.346 8
a2	3.91	3.90	3.33	3.70	3.82	4.16	4.19	3.86	0.293 5
b1	3.97	3.67	3.74	4.12	4.36	3.17	4.64	3.95	0.482 6
b2	3.87	4.38	3.88	4.37	4.92	4.29	3.04	4.11	0.591 3
b3	4.65	3.40	3.04	3.55	4.26	4.59	4.24	3.96	0.627 8
b4	3.94	4.42	3.14	3.59	3.36	4.37	4.59	3.92	0.567 8
b5	3.52	3.63	3.66	3.89	4.06	3.74	3.78	3.75	0.180 9

①评分结果均值分析

如表6.6所示，二级指标评分结果均值相差较大。其中"应急准备"项指标得分较高，反映出目前上述炼化企业在应急预案编制及完善、预案宣贯及演练、应急机构与队伍、应急物资与资金、应急通信、配套制度等方面的工作较为扎实；"应急处置与救援""事后恢复与重建"两项指标得分较低，意味着上述企业在人员救护、现场警戒、环境保护、信息发布、上下游平衡、善后与赔偿、恢复重建、事故调查等环节依然存在不足。

②数据方差分析

七家炼化企业的5项二级指标得分情况和方差曲线如图6.3和图6.4所示。"应急准备""监测与预警"两项指标方差数值较大，意味着不同炼化企业在该方面的工作存在较大差异。其中，H5企业"应急准备"指标得分为4.92，远高于H7企业的3.04；H1企业的"监测与预警指标"得分为4.65，远高于H3企业的3.04。"事后恢复与重建"指标方差最小，均值也最小，说明目前上述七家炼化企业在该方面的工作有待进一步加强。

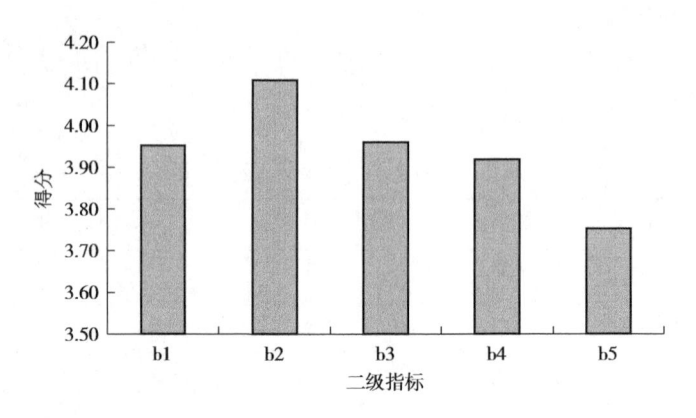

图 6.3　二级评估指标评估打分结果

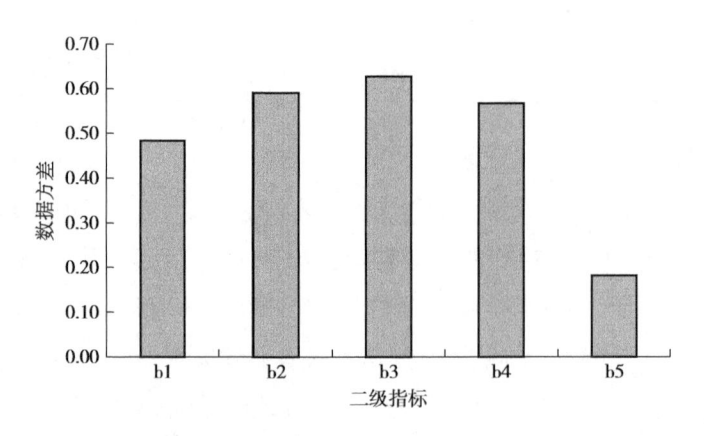

图 6.4　二级评估指标得分结果方差分析

6.4.3　评估结果验证分析

如前文所述，本书设计的突发事件应急能力评估指标体系考虑了炼化企业日常应急准备工作和现场应急处置两方面因素，将企业组织开展的模拟实战应急演练作为现场应急处置评估的主体对象。

本书设计的评估指标体系与美国应急管理协会制定的应急准备能力评估体系（CAR）不同。下面分析应用本书的评估指标体系和美国应急管理协会的 CAR 在评估结果上的差异。

如图 6.5 所示，CAR 与本书提出的评估指标体系的打分结果在整体上的趋势非常接近。考虑了现场应急处置因素的 H2、H3、H4、H5 四家炼化企业应急能力评估结果，低于仅考虑日常应急准备工作因素的 CAR 评估结果。综合考虑现场应急处置、日常应急准备工作因素后，H6、H7 两家炼化企业的应急能力处于较好水平。

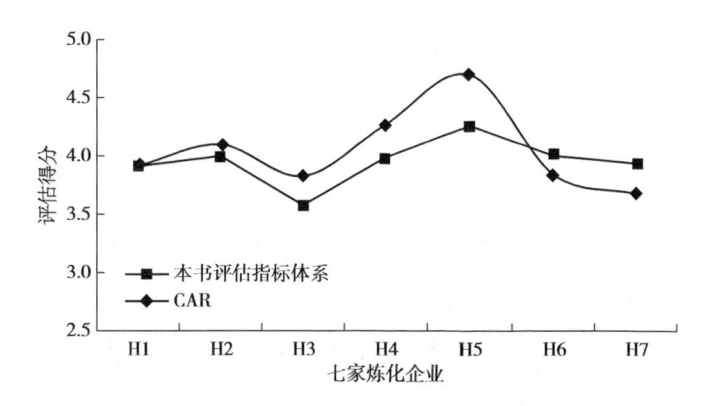

图 6.5 不同评估指标体系的打分结果情况

6.5 本章小结

本章基于日常应急准备工作、应急演练中现场应急处置情况两方面因素，构建了完整的临河炼化企业应急能力评估指标体系。

本章应用构建的炼化企业突发事件应急能力评估指标体系以及美国应急管理协会的应急准备能力评估体系，对七个炼化企业进行了风险评估，分析了评估结果上的差异。结果表明：

第一，本章构建的基于日常应急准备工作、应急演练中现场应急处置情况两方面因素的炼化企业突发事件应急能力评估方法是科学合理的。

第二，本章构建的评估指标体系找到了炼化企业在"应急处置与救援""事后恢复与重建"，以及"应急准备""监测与预警"等方面的差异性，为企业应急管理的改进工作指出了明确的方向。

参考文献

[1] 袁晓芳. 基于情景分析与CBR的非常规突发事件应急决策关键技术研究[D]. 西安：西安科技大学, 2011.

[2] 李磊. 铁路突发事件应急决策若干问题研究[D]. 北京：中国铁道科学研究院, 2013.

[3] 李小平. 铁路突发事件应急救援智能决策关键技术研究[D]. 兰州：兰州交通大学, 2013.

[4] 吴宗之, 刘茂. 重大事故应急救援系统及预案导论[M]. 北京：冶金工业出版社, 2003.

[5] 邓云峰, 等. 突发灾害应急能力评估及应急特点[J]. 中国安全生产科学技术, 2005, 1 (5)：56-58.

[6] 陶亚. 复杂条件下突发水污染事故应急模拟研究[D]. 北京：中央民族大学, 2013.

[7] 肖长来, 兰盈盈, 等. J市第二松花江江段污染物-NH4+分布特征研究[J]. 世界地质, 2004, 23 (4)：382-396.

[8] 李尧远, 马胜利, 郑胜利. 应急预案管理[M]. 北京：北京大学出版社, 2013.

7 化工园区事故应急管理信息系统

随着信息化时代的不断发展，越来越多的学者将目光聚焦到安全管理与信息化建设相结合的研究领域。前辈们的不断实践，证明安全管理信息化建设能有效提升管理单位的安全管理水平。在现有的安全管理信息化建设平台中，安全管理信息系统（Safety Management Information System，SMIS）与地理信息系统（Geographic Information System，GIS）的运用尤为突出。前者能实现安全管理信息的收集、储存、加工以及输出等；后者能对地理数据进行采集、储存、运算等，并通过地图进行可视化展示；两者都能通过通信网络实现资源共享。SMIS 和 GIS 在安全领域的投入使用，大大促进了安全领域的信息化进程。

自 20 世纪 50 年代开始，计算机与互联网引领的信息变革极大地刺激了管理行业的发展，其中就包括安全管理领域。研究者们结合了安全、管理和信息三大学科领域的知识，通过信息技术的运用实施安全管理，创造了安全管理信息系统。1970 年起，管理信息系统进入完善阶段，在理论和方法方面发展很快，尤其在规划方法、系统分析设计、组织理论等方面取得了重大成果。不过，仍存在程序比较简单、分析与决策支持功能较差、灵活性不足等较为普遍的问题。安全基本信息是安全管理信息系统的数据基础，实现安全基本信息的采集、查询、编辑等是安全管理信息系统的基础功能。通过系统克服安全信息匮乏、信息交流不及时等普遍存在的安全管理问题，能对引导企业的本质安全管理发展产生重要意义。对此，不少学者以化工园区为背景研究了安全管理类信息系统的构建和实现，旨在提升园区的安全管理水平，为园区的安全生产保驾护航。徐士会等研究了化工园区的重大危险源安全监管，采用 MapX 控件+Delphi 编程语言集成开发了基于 GIS 的化工园区管理信息系统，该系统在配套摄像机、多种传感器等设备后能实现现场的安全监控，并对重大危险造成的火灾、爆炸等事故进行模拟，为应急救援提供辅助决策。贺延伟等以园区安全规划、安全管理和应急救援为系统主要内容研发了园区突发事件应急管理系统，该系统更多地偏向于信息管理。于洋等以接警处警工作为研究对象，构建了园区的接警处警与应急值守系统，该系统结合 GIS 技术，配套电话交换机等硬件设备，并通过与园区的监控系统联动来完成化工园区的接警处警工作，系统功能较为完善；但该系统还需要配套危险源与应急资源管理系统、综合监控与报警系统等较成熟化工园区才拥有的支持系统，这对信息化建设刚刚起步的园区还不适用。

综上所述，目前安全管理信息化建设仍然面临诸多难题，较为突出的有：一是安全管理信息系统虽种类丰富，功能各异，但都存在一定的局限性，需要针对特定的群体的特殊需求进行独立设计。二是安全管理信息系统的功能实现都要求一定的配套硬件投入，部分硬件投入量大而成本高昂，在实际推广中遇到了诸多阻力。

因此，新型化工园区事故应急管理信息系统的设计应当秉持切实满足园区企业需求的目标，尽可能具备界面友好、操作便捷且实用性强等特点。随着信息技术的发展，国家对化工企业的要求也越来越高，应急管理部在 2023 年 3 月发布《"工业互联网+危化安全生产"工艺生产报警优化管理系统建设应用指南（试行）》，鼓励建议有关企业采用工业互联网平台+工业 App 的方式建设管理系统。本章中信息系统设计也将以工业互联网的思维进行整体框架搭建。本章以南方某化工园区研究对象，充分了解其在当前阶段对安全管理信息化建设的功能需要，从而构建出具有推广性价值的安全管理信息系统模块功能，然后通过数据结构设计为其他园区提供数据采集参考，并最终实现系统的应急模块功能，以满足化工园区在应急过程的主要需求。本章进行的化工园区安全管理信息化建设研究，可以帮助化工园区掌握园区安全管理的关注焦点，结合园区情况分析的思路对照检查自身管理情况，并针对存在共性的问题寻找解决措施。同时，还能为今后该领域的信息化建设提供借鉴，包括信息系统模块功能构建、系统数据库结构设计和开发工具的选择、信息系统实现的思路等。

7.1 设计原则

通过对化工园区现有设备和事故应急管理系统的性能需求，结合现有技术，本书构建的新系统应遵循以下原则：

7.1.1 实用性原则

对化工园区进行前期调查，对发生事故全流程进行分析，得到企业的对于新系统的需求；依据化工园区特点，确定相关功能，满足园区相关要求，符合企业内部实际管理要求。

7.1.2 界面友好原则

新系统的整体设计应当保持界面友好，符合一般用户的操作习惯，同时设计的各项功能应该简洁实用，方便管理者快速找到所需内容；一旦用户出现错误操作，应当及时出现错误提示，以免酿成事故。

7.1.3 可操作性原则

新系统应当具有优秀的整体化设计，用户在使用过程中可以自如地切换到不同的子系统中，同时应当赋予不同人群不同的权限，避免系统在使用过程中遇到操作冲突等意外事件。

7.1.4 适应性原则

不同企业的需求不同，对于不同的企业，新系统应及时增加或者减少相应的功能，以保证系统流畅安全运行。同时也要对保证系统对旧设备的适应性，降低企业的部署难度。

7.1.5 拓展性原则

随着科技发展，目前设备更新换代频率快，新系统应当具备相当的拓展性，对于市面上出现的新设备，应当允许与之兼容，以保证其先进性，这要求系统使用对当前来说较为先进的设计语言，以保证未来的拓展性。

本系统采用面向对象法进行设计，将系统分为多个子功能模块，通过主页进行不同功能的切换；针对不同的功能，建立相对应的模型，同时在各模型之间建立联系，以此完成化工园区事故应急管理信息系统的设计。

7.2　系统开发环境

本系统通过 HTML 和 JSDesign 进行系统界面设计，MySQL 数据库作为系统的数据存储工具，利用 Python 语言将二者有机联合起来，采集数据投射到系统界面当中以实现系统可视化。

HTML 是一种用于创建网页的标记语言，JSDesign 是一个用于设计网页界面的程序，二者结合使用，最终将系统前端界面呈现出来。系统的后端采用的是 Python+MySQL 的形式；Python 是一种面向对象的高级编程语言，编程过程简单，并且拥有较为完善的第三方库；MySQL 是一个数据库，可用来存储化工园区的相关数据。系统后端通过 Python 第三方库将 MySQL 数据库与系统前端连接起来，最终呈现出一个完善的系统。

7.3　系统平台搭建

7.3.1　系统需求分析

（1）事故预防

化工园区的生产过程中，原料、中间产物和最终产物往往都是易燃易爆物质，生产的工艺往往也需要高温或高压等，因其生产环境的特殊性，化工园区本身就处在高风险中，一旦发生事故，往往将造成严重的财产损失或人员伤亡。据不完全统计，化工事故有 70%~80% 是由人为失误导致的，其中，人的不安全行为中违反操作规程的占比超六成（如图 7.1 所示），物的不安全状态中由设备受损造成的事故隐患占 50%（如图 7.2 所示），这当中的事故通过预防大都是可以避免的，因此化工园区的安全管理特别强调事前预防机制。

以 B 工园区为例，化工园区的安全管理预防机制主要在两方面着力。

7 化工园区事故应急管理信息系统

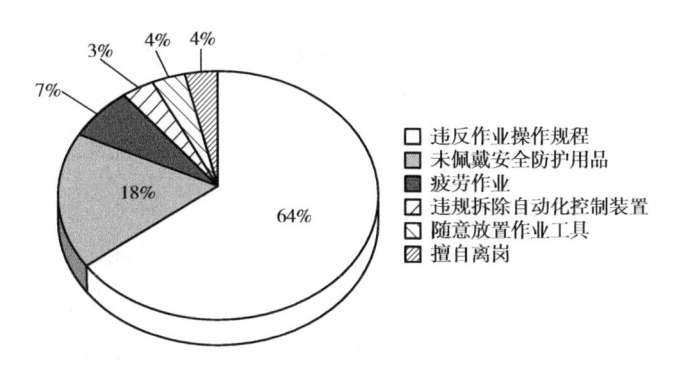

图 7.1 人的不安全行为

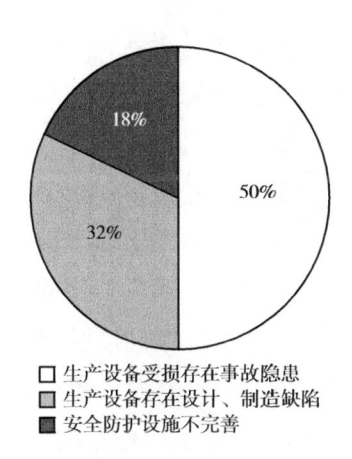

图 7.2 物的不安全状态

一是隐患排查治理方面，管理者对化工园区存在的安全隐患进行排查，并进行跟踪治理，直至消灭安全隐患，这要求信息化之后的系统在事故预防方面至少应具备隐患排查记录、跟踪、归档等功能，管理者可以及时查看隐患排查情况、治理进度、已治理情况等。二是在安全风险分级防控方面，化工园区管理者根据原料、半成品和成品等危险物质的储量、工艺危险性、使用的机械设备等进行评估，计算爆炸危险半径、死亡半径等，对区域进行分级管控，这要求信息化系统能够对化工园区内部进行风险等级划分防控，化工园区内部的物资在生产过程中是流动的，这也需要系统能够动态调整管控等级，及时报告给现场管理人员和作业人员。

综上所述，在化工园区事故预防方面，通过以上层层手段，管理者对化工园区的各部分危险性做到心中有数，及时排查治理安全隐患，降低事故发生的可能，提高企业运行安全，这要求化工园区事故应急管理信息系统做到隐患排查治理全流程跟踪和动态安全风险分级防控。

（2）应急管理

在化工园区应急管理机制方面，拥有健全的应急预案、操作规程和奖惩措施等应急管理能力以及完善的应急资源和配套措施，是实现应急管理机制有效运行的重要保障。同时，加强人员培训、提高人员素质，才可以真正落实应急管理的相关措施，提高化工园区安全运行水平。

以B工园区为例，化工园区主要从应急管理能力建设和应急管理资源管理两方面出发。一方面，建立健全各项应急管理制度，补充做好事故应急预案和安全评价等内容，加强人员培训、提高人员素质，建立一支应急状态下可以紧急出动的队伍，同时完善各项规章制度，使人员在应急管理过程中做到有据可依，进一步提高企业应急管理能力。另一方面，完善企业储备的应急资源，如防护服、防毒面具、担架、医疗物资等，加强培训和资源管理，使人员能在应急情况下及时获得应急物资，并且能够熟练使用，同时摸清化工园区周边的应急资源，如医院、消防队、警察局或临近企业等部门，与周边有关部门建立起联防联控机制，经过管理人员研判事故等级较高时，及时向周边部门联络，获取援助，将事故影响降到最低。

因此，在事故应急管理机制方面，化工园区要求信息管理系统至少应该具备应急管理能力和应急资源管理功能，在制度上建立统筹管理功能，使人员能够迅速地调阅应急预案、员工操作守则及其他管理制度，并在发生事故时及时判断出可能适用的应急制度，同时记录员工培训等；在应急资源上，应建立监控化工园区内应急资源流动情况，及时补充相关应急资源，建立应急资源管理制度，在发生事故时，及时将资源分配到应急队伍或工作人员手中，同时也要保持与外界的联络，发生事故时第一时间上报给上级部门，事故危害性较大时，可以及时向外界寻求援助。

（3）事故响应

化工园区生产过程中发生的事故多种多样，有时事故风险大，危害面广；有时事故小，影响范围有限。因此，在某化工园区安全管理过程中，园区对事故应急采取了分级响应的措施。按照早发现、早报告、早处置的原则，将预警体系划分为一级（社会级）、二级（企业级）、三级（现场级），其中一级为最大级，当达到相关的响应预警条件时，应及时发出预警信息并处置相应事故或撤离。

在事故响应这一方面，化工园区需要建立相应的响应制度和响应等级。三级层面主要是指事故可能波及的范围局限在岗位区域内，依靠岗位所在部门自身力量即可控制，这时当班人员应立即向部门领导或安全员报告；二级层面主要指事故可能波及的范围在企业内，此时当班人员应立即向部门领导、安全员、指挥部汇报；一级层面主要指事故可能波及的范围超过企业，此时指挥部应立即向相关政府部门汇报，通知周边单位，并及时请求援助。

所以，在事故应急响应方面，化工园区要求信息管理系统至少应该具备分级响应的能力。在系统内建立分级响应系统，设置相关标准，在事故发生时帮助园区管理人员快速响应事故，及时处置相关灾情。

7.3.2 功能模块设计

（1）基本安全信息模块

化工企业是化工园区主要的安全管理对象。通过化工园区基本安全信息管理模块对企业常规信息进行监管，是化工园区事故应急管理信息系统的重要功能，本模块主要通过对企业登记、企业组织架构、企业人员信息、企业建设管理等进行监管。

①企业登记

为了方便化工园区企业管理，本模块将化工园区的企业按照一定规则进行编号，登记企业的基本信息。首先应当重点对生产企业的安全管理人数进行登记，如企业法人、安全生产第一责任人、企业在职员工人数、注册安全工程师人数等。其次重点登记企业安全生产规章制度，将化工企业的安全生产规章制度上传到系统当中，以便安全管理人员进行查阅、下载和更新，同时系统应当建立日志，对化工企业的安全生产规章制度的变更记录进行有效管理，以便事后查阅。另外，对于企业的生产工艺和产品应当予以登记，实现企业生产工艺上传、一键查阅企业生产工艺，降低管理人员的学习成本，提高监管效率，同时企业应当及时将变更过的企业工艺和产品上传至系统，以便系统管理人员监管。

②企业组织机构信息

不同的企业往往存在企业组织架构不同的情况。鉴于此，系统应当另外设立一个企业组织机构信息登记的入口，以便系统管理人员了解企业的组织机构，一旦发生事故，应及时将事故信息通报给相关组织机构成员，将事故影响降到最小。在企业组织机构信息当中，应当主要记录以下两类信息：

第一，安全生产管理机构。该部分内容主要指的是企业从上到下各部门、车间等组织机构，即企业内部的日常生产管理机构。

第二，应急组织机构。该部分内容主要指的是一旦发生事故，企业内部应当立即组织起来的应急管理机构，包括但不限于应急指挥部、应急办公室、抢险救援组、警戒疏散组、后勤联络组、医疗抢救组等。

③企业人员信息

企业人员信息是实现企业安全生产管理的重要基础数据，管理者通过人员信息可以对化工园区内的企业人员信息的整体情况进行掌握，同时也可以知道不同人员的管理职能，从而对其赋予不同的权限，避免出现企业普通职工更改系统关键数据的事故。为了实现这些功能，应当有针对性地对企业人员进行登记划分，如对企业法人、安全主管、安全管理人员、特种设备操作员、普通职工等进行划分，同时对拥有特殊技能的人才进行标记，如注册安全工程师、注册消防工程师、电气工程师等。

④企业管理

为了对企业建设生产过程当中产生的文件进行有效管理，应将这些文件统一上传到系统当中，如安全预评价、安全现状评价、专项评价、安全生产应急预案、环境评价、安全教育培训管理记录、职业卫生记录等，建立专门的台账以便保存这些文件，一旦发生事故，管理人员可以及时调用查阅，以便及时处置事故以及事后划分责任等。

（2）风险管控模块

风险管控模块是化工园区重要的安全管理手段，通过化工园区风险管控模块，化工园区的管理人员可以动态掌握企业存在的风险。本模块主要通过登记风险点信息、作业过程风险、风险分级管控制度、风险统计与分析等，对化工园区存在的风险进行有效监管。

①风险点信息

企业在化工园区系统中登记存在的风险点，例如在生产过程中，可能存在易燃易爆物质的设施设备、区域场所，作业活动可能导致的风险等。为了在系统中划分出不同风险点的风险，本模块按照国家要求将风险划分为四级，即一级风险（最危险）、二级危险（较危险）、三级危险（一般危险）、四级危险（较低危险），并及时将危险点数量上报给上级部门，以便进行管理。

②作业过程风险

化工企业往往会存在检维修、动火或者受限空间作业等情况，一般来说，企业应当先向上级报备，取得资质以后方能开展作业。为了便于监管作业过程中存在的风险，开展作业前，化工企业工作人员应当及时在系统里登记相应的作业计划，其中包括但不限于作业项目名称、持续时间、具体位置、责任人等信息。

③风险分级管控

为了便于对不同风险点的管理，应当在系统中设立风险分级管控机制，对不同风险划分不同等级部门进行管理，主要分为一级管控（最危险）、二级管控（较危险）、三级管控（一般危险）、四级管控（较低危险）。

④风险统计分析

收集到足够多的风险数据之后，系统应及时统计出风险点的数量，引入时间轴后，根据风险点的变化情况展示统计结果，并予以相应分析。

(3) 隐患排查治理模块

通过化工园区隐患排查治理模块，园区的管理人员可以随时了解企业隐患排查治理的情况。本模块主要分为三个子模块：企业自查、政府检查、隐患统计分析。

①企业自查

企业通过随机的安全检查或者定期的生产安全检查，排查自身存在的隐患，并在系统中上传排查记录，记录上传后，系统自动将隐患排查结果发送给相应的治理人员，并在治理完成后及时更新隐患治理情况。

②政府检查

化工企业在生产过程当中会受到政府监管,与企业对接的有关部门会不定期上门检查,并且政府的检查标准会更加严格。化工园区事故应急管理信息系统应当具备记录、跟进、完善政府检查过程中排查出的隐患的功能,及时消除事故隐患。

③隐患统计分析

通过对采集到的隐患数据进行统计分析,引入时间轴,了解企业隐患多发时间和地点,将统计结果直观展现在系统管理人员面前,便于有针对性地开展安全生产隐患排查治理和事故应急工作。

(4) 应急模块

应急模块通过 HTML5 和 JSDesign 将系统界面设计出来,利用 Access 数据库作为系统的数据存储工具,并用 Python 语言将二者有机联合起来,采集数据投射到系统界面当中以实现系统可视化。应急模块在化工园区事故应急系统中应具备监管企业信息、应急预案管理、事故应急救援等功能。

①监管企业信息

通过化工园区事故应急系统,管理人员可以直观地在系统中了解到企业的基本信息,实现对企业信息的监管,包括但不限于化工园区企业信息收录、查询、维护等功能,其具体功能与企业基本安全信息模块一致,此处不再赘述。

②应急预案管理

化工企业应急预案管理是实现系统应急模块功能的重要部分,此功能不同于传统的单一应急预案登记、维护和查询,而是更加注重应急预案的实际运用。一旦发生事故,具体的负责事项将落实到个人,实现事故的高效应急,减少企业的反应时间,提高事故应急救援效率。该部分的主要功能有应急预案登记、事故响应、应急预案查询、应急预案维护等。

③事故应急救援

在发生突发事件时,应急处置人员将应急资源调配到事发区域的效率决定了事故应急救援的效果。新构建的化工园区应急管理信息系统应当及时掌握本园区内的应急资源,以便在发生应急事件时及时调配相关应急资源到事发区域,提高应急效率,因此该部分应当至少具有应急资源登记、应急资源查询、应急资源维护等功能。

（5）用户管理模块

为便于化工园区事故应急管理信息系统中各相关人员的使用，系统应当对不同人群赋予不同权限，主要划分为超级管理员、管理员和用户，其中超级管理员具有对系统完全的操作权限，可以任意修改系统中的数据（适用于企业法人或者安全生产第一责任人）；管理员具有部分修改的权限，可以添加或者删除应急资源的功能（适用于安全管理人员）；用户仅仅具有上报应急信息的权限（适用于普通员工）。

7.4　数据库设计

受限于篇幅，在此无法将系统完整地构建出来，本书将重点构建应急模块功能，根据化工园区事故应急信息系统的各项功能模块及其子功能模块的数据需求，系统数据库主要包括企业基本信息表、设备信息数据表、人员信息数据表、应急预案信息数据表、风险点信息表、应急资源信息表、用户信息数据表等7个数据表。

7.4.1　企业基本信息表

企业基本信息表主要记录企业在运行过程中产生的基本信息，主要有编号、企业名称、企业法人、在职员工人数、安全工程师人数、生产工艺、产品、规章制度等，如表7.1所示。

表7.1　企业基本信息表

代码	字段名	数据类型	字段长度
ID	编号	Integer	—
Qyname	企业名称	Text	50
Faren	企业法人	Text	50
Pnumble	在职员工人数	Integer	—
Enumble	安全工程师人数	Integer	—
Pp	生产工艺	Text	255

续表

代码	字段名	数据类型	字段长度
Products	产品	Text	255
Rr	规章制度	Text	255

7.4.2 设备信息数据表

设备信息数据表登记企业内部所有设备的信息，包含编号、设备名称、规格/型号、采购时间、采购价格、生产厂商、用途、备注等，如表7.2所示。

表 7.2 设备信息数据表

代码	字段名	数据类型	字段长度
ID	编号	Integer	—
Sbbh	设备名称	Text	255
Ggxh	规格/型号	Text	255
Cgsj	采购时间	Data	—
Jg	采购价格	Text	255
Sccs	生产厂商	Text	255
Yt	用途	Text	255
Bz	备注	Text	255

7.4.3 人员信息数据表

人员信息数据表主要记录企业人员信息，作为基础数据之一，其包含的信息有编号、姓名、性别、年龄、学历、是否受安全教育、部门、岗位、职责、所属应急机构、备注等，如表7.3所示。

表 7.3 人员信息数据表

代码	字段名	数据类型	字段长度
ID	编号	Integer	—

续表

代码	字段名	数据类型	字段长度
Nname	姓名	Text	255
Ssex	性别	Text	255
Yyears	年龄	Text	255
Xl	学历	Text	255
Aqjy	是否受安全教育	Text	255
Dp	部门	Text	255
Post	岗位	Text	255
Duty	职责	Text	255
Yjjg	所属应急机构	Text	255
Bz	备注	Text	255

7.4.4 应急预案信息数据表

应急预案信息数据表主要记录企业的应急预案的具体内容，拆分关键数据以便起到快速响应的作用，其包含的信息有编号、预案名称、预案编号、编制部门、编制时间、编制依据、编制目的、响应原则、适用范围、预案基本情况、预案类型、预案内容等，如表7.4所示。

表7.4 应急预案信息数据表

代码	字段名	数据类型	字段长度
ID	编号	Integer	—
Nname	预案名称	Text	255
Bh	预案编号	Text	255
Bzbm	编制部门	Text	255
Bzsj	编制时间	Data	—
Bzyj	编制依据	Text	255
Bzmd	编制目的	Text	255
Respond	响应原则	Text	255

续表

代码	字段名	数据类型	字段长度
Syfw	适用范围	Text	255
Qk	预案基本情况	Text	255
Lx	预案类型	Text	255
Nr	预案内容	Text	255

7.4.5 风险点信息表

风险点信息表主要记录企业自行上报的风险点，是系统监管企业日常运行安全的重要数据，其包含的信息有编号、风险点名称、风险点位置、上报时间、风险点现状、风险等级、治理措施等，如表7.5所示。

表7.5 风险点信息表

代码	字段名	数据类型	字段长度
ID	编号	Integer	—
Nname	风险点名称	Text	255
Wz	风险点位置	Text	255
Ttime	上报时间	Data	—
Xz	风险点现状	Text	255
Dj	风险等级	Text	255
Zlcs	治理措施	Text	255

7.4.6 应急资源信息表

应急资源信息表主要记录企业拥有的应急资源，其包含的信息有编号、资源名称、资源地点、采购时间、保质期、物资类型、当前状况、负责人、联系电话等，如表7.6所示。

表7.6 应急资源信息表

代码	字段名	数据类型	字段长度
ID	编号	Integer	—

续表

代码	字段名	数据类型	字段长度
Nname	资源名称	Text	255
Dd	资源地点	Text	255
Cgjs	采购时间	Data	50
Bzq	保质期	Text	50
Lx	物资类型	Text	255
Dqzk	当前状况	Text	255
Fzr	负责人	Text	255
Dh	联系电话	Text	50

7.4.7 用户信息数据表

用户信息数据表主要记录企业人员在系统当中的账号密码和权限，其包含的信息有编号、用户名、用户密码、权限等，如表7.7所示。

表7.7 用户信息数据表

代码	字段名	数据类型	字段长度
ID	编号	Integer	—
Nname	用户名	Text	50
Yhmm	用户密码	Text	50
Qx	权限	Text	255

7.5 某园区应急信息系统开发设计

新型化工园区事故应急管理信息系统主要针对化工园区生产企业而制作，用户可以通过该系统对企业的危化品生产、人员管理、风险点信息、应急资源信息、设备管理等进行有效监管。本节主要对系统的应急模块功能进行详细说明。应急模块功能的总体流程如图7.3所示。

185

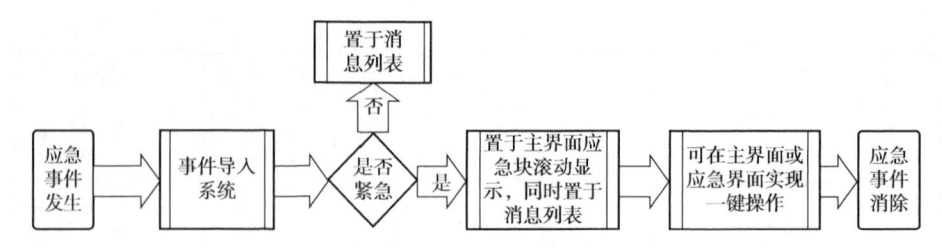

图7.3 应急模块功能总体流程图

7.5.1 用户登录界面

系统首次运行时,用户须登录并正确输入用户名、密码后才能进入系统,如图7.4所示。

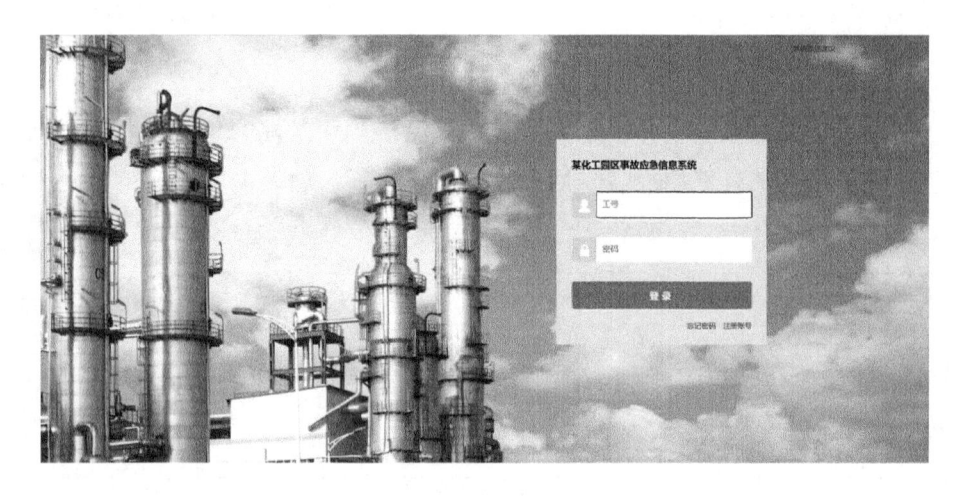

图7.4 用户登录界面

7.5.2 系统主界面

(1)功能展示

用户登录成功以后进入系统主界面,如图7.5所示。该系统最左侧有六个功能模块的快速进入按钮,并用加深颜色表示当前所处位置,点击按钮可以进入相应的功能模块中。左侧为化工园区基本信息栏,包括在职员工总数、当班员工总数、请假人数、当前日期和天气情况等。上部为快捷信息栏,接收到实时信息和告警信息时会在此处发出提醒,并带有一个搜索框，方便快速查找。上方右侧为实时显示的时间。中间部分为实时信息，主要有应急事件总量统计、应急事件热点图、重要通知、待办事项和应急事件实时排名。其中，应急事件总量统计主要统计当日应急事件总量；应急事件热点图可以在园区范围内实时播报应急事件，点击相应的事件进入详情界面中（如图 7.6 所示），事件详情界面具有通知应急班组、一键报警、启动应急设备和通知领导的功能；重要通知主要显示当前需要处理或查看的重要内容；待办事项显示当前需要处理的应急信息或事件，若已完成，可以点击事件前方框表示已经结束；应急事件实时排名主要显示园区不同区域的应急事件排名，方便管理人员了解园区不同区域的应急概况。

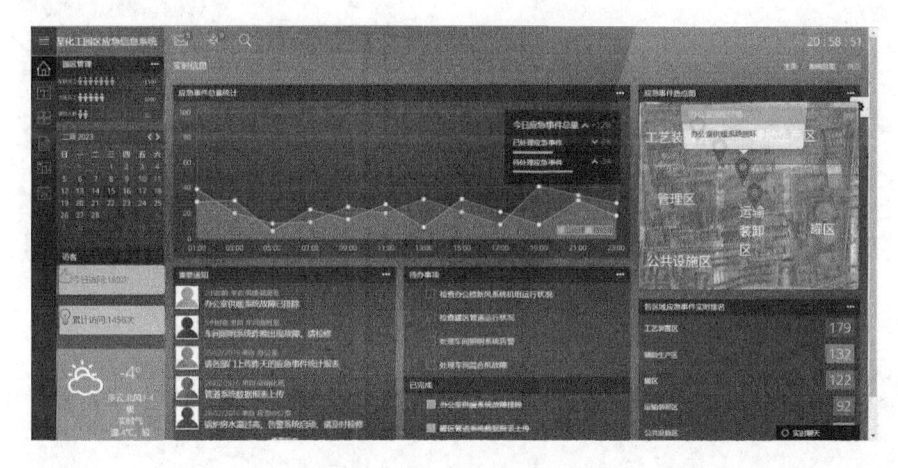

图 7.5　系统主界面

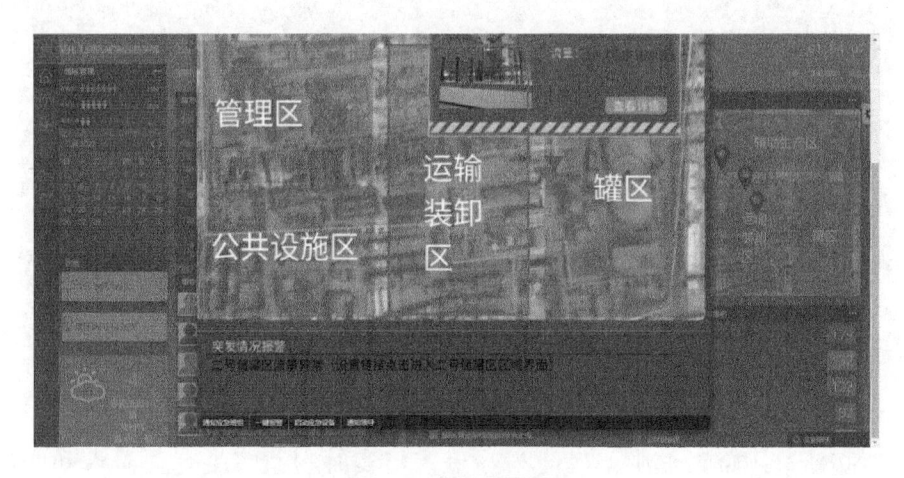

图 7.6　事件详情界面

在主界面上方有实时消息和告警信息两个按钮，点击"实时消息"按钮进入实时消息界面，可以查看实时消息中的内容，方便管理人员了解园区实时动态（如图 7.7 所示）；点击"告警信息"，可以查看告警信息中的内容，方便管理人员快速处理告警信息中的事件（如图 7.8 所示）。该部分内容在系统中的所有子功能界面中均可以快速查看。

图 7.7 实时消息界面

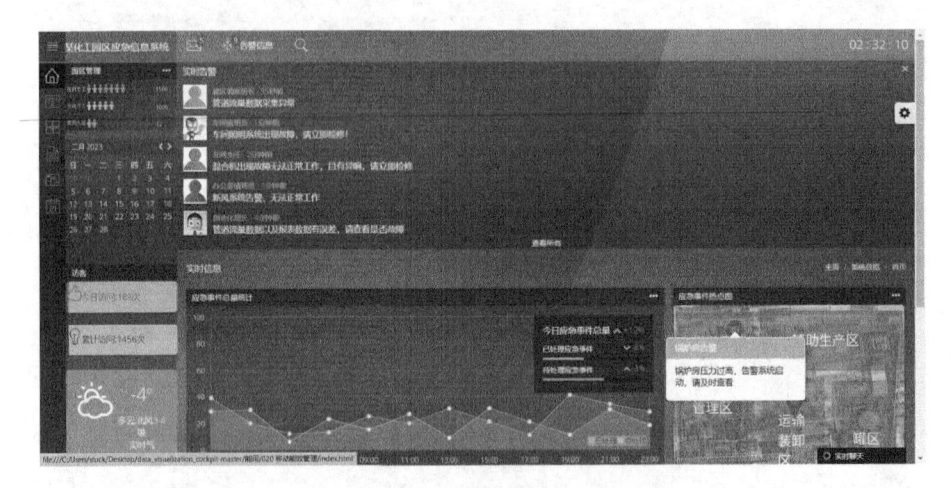

图 7.8 告警信息界面

在主界面下方还有一个实时聊天窗口，可以通过点击下方的"实时聊天"按钮进入聊天框中，以便与当班人员实时沟通解决有关需求和问题

(如图 7.9 所示)。

(2) 功能意义

与以往简易的主界面不同，本次设计的新型系统主界面与某化工园区实际的工作运行状态相对应，系统管理人员可以在其中快捷地看到园区运行的重要数据，便于及时发现安全隐患，处置应急事件。本系统通过事件分类、事件提醒和聊天框等方式，将系统事件准确划分，告知管理者事件的急缓特性、代办时间，并通过设置快捷按钮高效处置应急事件，从而提高园区系统运行的安全性，并为其他系统功能设置打下基础。

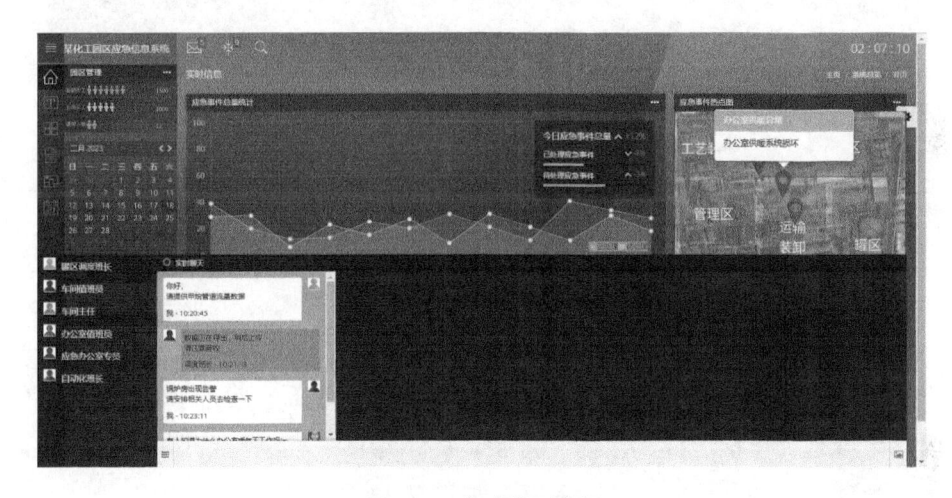

图 7.9　实时聊天界面

7.5.3　生产运行状况概览

(1) 功能展示

通过左侧的"生产运行状况概览"按钮进入生产运行状况界面，可查看各类装置的进、出料量等生产参数，便于有管理人员及时掌控园区内各工艺生产状况；通过阶段平均统计等指标，可查看快速园区生产设备的生产效率，如图 7.10 所示。

(2) 功能意义

由于本系统注重事故应急管理，因此将某化工园区各项生产工艺数据直接简化并可视化是必要的。本系统将聚氯乙烯化工工艺过程简化为五项指标，管理人员可直观看到系统的日常运行状态，提高企业的应急管理效率。

图 7.10 生产情况概览

7.5.4 厂区分布界面

(1) 功能展示

通过左侧的"厂区分布"按钮进入厂区分区界面，管理者可查看厂区内各区域是否正常运行，包括工艺装置区、罐区、辅助生产区、运输装卸区、管理区和公共设施区的装备等，如图 7.11 所示。

图 7.11 厂区分布界面

(2) 功能意义

对某化工园区进行数字建模，将模型导入系统当中，可使管理者对整个园区内的设备设施进行有效管理。本系统对其中关键设备进行链接，一旦其中发生事故，系统厂区分布界面将以小圆圈进行提示，便于警示管理人员及时处置安全隐患，从而提高应急管理的效率。

7.5.5 应急信息

(1) 功能展示

通过左侧的"应急信息"按钮进入应急信息管理界面，可在上方查看园区六个区域的应急事件统计情况，如应急事件总计、待处理事件、已处理事件等，还可以查看不同设备的事件详情，也可以加入对比时间，以了解当前设备的运行状况是否得到了改善（如图 7.12 所示）。

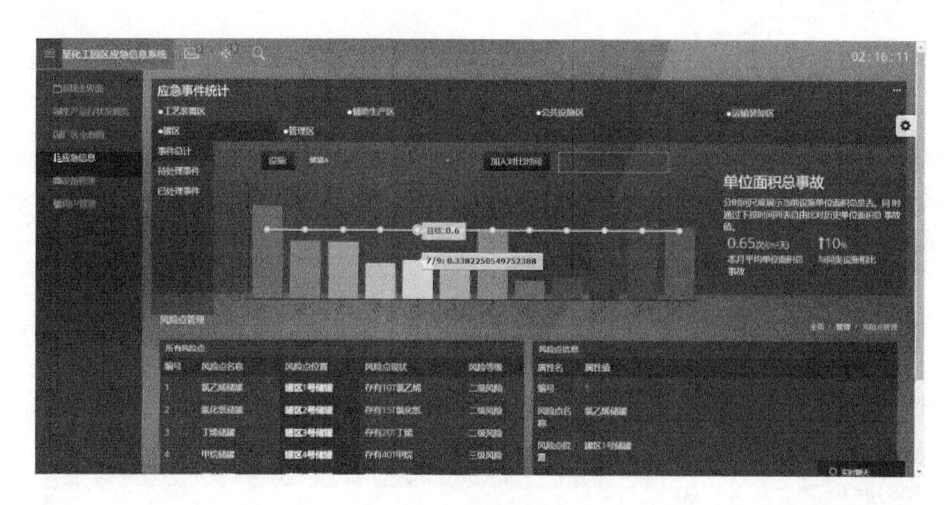

图 7.12 应急信息界面

在下方可以查看园区风险点的详细情况（如图 7.13 所示）。左侧显示风险点的概况，包括风险点名称、风险点位置、风险点现状和风险等级；右侧显示风险点的具体信息，包括概况中的内容、上报时间和具体的处置措施等。

在应急信息界面下方也有一个实时聊天窗口，可以通过点击下方的"实时聊天"按钮进入聊天框，以便管理人员与当班人员实时沟通解决有

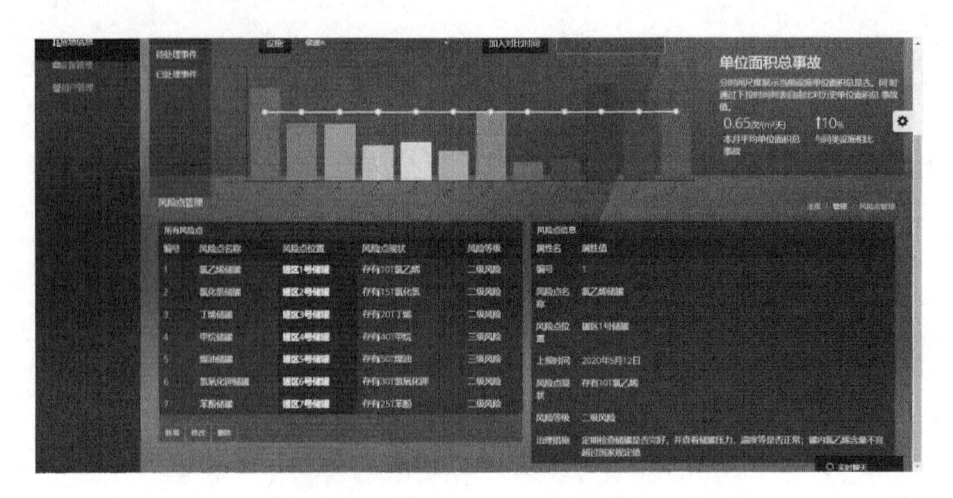

图 7.13　风险点信息界面（1）

关需求和问题（如图 7.14 所示）。

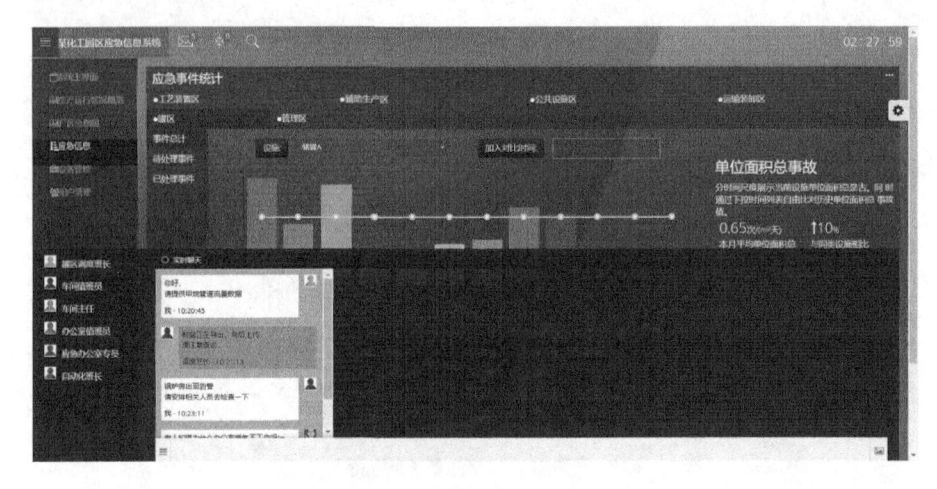

图 7.14　风险点信息界面（2）

(2) 功能意义

与以往的应急系统相比，本书开发的新型应急系统通过将应急信息单列成块，统计应急事件数据、风险点信息等，以提高管理人员对园区应急信息的掌握程度。对应急信息进行有效数字分析可以看出应急事件的多发时间段、应急事件的特点和重点应急区域等，管理者可以针对这些信息提出解决应急事件的措施和方法，并且提高应急事件预防的能力，将应急能力指标化，直观展示某化工园区的应急管理能力。

7.5.6 设备管理

（1）功能展示

通过左侧的"设备概览"按钮进入设备管理界面，可查看储罐、锅炉、过滤机、搅拌机、管道、仪表、反应器和数据库等设备的具体编号、设备名称、规格型号、采购时间、采购价格、生产厂商、用途和备注等信息，并通过管理园区中的所有设备来判断是否到达维修期限、记录使用和维修情况等信息，使设备管理更加具体化（如图 7.15 所示）。

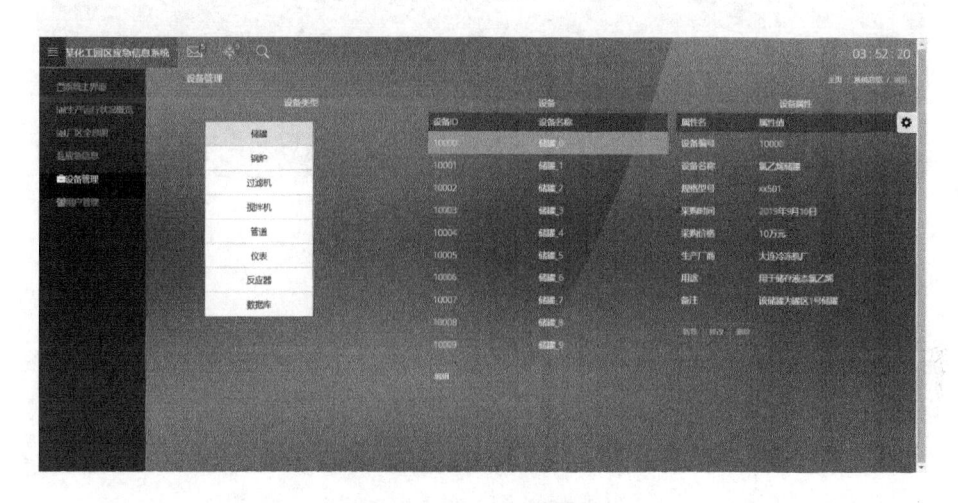

图 7.15　设备概览界面

（2）功能意义

将园区设备分类录入系统当中，并且利用信息化手段记录设备"从生到死"的全过程，便于管理人员管理和检修相关设备，及时更新老旧设备，从而提高化工园区对应急事件的突发应急能力。

7.5.7 用户管理界面

（1）功能展示

通过左侧的"用户管理"按钮进入用户管理界面，在界面左侧可查看所有用户的信息，包括用户名、姓名、所属部门和权限等；在界面右侧可以查看用户的基本信息，包括用户名、用户密码、姓名、所属部门、岗位、年龄、学历、联系方式、是否接受安全教育和权限等（如图7.16所示）。

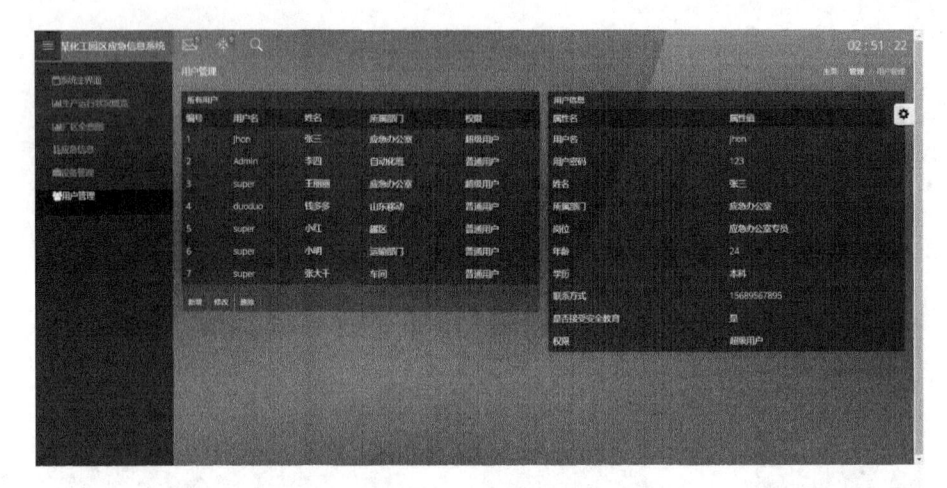

图 7.16　用户管理界面

（2）功能意义

将人员信息录入系统并赋予其相关的管理权限，在登入过程中，系统自动识别人员的身份并匹配相应身份。在系统人员管理中，还可以赋予相应的应急管理身份，在应急事件发生过程中，可以及时向相关人员发送指令，提高化工园区的应急指挥能力。

7.6　本章小结

随着科学技术的发展，越来越多的学者致力于将新技术应用到化工园区应急系统建设领域中。国内外学者普遍认为，机构之间建立广泛有效的联系是应对化工事故的有效方式。

通过国内外文献的归纳整理，对国内化工园区安全管理现状进行了深入的研究后，本章总结分析出了化工园区企业的事故发生的时间规律、事故类型分布和事故发生原因分布，以便给管理者提供判断依据，以此做出决策。

通过事故发生的时间线，本章系统科学地梳理了化工园区企业对事故应急信息系统的需求，了解企业在事故预防、事故应急、事故响应等各方面需求，并由此构建了与之相对应的数据库。

基于html、python和MySQL等计算机技术，本章以某聚氯乙烯化工园区为原型，设计开发出了某化工园区事故应急管理信息系统，初步实现了事前预防、事中应急、事后响应等目标。对比以往的系统，该新型化工园区系统确有提高化工园区应急管理能力的作用。

参考文献

[1] 李仪欢，陈国华．安全管理信息系统学的创建、内涵与外延[J]．中国安全科学学，2007，17（6）：129-134.

[2] 张守力．安全管理信息系统的发展[J]．黑龙江科技信息，2015（6）：107.

[3] 幸福堂，袁策凤，蔡竹，等．企业安全管理信息系统的总体构建[J]．工业安全与环保，2008，34（6）：51-53.

[4] 徐士会，周宁，刘垣亚，等．基于GIS的化工园区风险管理信息系统研究[J]．常州大学学报（自然科学版），2012，24（4）：73-77.

[5] 贺延伟，刘鹏刚．化工园区突发事件应急管理信息系统研究[J]．安全与环境工程，2012，19（2）：106-109.

[6] 于洋，魏利军．化工园区接警处警与应急值守系统的研究[J]．中国安全生产科学技术，2009（6）：156-159.

[7] 王亚晴，杨涛．2016—2021年我国危险化学品事故统计分析[J]．山东化工，2022，51（14）：168-171.

[8] 张圣柱，王旭，魏利军，等．2016—2020年全国化工和危险化学品事故分析研究[J]．中国安全生产科学技术，2021，17（10）：119-126.

[9] 王书涵．江苏响水天嘉宜化工有限公司"3·21"特别重大爆炸事故[J]．现代班组，2020（8）：29.

[10] 罗永乐．广东省化工行业安全发展现状及对策建议[J]．广东

化工，2021，48（6）：42，44.

［11］曲开顺，赵永华．英国国家化学事故应急中心［J］．劳动保护，2010（12）：108-109.

［12］马尚权，吴姗姗，王科迪．国内外危险化学品事故应急救援体系现状对比［J］．华北科技学院学报，2017，14（1）：95-99.

［13］嵇超，中国化学品安全协会．德国化工行业安全监管经验浅谈［N］．中国应急管理报，2021-11-20（1）.

［14］VILLELA K, BREINER K, NASS C, et al. A smart and reliable crowdsourcing solution for emergency and crisis management［J］. Interdisciplinary information management talks, 2014: 213-220.

［15］PARK J, LEE Y, YOON Y, et al. Development of a web-based emergency preparedness plan system in Korea［J］. Korean journal of chemical engineering, 2011, 28（11）: 2110-2115.

［16］JUNG K, PARK H W. Tracing interorganizational information networks during emergency response period: a webometric approach to the 2012 Gumi chemical spill in South Korea［J］. Government information quarterly, 2016, 33（1）: 133-141.

［17］MOEHRLE S. Towards a decision support system for disaster management［C］//Safety, Reliability and Risk Analysis: Beyond the Horizon-Proceedings of the European Safety and Reliability Conference, ESREL 2013. 2013: 239-246.

［18］SØRENSEN K. Lack of alignment in emergency response by systems and the public: a Dutch disaster health literacy case study［J］. Disaster medicine and public health preparedness, 2022, 16（1）: 25-28.

［19］薛澜．中国应急管理系统的演变［J］．行政管理改革，2010（8）：22-24.

［20］纪庭超，马克祥，李钦富，等．我国应急管理体系面临的挑战及发展建议［J］．中国应急管理科学，2021（7）：4-10.

［21］袁玉琢．地方政府突发事件应急管理研究［D］．南昌：江西财经大学，2021.

［22］王振兴，张湘莹．"一案三制"框架下突发公共卫生事件应急管理研究综述及展望［J］．城市与减灾，2022（4）：5-9．

［23］伊长新．智慧应急系统的研究及应用［J］．科技创新与应用，2021（7）：172-174．

［18］刘倩妤．毒黄素饮水突发性污染在线监测及应急预警系统的建立［D］．广州：暨南大学，2021．

［24］朱昊天．基于结构化预案的地铁预警应急联动系统研究［J］．智能城市，2021，7（4）：29-30．

［25］张建奎．危险化学品安全监管模式与体系的建立探讨［J］．安全、健康和环境，2009，9（2）：34-36．

［26］刘蓉．化工生产企业事故分析与预测研究［D］．太原：中北大学，2015．

［27］罗景泉．基于GIS的化工园区安全管理信息系统设计与应急模块实现［D］．绵阳：西南科技大学，2018．

［28］王飞跃，王维．化工园区应急管理能力评估研究［J］．中国安全生产科学技术，2017，13（6）：132-138．

［29］鞠兴忠．加油站智能安全防护系统设计及关键技术研究［D］．上海：上海应用技术大学，2021．

［30］彭国敏．基于物联网技术的化工园区环境应急预警系统研究［J］．化工管理，2021（21）：7-8．

附录 A BP 神经网络应急物资预测程序

```
close all
clear
echo on
clc
P = [表 5.8 数据];
P_test = [表 5.9 数据];
T = [表 5.3 数据];
net = newff (minmax (P), [15, 3], {'tansig', 'purelin'}, 'traingdm')
inputWeights = net.IW {1, 1}
inputbias = net.b {1}
layerWeights = net.LW {2, 1}
layerbias = net.b {2}
net.trainParam.show = 50;
net.trainParam.lr = 0.05;
net.trainParam.mc = 0.9;
net.trainParam.epochs = 1000;
net.trainParam.goal = 1e-3;
[net, tr] = train (net, P, T);
A = sim (net, P_test)
E = T - A
MSE = mse (E)
echo off
```

附录 B 临河炼化企业应急能力评估指标体系评分表

临河炼化企业应急能力评估指标体系评分表如表 B.1 所示。

表 B.1 临河炼化企业应急能力评估指标体系评分表

序号	三级指标	评分要点	得分等级 1	2	3	4	5	NA
1	风险分析（c1）	制定了科学的风险管理计划和详细的实施方案，建立了专兼职人员的风险识别评价队伍						
2		定期对安全生产状况进行检查，全面分析评价可能造成的灾害及衍生灾害						
3		对每次风险调查过程、问题及其处理情况，进行书面记录并签字确认						
4		对重大危险源进行登记建档，建立风险源数据库，定期检测、评价、监控，实时监控						
5	风险消减及控制（c2）	现场采取维护安全、防范危险等措施，并对施工现场实行警戒管理						
6		作业单位资质符合国家规定；各类人员和特种作业人员持证上岗并按要求进行严格审核，台账齐全						
7		作业单位科学编制方案，合理选择施工工法和安全技术措施，严格按照施工操作规程作业						
8		从事开挖、吊装、换管、焊接等危险作业时，实施作业许可管理						
9		作业现场危险部位均设置了明显的安全警示标志						
10		为作业人员提供符合国家或行业标准的安全防护服装、安全防护用具，并书面告知危险岗位的操作规程和违章操作的危害						
11		作业单位参加工伤社会保险，投保的保险金额不低于地方规定的最低保险金额等相关标准						

续表

序号	三级指标	评分要点	得分等级 1	2	3	4	5	NA
12	预案编制与完善（c3）	制定突发事件总体应急预案、专项应急预案，现场处置预案体系（以下简称"应急预案"）						
13		应急预案内容翔实，具体规定了应急管理工作的应急组织体系、组织机构与职责，事件分类与分级，突发事件的预防与预警机制、处置程序、应急保障措施等内容，明确突发事件信息上报时间、上报程序和内容，以及与突发事件类型和等级相配的应急队伍、抢险材料、抢险设备、通信系统、处置方法和措施						
14		应急预案编排格式标准、内容简明、实用、文字精练、易懂						
15		应急预案操作性强，应急处置措施具体有效						
16		应急预案实用性强，其制定针对不同类型和等级事故现场环境的特点、范围和可能造成的社会危害等特点						
17		定期对应急预案进行更新管理，根据有关法律、法规、标准的变动情况，应急预案演练情况，以及管道输送介质、运营状况、设备状况、人员、技术、外部环境等不断变化的实际情况，及时补充修订完善预案						
18	预案宣贯与演练（c4）	定期对管理人员和作业人员进行安全和应急培训教育						
19		应急培训采用了适当的形式，宣传方式生动多样						
20		应急培训课程设置合理、内容翔实、简单易懂，应急宣传内容简单、易懂、易记						
21		设有固定的应急宣传场所，如固定宣传栏等						
22		特种作业人员在上岗作业前均经过专门的安全作业培训，并取得特种作业操作资格证书						
23		演练形式丰富实用，涵盖了桌面演练和实战演练等						
24		应急演练前制定了详细可操作性的应急演练方案和脚本						
25		应急演练过程严肃、认真、有序，人员积极参与						
26		对应急演练过程进行全面评价总结，对发现的问题及时改进，并已进一步完善应急预案						

续表

序号	三级指标	评分要点	得分等级 1	2	3	4	5	NA
27	应急机构与队伍（c5）	成立了由企业领导人员组成的应急指挥机构，配备足额的、专业配套的安全生产专职管理人员						
28		企业安全生产领导小组认真履行了相关职责						
29		专职安全生产管理人员认真履行相关职责						
30		设置现场安全监督人员，应坚守作业现场，现场监护人员发生变化时须经批准						
31		配备了专家咨询力量，专家人员充足，并能够及时联系沟通、随时调动						
32		建立了由本单位职工组成的应急抢险救援队伍，担负事发现场的工程设施抢险和人员救援等工作						
33		应急抢险救援队伍人员比例（抢险救援人员数量/现场员工总数×100%）						
34		为应急抢险救援人员和从事危险作业的职工购买人身意外伤害保险，并配备必要的防护装备和器材						
35		应急抢险队伍数量充足、分布合理，抢险救援工作及时有效						
36	应急物资与资金（c6）	制定应急物资保障方案，防护用品、救援装备、救援器材的物资储备数量充足、品种齐全、质量可靠						
37		对施工现场的安全防护用具、救援器材设备等设专人进行管理维护维修；						
38		积极研发、推广和应用能够改善企业安全生产条件，提高防灾减灾能力的新技术、新工艺和新设备						
39		安排并确保应急专项资金专款专用						
40		对列入预算的安全环境及施工措施的费用，确保其完全用于施工安全措施的落实和施工安全环境的改善						
41	应急通信（c7）	加强本单位应急信息化建设，配备必要的应急通信设施、设备						
42		应急通信设备性能稳定，平时维护运行良好，定期检查维修						
43		明确应急通信联络人和联络方式，能确保24小时通信畅通，保障信息及时、准确、可靠地传输						

续表

序号	三级指标	评分要点	得分等级 1	2	3	4	5	NA
44	配套制度（c8）	建立完善了安全检查与危险源识别、评价、监控制度与作业规程						
45		制定完善了管道运营、抢维修、动火作业、巡检等安全操作规程，内容全面，措施到位						
46		建立完善了应急装备器材标准、应急物资储备制度						
47		建立完善了安全技术措施、技术交底制度，并确保落实						
48		建立完善了劳动保护用品的采购、验收、保管、发放、使用、更换、报废等规章制度和相应的管理台账						
49		建立健全了安全教育培训制度，对企业所有人员开展严格的年度安全教育培训						
50		建立完善了安全会议制度并严格执行，会议记录齐全，并将安全作为基层站队例会的重要内容						
51		建立并严格执行值班制度、交接班制度、节日期间日报告制度，值班记录全面清晰						
52		建立完善了工伤事故管理和事故报告处理制度，按照时效性、程序性要求报告；事故登记全面清楚						
53	信息监测（c9）	完善监测网络，划分监测区域，配备专兼职监测人员，对可能发生的突发事件进行监测						
54		及时从当地政府、新闻媒体、气象部门等有关方面的收集有关信息						
55		对监测信息及时汇总分析，做出现场监测报告，向主管部门传递监测信息						
56	信息报送（c10）	建立健全了信息报送机制						
57		突发事件信息第一时间报送						
58		突发事件报告内容全面翔实，符合规定						
59		信息报送内容客观真实，没有漏报、瞒报、谎报						
60		信息报送方式和联络方式明确，适用于报送信息的性质、特点及要求（采用电话、视频、邮件、传真等）						
61		对报送的信息及时进行审查核准；对事故报告后出现新情况的，及时进行续报						

续表

序号	三级指标	评分要点	得分等级 1	2	3	4	5	NA
62	事件预警（c11）	根据对突发事件的预报和预测结果，及时发布预警信息，并告知地方政府相关部门						
63		持续跟踪事态发展，根据已预警突发事件的情况变化，适时宣布预警解除						
64	指挥协调（c12）	事故发生后，立即启动相应应急预案，响应迅速，指挥协调负责人和各应急职能小组职责明确						
65		根据需要，主要领导人员或指派相应领导人员迅速奔赴现场，组织抢险救援工作，应急决策迅速						
66		应急指挥部运用先进技术，应急决策科学民主，充分发挥专家作用						
67		应急决策与突发事件可能造成的社会危害的性质、程度和范围相适应，确保科学合理						
68		应急决策充分考虑安全因素，所选择的措施有利于最大程度地保护现场人员的生命财产安全						
69		应急协调有序、调度迅速，能够确保各单位部门联动配合，能够保障应急资金与物资供给						
70	评估研判（c13）	加强事件情况监测，及时科学地对相关信息进行分析处理						
71		充分借助专家队伍和决策支持系统，为抢险救援指挥协调提供重要决策支持						
72	工程抢险（c14）	事件发生后，迅速切断危险源，封锁现场和危险区域						
73		迅速撤离、疏散现场人员采取措施防止事态扩大和引发火灾、爆炸、中毒、污染等次生事故						
74		立即组织现场应急抢险救援队伍和工作人员进行抢险救援，以防事故进一步扩大						
75		建立了准入与撤离机制，严格执行抢险救援人员进出事故现场的相关规定						
76		现场救援人员佩戴专业防护装备，采取安全防护措施，切实做好人身安全防护						

续表

序号	三级指标	评分要点	得分等级 1	2	3	4	5	NA
77	人员救护 (c15)	迅速组织事故发生地周围的群众撤离危险区域，明确疏散路线，组织人员疏散及时，有序						
78		第一时间对事故现场伤亡人员进行救治，必要时立即将其转移到具备条件的区域治疗						
79		应迅速组织事故发生地周围的群众撤离至安全区域，安置好群众生活，保障基本生活必需品的供应						
80	现场警戒 (c16)	在地方政府支持下，在事故现场设置警戒线和划定安全区域，必要时实行交通管制						
81		必要时，禁止或限制使用有关场所，以及相关设备、设施						
82		保护好附近国家重要设施和目标，避免对重要水体和交通干线造成重大影响；保护好事故现场						
83	环境保护 (c17)	对事故现场和周边地区进行可燃气体、有毒气体监测与分析，并对大气和水体环境进行监测						
84		及时采取挖排污池、建拦油坝、点燃放空、设置围油栏（缆）等措施以防止污染扩散						
85	信息发布 (c18)	应设专门机构或新闻发言人，及时、统一发布事件各环节信息						
86		信息内容真实、客观、全面，发布要以公众为导向						
87		建立舆情监测机构和手段，必要时及时发布信息澄清事实						
88	上下游平衡 (c19)	事故抢险救援结束后，应立即对事故造成油气资源供应所受影响进行科学评价						
89		及时与上下游用户及时沟通协调，综合各方因素，对油气资源供需进行优化平衡，尽可能减少对下游用户的影响						
90	善后赔偿 (c20)	及时对事故伤亡人员及其家属进行安抚和补偿						
91		进行保险索赔，及时足额赔付利益受损方						
92		对被征用的资源事后应及时返还，造成毁损灭失的，及时足额给予补偿						
93	恢复重建 (c21)	突发事件现场应急处置结束后，根据损失评价情况，编制恢复和重建计划						
94		尽快组织力量恢复维修或更换损坏的装置、设备、管道及其他设施，使之达到突发事件前状态						

续表

序号	三级指标	评分要点	得分等级 1	2	3	4	5	NA
95	事故调查（c22）	应急事件结束后，按照国家安全生产事故报告和调查处理的规定，及时成立调查组进行事故调查						
96		事发单位积极协助事故调查，提出整改方案，提交事故调查分析报告						
97		事故调查组梳理总结事故经过事实，调查事故深层次原因，并评价应急处置情况，形成事故调查报告						
98		根据调查结论采取整改措施，对相关责任人进行处理，完善应急预案，强化应急能力						
99		及时发现报告并采取措施消除事故隐患，避免事故灾难						

附录 C 炼化企业应急能力指标体系调查问卷

请您对炼化企业应急协同能力指标体系中的各级指标进行打分。

本文采用 9 级标度法作为确定分值的标准。具体打分标准如表 C.1 所示。评分表见表 C.2 至表 C.6。

表 C.1 相对重要性标度及其含义

标度	含义
1	两个元素对某个属性具有同样的重要性
3	两个元素比较，一个元素比另外一个元素稍微重要
5	两个元素比较，一个元素比另外一个元素明显重要
7	两个元素比较，一个元素比另外一个元素重要得多
9	两个元素比较，一个元素比另外一个元素极端重要

表 C.2 事故预防（b1）

	风险分析（c1）	风险消减及控制（c2）
风险分析（c1）	1	
风险消减及控制（c2）		1

表 C.3 应急准备

	应急预案编制及完善（c3）	预案宣贯及演练（c4）	应急机构与队伍（c5）	应急物资与资金（c6）	应急通信（c7）	配套制度（c8）
应急预案编制及完善（c3）	1					
预案宣贯及演练（c4）		1				
应急机构与队伍（c5）			1			

续表

	应急预案编制及完善（c3）	预案宣贯及演练（c4）	应急机构与队伍（c5）	应急物资与资金（c6）	应急通信（c7）	配套制度（c8）
应急物资与资金（c6）				1		
应急通信（c7）					1	
配套制度（c8）						1

表 C.4 监测与预警

	信息监测（c9）	信息报送（c10）	事件预警（c11）
信息监测（c9）	1		
信息报送（c10）		1	
事件预警（c11）			1

表 C.5 应急处置与救援

	指挥协调（c12）	评估研判（c13）	工程抢险（c14）	人员救护（c15）	现场警戒（c16）	环境保护（c17）	信息发布（c18）
指挥协调（c12）	1						
评估研判（c13）		1					
工程抢险（c14）			1				
人员救护（c15）				1			
现场警戒（c16）					1		
环境保护（c17）						1	
信息发布（c18）							1

表 C.6 事后恢复与重建

	上下游平衡（c19）	善后与赔偿（c20）	恢复重建（c21）	事故调查（c22）
上下游平衡（c19）	1			
善后与赔偿（c20）		1		
恢复重建（c21）			1	
事故调查（c22）				1